INMIGRACIÓN A LOS EE.UU. PASO A PASO

Tercera Edición

Edwin T. Gania

Abogado

SPHINX® PUBLISHING
UNA DIVISION DE SOURCEBOOKS, INC.®
NAPERVILLE, ILLINOIS
www.SphinxLegal.com

Para la traducción de esta obra al español se ha consultado el Diccionario español-inglés/inglés-español de Ediciones Grijalbo S.A./Harper Collins, 3a. edición, 1992, 1993.

Tercera Edición, 2007

Publicado por: **Sphinx® Publishing, impresión de Sourcebooks, Inc.®**
Oficina de Naperville
P.O. Box 4410
Naperville, Illinois 60567-4410
630-961-3900
Fax: 630-961-2168
www.sourcebooks.com
www.SphinxLegal.com

Esta publicación está destinada a proporcionarle información correcta y autorizada en relación con la temática del libro. Por lo cual, esta obra se vende con el entendido de que la editorial no se compromete a suministrar servicios legales o contables, ni ningún otro tipo de servicios profesionales. Si se requiere asesoramiento legal u otro tipo de consulta profesional, se deberán contratar los servicios de un profesional competente.

Cita textual de una Declaración Conjunta de Principios aprobada por un comité de la Asociación Americana de Colegios de Abogados y un comité de editoriales y asociaciones literarias.

Este libro no reemplaza la ayuda legal.

Advertencia requerida por las leyes de Texas.

Datos de la obra registrados en la Biblioteca del Congreso.
Gania, Edwin T.
   Inmigracion a los EE.UU., paso a paso / por Edwin T. Gania. — 3. ed.
      p. cm.
   ISBN-13: 978-1-57248-584-6 (pbk. : alk. paper)
   ISBN-10: 1-57248-584-1 (pbk. : alk. paper)
   1. Emigration and immigration law—United States—Popular works. I.
Title. II. Title: United States immigration, step-by-step.

KF4819.6.G3618 2007
342.7308'2—dc22

                                                                    2006039775

Impreso y encuadernado en los Estados Unidos de América

SB — 10 9 8 7 6 5 4 3 2

Contenidos

SEGUNDA PARTE: CATEGORÍAS DE ELEGIBILIDAD PARA RESIDENTES PERMANENTES

TERCERA PARTE:
EL PROCESO DE SOLICITUD DE
RESIDENCIA PERMANENTE

Introducción

La inmigración es un tema de la vida diaria que se encuentra muy vulnerable a los rumores falsos. Muy frecuentemente, la validez de un rumor influye poco en la rapidez con la que cunde. Por ejemplo, he visto muchísimos casos de personas que se han encontrado ante un tribunal de inmigración porque solicitaron la residencia permanente con motivo de una amnistía inexistente.

Los medios de comunicación a veces echan leña al fuego. Los detalles de una nueva ley de inmigración tal vez no sean interesantes o sean difíciles de entender, de modo que un artículo no haga referencia a ellos. Al simplificar el asunto, se excluyen detalles que pueden afectar a un número significativo de personas.

Espero que este libro pueda ayudar a separar la realidad de la ficción. Más que una mera descripción de los requisitos de elegibilidad para cierta categoría (información que se puede encontrar en muchos otros lugares), el presente libro ofrece una perspectiva sobre la realidad del proceso mismo y las etapas en las que pueden surgir problemas.

El proceso de solicitar una tarjeta de residencia permanente ("green card") tiene fama de ser difícil. Para el inmigrante, es todo un logro entender los requisitos cambiantes de elegibilidad vigentes en los Estados Unidos. En realidad, una fiscal acusadora de inmigración muy experimentada me dijo que la regulación inmigratoria le parece más confusa que cuando empezó a argumentar casos. Es igualmente difícil entregar los formularios y documentos de respaldo correctos y luego guiar la solicitud a través del el *United States Citizenship and Immigration Services* (Servicio de Inmigración y Ciudadanía de los Estados Unidos o USCIS por sus siglas en inglés).

Muchas solicitudes de inmigración pueden sencillamente entregarse, pasar por el sistema de tramitación y ser otorgadas. Pero existe una línea increíblemente fina entre un caso simple y uno imposible. Si un extranjero presenta un caso para el cual no es elegible, el mismo acaba de entregarse a una agencia de ejecución de la ley federal junto con toda la información relevante que se necesita para deportarlo. Imagínese que un ladrón entregase a la comisaría local una confesión firmada, copias de documentos de identificación y otros datos personales, declaraciones de impuestos, fotos y huellas dactilares, y centenares de dólares en pagos de tramitación—y luego les pregunte, '¿Cuándo puedo programar una entrevista?' Por raro que esto parezca, muchos miles de extranjeros llenos de esperanza hacen lo equivalente cada año.

No obstante, los casos de inmigración varían mucho en cuanto a su complejidad. A un extremo de la escala están los casos de naturalización, los cuales típicamente son bastante simples, especialmente cuando el solicitante domina bien el inglés y no tiene ningún antecedente criminal. (Véase el capítulo 21.) Además, se encuentra menos en juego para el solicitante de naturalización que ya cuenta con la tarjeta de residencia permanente y en cualquier caso, normalmente puede volver a solicitar la naturalización si surge algún problema inesperado. Si no existe ningún antecedente criminal, un solicitante de naturalización probablemente no se encontrará sujeto a la deportación.

Al otro extremo de la escala, están quienes se encuentran ante el tribunal de inmigración. (Véase el capítulo 19.) Tales personas realmente no deben proceder a menos que cuenten con el consejo de un experto. Por lo menos, cualquiera que se halla ante el tribunal de inmigración debe consultar a un abogado de inmigración o entidad competente para que se confirme el derecho de asistencia o ayuda de esta persona. Puede que los errores llevados a cabo en el tribunal de inmigración no sean reversibles. (Véase el capítulo 22 para información acerca de los abogados.)

En el vasto campo medio en la escala de inmigración se hallan quienes solicitan la tarjeta de residencia permanente por medio de una de las categorías de elegibilidad que se discuten en los capítulos 4 a 12. Algunos casos son más fáciles que otros. Los casos más fáciles suelen ser las solicitudes con base de vínculos familiares, si no existen factores que compliquen el asunto. Un aspecto clave del presente libro es la identificación de situaciones donde el solicitante puede proceder sin mayor ayuda. Los capítulos 13 a 20 presentan esta información.

EL USO DEL PRESENTE LIBRO

El sistema estadounidense de inmigración es, esencialmente, un *sistema cerrado*, por lo cual se necesita calificar según una categoría específica a fin de obtener una tarjeta de residencia permanente. Normalmente uno no puede presentar ninguna solicitud a título personal. Una comparación instructiva se encuentra en el sistema canadiense de inmigración, el cual puede considerarse un *sistema abierto*. Si alguien puede acumular setenta puntos según el sistema canadiense de puntos, puede solicitar la residencia permanente a título personal.

Por lo tanto, para hacerse residente permanente de los Estados Unidos, usted primero tendrá que encontrar una categoría para la cual se halla elegible. El presente libro está organizado para ayudarlo en esa búsqueda. La Primera Parte lo ayudará a entender los términos, los casos inmigratorios, y los primeros pasos antes de comenzar una solicitud. La Segunda Parte contiene las varias categorías de elegibilidad para la tarjeta de residencia permanente. Éstas se han arreglado empezando con las visas más fácilmente disponibles o las más fáciles de solicitar. En otras palabras, si usted no está seguro de la visa para la que podría calificar, lo animamos a mirar los capítulos en secuencia hasta que encuentre una que pudiese aplicarse a su caso.

Aunque las varias categorías parezcan confusas, existen cuatro caminos básicos por los que la gran mayoría de los solicitantes califican para la tarjeta de residencia permanente: por medio de sus familias, por medio de sus empleos, como asilados o refugiados, o por medio de la lotería de visas de diversidad. Las demás categorías son bastante restringidas y se aplican solamente a una cantidad limitada de personas calificadas, a pesar que no perjudica el considerar cada una de estas categorías.

La mayoría de las solicitudes se encuentran en las categorías basadas en las relaciones de familia. Se puede intentar presentar estas solicitudes sin la ayuda de un abogado. La única excepción se encuentra en el caso de los hijos adoptivos. No obstante, existen ciertas categorías de elegibilidad en las cuales usted no debe intentar presentar una solicitud sin ayuda. Las categorías basadas en el empleo, por ejemplo, requieren del conocimiento profundo de los requisitos técnicos que exceden con mucho el alcance de este libro.

La Tercera Parte del libro contiene información referencial respecto al proceso de solicitar la tarjeta de residencia permanente. Esta sección puede leerse, o utilizarse como referencia sobre la información contenida en cualquier capítulo sobre la elegibilidad.

NOTA: *En todo el libro, se encuentran referencias a varios documentos respaldatorios. Muchos de estos se explican en detalle en el capítulo 13, en vez de explicarse cada vez que se mencionan.*

El glosario ha sido diseñado para ser un recurso único. No sólo contiene definiciones completas de todos los términos de inmigración, sino también intenta contextualizar el término dentro del sistema general de inmigración. Aunque tales generalizaciones no siempre resulten exactas, resultan útiles como punto de partida.

El Apéndice A contiene una lista de las oficinas locales (*Field Offices*) del USCIS. El Apéndice B incluye los Centros de Servicio del USIS. El Apéndice C contiene sitios de Internet e información de contacto. El Apéndice D contiene una tabla de honorarios. El Apéndice E incluye reproducciones de formularios del USCIS para su uso personal.

NOTA: *Cualquier referencia a un artículo de una ley se refiere a la Immigration and Nationality Act (Ley de Inmigración y Nacionalidad o INA por sus siglas en inglés.)*

Cualquier persona que desee comentar cualquier aspecto de este libro, puede contactarse con el autor en la siguiente dirección:

Edwin Gania
Mark Thomas and Associates
11 South LaSalle Street
Suite 2800
Chicago, IL 60603
312-236-3163
312-236-3894 (fax)
edgania@cs.com

Su Estatus de Inmigración

Un buen lugar para comenzar este estudio consiste en comprender los diferentes tipos de estatus de inmigración que existen, incluyendo el suyo. Cada persona en los Estados Unidos tiene un estatus de inmigración. El mismo se clasifica, de manera aproximada, en el orden que se detalla a continuación.

1. *ciudadano estadounidense* (USC por sus siglas en inglés). Una persona nacida en Estados Unidos, naturalizada, o nacida en el extranjero de ciudadanos norteamericanos. Estas son las únicas personas en esta lista que no están sujetas a los procedimientos de deportación.

2. *residente permanente legal* (LPR por sus siglas en inglés). Aquella persona, portadora de una tarjeta de residencia permanente, que cumple los requisitos legales para residir permanentemente en los Estados Unidos, y aplicar para el beneficio de la naturalización.

3. *asilados / refugiados*. Una persona a quien se le ha otorgado el beneficio del asilo político en los Estados Unidos o que ingresó a los Estados Unidos como refugiado y a quien aún no se le ha concedido el beneficio de la residencia permanente.

4. *no inmigrante.* Aquella persona que ha venido a los Estados Unidos temporalmente, en virtud de una visa de no inmigrante válida y por una razón especifica tal como turismo, estudios, trabajo o para realizar inversiones.

5. *estatus temporal protegido* (TPS por sus siglas en inglés). Aquella persona que ha obtenido un estatus inmigratorio basado en su pertenencia a un país que el Congreso de los Estados Unidos ha determinado que deba recibir un estatus de protección especial debido a un conflicto armado, un desastre natural, u otras circunstancias extraordinarias similares. Tal persona se encuentra en la posición de posiblemente beneficiarse de legislación que contemple la residencia permanente.

6. *fuera de estatus o sobre-permanencia.* Una persona que inicialmente ingresó a los Estados Unidos en virtud de una visa de no inmigrante pero que permitió que dicha visa expire o violó los términos de la misma.

7. *extranjero indocumentado.* Una persona que ha ingresado a los Estados Unidos sin previamente pasar por el proceso de inspección aduanero correspondiente (EWI por sus siglas en inglés) cruzando, por ejemplo, la frontera Mexicana o Canadiense evitando los puestos fronterizos o por medio de un pasaporte falso.

El propósito del presente libro consiste en colaborar a aquellas personas que se encuentran en las categorías número 3 al 7 a obtener su estatus de residencia permanente en los Estados Unidos, por lo cual el enfoque principal de este libro es la solicitud de ajuste de estatus en y desde los Estados Unidos y no así la solicitud de residencia permanente a través de una embajada o consulado en el extranjero. A pesar que los prerrequisitos de elegibilidad para ambos procesos son los mismos, y algunas partes de ambos procesos son idénticas, la información contenida en este libro no es lo suficientemente detallada como para servir de guía para todo el proceso de aplicación en el extranjero.

NOTA: *Todos los términos arriba mencionados son explicados, en mayor detalle donde dicha explicación sea relevante en el texto, o, en su defecto, en el glosario que se encuentra en la parte posterior de este libro. Asimismo, muchos de los documentos que usted requiere para respaldar su aplicación se describen en el capítulo 13.*

Guía para Comprender los Términos de Inmigración e Identificar Dónde se Tramita cada Solicitud

La ley de inmigración es, por si misma, sumamente compleja sin la necesidad de utilizar términos rebuscados y difíciles. Aunque es cierto que usted nunca necesitará utilizar la mayoría de los términos de inmigración, existen varios términos que son ampliamente utilizados y difundidos en esta área. Por lo cuál, es útil aprender dichos términos desde un principio y poder identificar el lugar donde el Servicio de Inmigración y Ciudadanía de los Estados Unidos o USCIS por sus siglos en inglés, tomará la decisión respecto a su solicitud.

TÉRMINOS IMPORTANTES QUE USTED DEBE CONOCER

Es importante conocer a profundidad algunos de los términos que se utilizan con mayor frecuencia en los procesos de inmigración.

Tal vez el término más conocido es el de *visa*. Usualmente, una visa es un permiso de viaje que un consulado estadounidense sella en el pasaporte del solicitante y que permite al extranjero beneficiario de dicho permiso desplazarse a los Estados Unidos (por ej., abordar un avión, tren o barco) a fin de solicitar para ser admitido en un puerto de entrada estadounidense. A excepción de aquellos extranjeros que viajan con el Programa de Exención de Visas (*Visa Waiver Program* en inglés), mexicanos con Tarjetas de Paso de Frontera (*Border Crossing Cards*), ciudadanos canadienses y aquellas personas que se encuentran buscando asilo en las fronteras, se espera que todos los demás extranjeros presenten una visa válida a fin de ingresar a los Estados Unidos.

NOTA: *Cuando este proceso se realiza ante una embajada estadounidense fuera de los Estados Unidos se lo denomina solicitud de visa de inmigrante, mientras que al mismo proceso tramitado en los Estados Unidos se lo denomina ajuste de estatus.*

Existen aproximadamente treinta categorías de visa de no inmigrante. La letra con la cual comienza o termina cada categoría se deriva de la letra que designa la sección específica de la ley que la autoriza. La categoría de visa no inmigrante usualmente requiere que los solicitantes mantengan una residencia fija en el extranjero como requisito adicional, además de los otros requisitos de cada categoría en particular. Un estatus de extranjero no inmigrante puede o no incluir el derecho a un permiso de trabajo. Las visas de no inmigrante más comunes son las visas de turismo y de estudiante. Vea las clasificaciones de categorías de visa de no inmigrante enumeradas en el capítulo 5. Con contadas excepciones, las visas de no inmigrante no llevan directamente a una tarjeta de residencia permanente (tarjeta verde). Por otro lado, sólo existe un tipo de visa de inmigrante; es decir, aquella visa que permite el ingreso a los Estados Unidos para asumir el estatus de residencia permanente.

El termino *cambio de estatus* se refiere al proceso por el cual un extranjero que se encuentra en los Estados Unidos busca cambiar de un estatus válido de no inmigrante a otro. Uno se encuentra *dentro de estatus* mientras el plazo otorgado en el formulario I-94, engrapado a su pasaporte, no se haya vencido.

El *ajuste de estatus* es un proceso mediante el cual un extranjero que se encuentra en los Estados Unidos solicita para convertirse en un residente permanente. Al contrario, el mismo proceso, pero en el caso de un extranjero que se encuentra en otro país y quiere residir en los Estados Unidos como residente permanente, se denomina *solicitud* de visa de inmigrante.

Solicitante y Beneficiario

Un *solicitante* es aquella persona que solicita un beneficio inmigratorio a nombre de otra persona, denominada el *beneficiario*. El solicitante es un ciudadano estadounidense, el poseedor de una tarjeta de residencia permanente, o una compañía de Estados Unidos. El beneficiario es aquella persona que, eventualmente, adquirirá el estatus de inmigrante o de no inmigrante.

NOTA: *Si usted encuentra algún término que no entiende, consulte el glosario detallado ubicado en la parte posterior de este libro.*

Documentacion Respaldatoria

A lo largo del libro, usted notará que cada solicitud o petición requiere de cierta documentación a fin de demostrar la validez de su caso. En el caso de muchos de estos documentos, su requerimiento es por demás lógico y evidente, tales como el pasaporte o el certificado de nacimiento. Para aquellos documentos cuyo requerimiento no sea tan evidente, puede que usted encuentre el capítulo 13 de gran ayuda al momento de aclarar sus dudas. Dicho capítulo explica muchos tipos de documentos respaldatorios. Consulte este capítulo en cualquier instancia en la cual usted se encuentre con un tipo de documento respaldatorio que le resulte difícil de comprender.

LA TRAMITACIÓN DE UN NUEVO CASO: ¿OFICINA LOCAL DEL USCIS, CENTRO DE SERVICIO O EMBAJADA?

Antes de discutir las categorías especificas de elegibilidad mencionadas en la Segunda Parte de este libro, será de gran utilidad proporcionar cierta orientación respecto al lugar de tramitación de una solicitud.

Existen cuatro departamentos o ministerios del gobierno federal que se encargan de los asuntos de inmigración: el *Department of Homeland Security* (Departamento de Seguridad Nacional), el *Department of Justice* (Departamento de Justicia), el *State Department* (Departamento de Estado) y el *Department of Labor* (Departamento de Trabajo). El Departamento de Estado está a cargo de las embajadas y consulados de los Estados Unidos en el extranjero, donde su personal tiene la función esencial de emitir las visas de inmigrante y no inmigrante que se requieren a fin de ingresar legalmente a los Estados Unidos. El Departamento de Trabajo tiene un rol limitado, aunque importante, en la fase inicial del trámite de las *solicitudes de visa basadas en el empleo.* (Como antecedente histórico, se puede indicar que el Departamento del Trabajo era el ente gubernamental originalmente encargado de emitir las tarjetas de residencia permanente (tarjetas verdes) a principios del siglo veinte. Los empleados de dicho departamento decidieron imprimir estas tarjetas de color verde para reflejar el hecho de que dicha tarjeta le permitía a uno trabajar legalmente en los Estados Unidos y por lo tanto eran el equivalente a tener dinero).

Oficinas del USCIS

Una vez que el extranjero se encuentra en los Estados Unidos, él o ella se encuentra bajo la jurisdicción del Departamento de Seguridad Nacional, que en la mayoría de los casos significa, para los inmigrantes, el Servicio de Inmigración y Ciudadanía de los Estados Unidos, o USCIS por sus siglas en inglés. En general, el USCIS es a lo que anteriormente la gente se refería como el antiguo *Immigration and Naturalization Service* (Servicio de Inmigración y Naturalización de los Estados Unidos) o INS por sus siglas en inglés. Aquellas personas que esperan procesos de deportación se encuentran bajo la jurisdicción de la *Executive Office for Immigration Review* (Oficina Ejecutiva para Revisión de Inmigración) o EOIR por sus siglas en inglés. Esta entidad, que sigue formando parte del Departamento de Justicia, administra el tribunal de inmigración y el tribunal de apelación (Junta de Apelaciones de Inmigración, o *Board of Immigration Appeals*).

Existen dos lugares donde el USCIS toma las decisiones respecto a las solicitudes de ajuste. Estas son, o bien las oficinas locales del USCIS ubicadas en muchas ciudades, o bien uno de los cuatro centros de servicios del USCIS. Los centros de servicio tienen la responsabilidad de las solicitudes oriundas de un estado específico, o a veces otro tipo de solicitudes. El Departamento de Estado de los Estados Unidos, a través de una de sus embajadas en el extranjero, también decide sobre solicitudes para residencia permanente.

Aquellas personas que ya se encuentran en los Estados Unidos querrán llenar su solicitud y completar el proceso en Estados Unidos. Lo más probable es que aquellos que se encuentran en otro país llenen su formulario en la embajada correspondiente. Sin embargo, con los cambios recientes en la ley inmigratoria, es probable que sea cada vez más común que una persona no tenga otra alternativa que irse de los Estados Unidos para intentar ajustar su estatus en la embajada correspondiente. (Como usted puede suponer, existen varios problemas potenciales con este requerimiento).

Centros de Servicio Para aquellos que ya se encuentran en los Estados Unidos, sus solicitudes de ajuste de estatus se están presentando y decidiendo, más y más frecuentemente, en uno de los cuatro centros de servicio regionales del USCIS. Si se determina en uno de estos centros que cierto caso amerita una entrevista, el expediente será remitido a la oficina local del USCIS. De hecho, hoy por hoy, la regla general es que la mayoría de las solicitudes se tramitan ahora en los centros de servicio. Las únicas solicitudes que todavía se tramitan en las oficinas locales del USCIS son aquellas que se solicitan en base a vínculos familiares y las solicitudes de la lotería de visas. Inclusive estas ahora son tramitadas a nivel nacional.

En caso de que usted nunca haya escuchado acerca de los centros de servicio, cabe indicar que estos son centros de adjudicación y procesamiento de visas relativamente nuevos. Estos centros están manejando, cada vez más, gran parte de la documentación y del proceso de toma de decisiones, particularmente en aquellos casos que usualmente no requieren de entrevista o aquellos que no requieren de un contacto directo con el solicitante. Dichos centros están ubicados en áreas remotas y por lo general no tienen ningún acceso al público a excepción de una línea telefónica sumamente ocupada. Sin embargo, el sistema parece haber tenido un gran éxito hasta ahora. Por el sólo hecho de su distanciamiento del público en general, estos centros parecen ser justos y uniformes en sus decisiones y carecer, en gran medida, de injerencia externa. Aquellos casos que requieren entrevistas, tales como las solicitudes presentadas en virtud a matrimonio con un ciudadano estadounidense, las de ciudadanía, o las de permiso de trabajo, son manejadas por la oficina local del USCIS correspondiente.

Una ventaja de que su caso sea procesado por un centro de servicio es que se le facilita su seguimiento. Usted puede llamar al número de servicio al cliente, 1-800-375-5283, y después de apretar el número 1 en su teclado continuamente, eventualmente acceder a su sistema de seguimiento de casos automatizado. Luego usted debe ingresar, a través de su teclado, su número de caso (numeral A) ubicado en el margen superior izquierdo de su nota de recepción o de cualquier otro formulario que usted haya recibido del USCIS. El sistema automatizado le proporciona información importante y actualizada de su caso tal como el hecho de que su solicitud aún está en trámite y pendiente o que una notificación de aceptación de su solicitud o una *solicitud de evidencia o información adicional* (*Request for Evidence*, o RFE por sus siglas en inglés) se ha enviado a su dirección por correo. La misma información ahora es accesible vía Internet a través de la página Web **www.uscis.gov**. (El enlace exacto se halla en el Apéndice C de este libro).

Si fuese necesario, en base a esta información, usted puede volver a llamar, en horas hábiles, al número arriba descrito y hablar con un operador. El operador le puede ayudar a destrabar algún enredo burocrático relacionado a su solicitud. Sin embargo, dichos operadores no tienen la potestad de tomar decisiones sobre su caso.

El seguimiento de los casos en las oficinas locales del USCIS puede ser difícil. Si su solicitud se extravía o se prolonga indefinidamente su trámite, a menudo es difícil de obtener información al respecto. En la mayoría de las oficinas locales del USCIS existe un sistema de consulta por correo.

NOTA: *La información del estatus de su caso accesible por medio de la página Web del USCIS, a la fecha, solamente incluye aquella relacionada con los casos presentados o tramitados en un centro de servicio y no así la de casos tramitados en una oficina local del USCIS.*

Embajadas o Consulados de los Estados Unidos

Usted también tiene la opción de obtener su residencia permanente a través de la embajada o un consulado estadounidense en su país de origen. Una solicitud presentada en una embajada es adjudicada por un *funcionario consular* a diferencia de un funcionario de inmigración en los Estado Unidos. Sin embargo, de acuerdo a las nuevas leyes inmigratorias promulgadas en 1996, existen varias limitaciones al dejar los Estados Unidos para tramitar su caso en una embajada.

Desde el 1 de abril de 1997, si una persona se encuentra *fuera de estatus*, en el extranjero, por más de 180 días él o ella está impedida de regresar a los Estados Unidos por tres años computables desde su ultima salida de los Estados Unidos. Asimismo, comenzando con el 1 de abril de 1997, si una persona se encuentra *fuera de estatus*, en el extranjero, por más de un año él o ella está prohibida de recibir cualquier beneficio inmigratorio (una visa de inmigrante o de no inmigrante) por un plazo de diez años.

Existe una posible excepción o *exención* (*waiver* en inglés) a estos casos, por la cual se puede evitar las duras sanciones de tres y diez años arriba descritas. Sin embargo, en circunstancias normales, dicha exención es difícil de obtener. Por otra parte, dicha exención se ofrece únicamente a aquellas personas cuyo cónyuge, padre o madre es ciudadano estadounidense o residente permanente. Asimismo, es necesario demostrar que aquel familiar directo del beneficiario sufrirá graves penurias si a dicho extranjero se le prohíbe la entrada a los Estados Unidos (Para mayor información véase el Capítulo 11.) Tales exenciones a menudo son denegadas al menos que sean cuidadosamente documentadas.

Cualquier caso procesado por una embajada puede volverse problemático por varias razones. Muchos casos constituyen una colaboración entre el centro de servicio del USCIS y la embajada. Por ejemplo, una solicitud de visa para un pariente extranjero o solicitud de visa de novia es aprobada primero por el centro de servicio y seguidamente, el expediente se remite a la embajada a fin de concluir el procesamiento de visa de inmigrante. Cierta tensión se puede producir cuando la embajada considera que la aprobación de una solicitud de visa por parte del centro de servicio era errónea. Sin embargo, al menos que un funcionario consular encuentre suficiente evidencia de inhabilidad que era desconocida e inaccesible para el USCIS al momento de presentarse la solicitud, el consulado o embajada debe aceptar la solicitud aprobada y procesar la visa como corresponde.

Adicionalmente, en el caso de embajadas y consulados existen ciertas dificultades de comunicación con las autoridades competentes, y en particular con el funcionario a cargo del caso, así como una falta de supervisión, tal como un recurso de apelación, sobre acciones tomadas por una embajada. Por lo tanto, si existen opciones en razón del lugar de tramitación de un caso en particular, siempre es preferible escoger que se procese su caso en los Estados Unidos y no en la embajada o consulado correspondiente.

Leyes de Inmigración Cambiantes

Las leyes de inmigración se encuentran en un proceso de cambio constante. Aunque es popular culpar al USCIS por su duro tratamiento a los extranjeros, se debe tener en cuanta que esta agencia solamente cumple con la ejecución de las leyes sancionadas por el Congreso de los Estados Unidos y promulgadas por el presidente. De hecho, constituiría que un acto ilegal un funcionario de inmigración en particular dejara de cumplir con la ley federal y pensara más bien, *bueno, esta persona debería recibir la tarjeta de residencia permanente de todas maneras debido a que él o ella realmente se la merece.*

Los Estados Unidos ciertamente se encuentra en un periodo de leyes de inmigración restrictivas. Las leyes de inmigración pasaron por una revisión drástica en 1996 en respuesta al bombardeo trágico del edificio federal en Oklahoma City el 22 de abril de 1995. En los días siguientes, muchos creyeron que el bombardeo era producto de grupos terroristas del Medio Oriente, a pesar de que el bombardeo resultó ser obra de un estadounidense. Sin embargo, el Congreso de los Estados Unidos se comprometió a promulgar leyes restrictivas que afectarían a los extranjeros criminales, si no a todos los extranjeros.

La ley sancionada el 22 de abril de 1996, exactamente un año después del bombardeo, *afectó drásticamente* a los extranjeros. Poteriormente, en el mes de julio de 1996, el Congreso sanciono otra ley altamente restrictiva que afectaba a los extranjeros de manera más general. Estas leyes eliminaron ciertos recursos críticos para acceder a los beneficios de inmigración.

EL ARTÍCULO 245(I) Y LA LEY LIFE

La abrogación del Artículo 245(i) de la *Immigration and Nationality Act* (Ley de Inmigración y Nacionalidad, INA) tal vez resulte ser el cambio de mayor impacto. Bajo esta ley, una persona que hubiese tenido una sobre-permanencia en su visa de no inmigrante, o ingresado a los Estados Unidos sin una inspección por un funcionario de inmigración (es decir, ingresado de manera clandestina), pagaba una multa de $1.000 y luego tenía la posibilidad de poder ajustar su estatus en los Estados Unidos.

Para llegar a un punto intermedio, el Congreso de los Estados Unidos sancionó la *LIFE Act* (Ley LIFE), que permite a aquellos que se encuentran fuera de estatus solicitar una tarjeta de residencia permanente si es que ellos hubiesen llenado una solicitud de extranjero previo al 30 de abril de 2001, y si estas personas hubiesen estado físicamente presentes en los Estados Unidos el 20 de diciembre de 2000.

Muchas personas preguntan si las leyes de inmigración cambiaron drásticamente luego de la tragedia del 11 de septiembre de 2001. Aunque resulte sorprendente, la respuesta es no, con tan sólo unas cuantas excepciones. Sin embargo, existen leyes que ahora se están ejecutando con mucha más severidad y, en el caso de las deportaciones, mucho más aceleradamente. Antes del 11 de septiembre de 2001, al parecer se apoyaba la idea de suavizar la ley de inmigración y restituir el Artículo 245(i). El Presidente Bush inclusive se refirió a un tipo de amnistía, por lo menos para los mexicanos. Sin embargo, el que los trágicos eventos del 11 de septiembre fueran causados por extranjeros ha logrado que las reformas de inmigración queden retrasadas todavía por varios años.

NOTA: *La ley anterior había estipulado que si una persona era beneficiaria de una solicitud I-130 o de una solicitud de autorización de empleo presentada antes del 18 de enero de 1998, entonces el beneficiario era elegible bajo el Artículo 245(i).*

HOMELAND SECURITY ACT (LEY DEL DEPARTAMENTO SEGURIDAD NACIONAL)

A partir del 1° de marzo de 2003, el *Immigration and Naturalization Service* (Servicio de Inmigración y Naturalización, INS) cesó de existir. Con la sanción del *Homeland Security Act of 2002* (Ley de Seguridad Nacional de 2002), se llevó a cabo la reestructuración más grande del gobierno federal en los últimos cincuenta años. La misma creó el nuevo *Department of Homeland Security* (Departamento de Seguridad Nacional, DHS) que consolidó veintidós agencias existentes así como 170.000 empleados, incluyendo el antiguo INS.

El INS se reorganizó bajo el DHS y se dividió en varias oficinas separadas, incluyendo: el *United Status Citizenship and Immigration Services* (Servicio de Inmigración y Ciudadanía de los Estados Unidos, USCIS) y la *Bureau of Immigration and Customs Enforcement* (Oficina de Ejecución de Inmigración y Aduanas, BICE), entre otras varias más pequeñas. Una meta era la de separar formalmente la inmigración de los servicios de ejecución. Está por verse si esta separación producirá cambios significativos.

Hasta el momento, no ha habido ningún cambio importante. Debido a que el USCIS y la BICE todavía comparten no solo el mismo sistema de archivo, sino también los actuales archivos de extranjeros, y todavía coordinan cada detalle operativo, la separación en dos agencias es meramente simbólica.

LEY DE ID REAL

La Ley de ID Real creará problemas muy significativos para los extranjeros sin un estatus válido. A partir de mayo de 2008, todas las personas que radican en los Estados Unidos necesitarán una tarjeta de identificación federal para viajar por avión, abrir una cuenta de banco, cobrar los pagos del Seguro Social, o utilizar y beneficiarse de casi cualquier servicio gubernamental. Las licencias de conducir serán reemitidas para cumplir con los estándares federales. Una persona deberá demostrar un estatus válido de no inmigrante o inmigrante para poder recibir una licencia de conducir. Algunos estados ya están ejecutando estas disposiciones.

Los departamentos estatales de vehículos automotrices deberán verificar que estos documentos de identidad sean legítimos, digitalizarlos y almacenarlos permanentemente. Asimismo, los números de Seguro Social deberán ser verificados con la *Social Security Administration* (Administración del Seguro Social).

En resumen, los extranjeros sin un estatus válido tendrán dificultad en funcionar en la sociedad. Se espera que los contratiempos sufridos por millones de extranjeros darán lugar a que emerja una legislación que aminore la dureza de estas medidas.

AMNISTÍA PROPUESTA

Nos encontramos ante un hito en la historia de la inmigración en los Estados Unidos. Ha llamado la atención en las noticias que el Congreso de los Estados Unidos esté intentando resolver el problema de los extranjeros ilegales. Está en juego quién llega a adquirir el estatus y permanecer en los Estados Unidos, y quién debe continuar su estatus indocumentado y enfrentarse a una posible deportación eventual. Las decisiones que tome el Congreso de los Estados Unidos impactarán las vidas de millones de extranjeros y de millones más de seres queridos y familiares de estos extranjeros.

Un primer paso muy importante se ha tomado hacia una *amnistía* de base amplia. El 25 de mayo de 2006, el Senado de los Estados Unidos propuso un proyecto de ley acordado (Artículo 2611) creando de esta manera un programa de legalización para ciertos individuos dependiendo de la extensión de su estadía, o cuánto tiempo hayan estado presentes en los Estados Unidos. Aquellos presentes en los Estados Unidos por más de cinco años habrían eventualmente adquirido la residencia permanente mientras que aquellos presentes por más de dos años también adquirían beneficios. (Véase el capítulo 10 para una discusión más detallada sobre este tema).

Sin embargo, para que esta ley del Senado se convirtiera en ley, la Cámara de Diputados también deberá sancionar las mismas disposiciones. A pesar que el proyecto de ley acordado que propuso el Senado tiene el pleno apoyo del gobierno del Presidente Bush, los indicadores demuestran que la Cámara de Diputados no tiene la voluntad de sancionar beneficios similares de manera más amplia. De hecho, el 16 de diciembre de 2005 la Cámara de Diputados propuso un proyecto de ley de inmigración muy duro (Cámara de Diputados 4437) que trataba solamente con la ejecución de la frontera Estados Unidos-México y restringía con mayor fuerza los derechos de los inmigrantes ilegales dentro de los Estados Unidos. Es razonable esperar que la Cámara de Diputados limitará el Proyecto de Ley del Senado de manera significativa. A partir del verano de 2006, lo mejor que se puede decir es que existe una probabilidad de 50/50 de que la Cámara de Diputados decida aprobar solamente algunas de las disposiciones del Senado. Este es el momento para que usted se ponga en contacto con su representante del congreso para hacerle escuchar su opinión.

Solicitudes basadas en Relaciones Familiares

Las *solicitudes basadas en relaciones familiares* son probablemente el grupo más grande de solicitudes de residencia permanente. Las mismas cubren a los miembros de una familia, viudos y viudas, prometidos y prometidas y varios otros parientes en *categoría de preferencia* y *categoría inmediata*. Estas categorías se discuten en mayor detalle más adelante en este capítulo. Asimismo, existen inclusive algunas solicitudes basadas en relaciones familiares que permiten a un inmigrante tener un *estatus temporal de no inmigrante* antes de obtener la residencia permanente. Estas circunstancias también se discutirán y explicarán más adelante en este capítulo.

Debido a que esta categoría de solicitudes basadas en relaciones familiares es tan grande, este capítulo naturalmente incluirá mucha información. No deje que esto lo abrume. Si usted cae dentro de una de estas categorías basadas en base a relación familiar, usted solamente necesita preocuparse y conocer la información pertinente a aquella sección en particular.

HIJOS MENORES DE EDAD Y PADRES DE CIUDADANOS ESTADOUNIDENS—PARIENTES INMEDIATOS

Un *pariente inmediato* es en realidad una categoría nombrada adecuadamente. Los parientes inmediatos son parientes quienes pueden presentar una solicitud para y obtener el estatus de residencia permanente de manera inmediata. Los ciudadanos estadounidenses pueden solicitar por los siguientes miembros de su familia:

✪ padres;

✪ hijos menores de edad; o,

✪ cónyuge (véase "Cónyuges de Ciudadanos Estadounidenses— Parientes Inmediatos" en la página 22).

El padre, cónyuge o hijo menor de edad de un ciudadano estadounidense es un pariente inmediato. Esto quiere decir varias cosas. En primer lugar, quiere decir que no se tiene que esperar para un número de visa, debido a que el Congreso de los Estados Unidos no ha impuesto ninguna limitación en el número de parientes inmediatos quienes puedan ingresar a los Estados Unidos cada año. Para otros parientes, aquellos en *categorías de preferencia*, sí existe un número fijo que puede ingresar a los Estados Unidos cada año. (Esto ha resultado en una lista de espera y se discute más adelante en este capítulo).

Calificando como un Hijo Menor de Edad

Los siguientes son puntos importantes para un padre o madre ciudadano estadounidense quien solicita por sus hijos menores de edad.

✪ el hijo o hija por la cual se solicita debe ser menor de 21 años de edad. (Si tienen 21 años o más, caen en la categoría de preferencia como se describe más adelante en el capítulo).

✪ se debe presentar una solicitud I-130 para cada hijo o hija por separado.

✪ los hijos menores de edad no pueden estar casados. (Si están casados, ellos también caen en la categoría de preferencia).

✪ los hijos de un hijo o hija menor de edad no casado(a) también pueden ser incluidos en la solicitud.

✪ un padrastro o madrastra puede solicitar por su hijastro(a) si el matrimonio de los padres se llevó a cabo antes de que el hijastro(a) cumpla los 18 años de edad.

✪ un padre o madre puede solicitar por sus hijos adoptivos si la adopción se llevó a cabo antes de que los hijos adoptivos hayan cumplido los 16 años de edad y si el padre o madre y el hijo o hija hubiesen convivido juntos por lo menos por dos años.

(Todos los formularios, documentos y procedimientos de archivo se discuten en mayor detalle en el capítulo 13).

Calificando como Padre o Madre

Los siguientes son puntos importantes que se deben tomar en cuenta cuando un ciudadano estadounidense solicita por su padre, madre o por sus padres.

✪ el hijo o hija ciudadano estadounidense debe tener 21 años de edad o más.

✪ se debe presentar una solicitud I-130 por separado para cada padre o madre.

✪ una solicitud para los padres no incluye a los hijos menores de edad de dichos padres—es decir, los hermanos o hermanas del solicitante. (Los hermanos y hermanas caen dentro de la cuarta categoría de preferencia—véase la página 33.)

✪ el ciudadano estadounidense puede solicitar por su padrastro o madrastra (es decir, una persona que está casado(a) con su padre o madre natural) si el matrimonio se llevó a cabo antes de los 18 años cumplidos del hijastro(a).

CÓNYUGES DE CIUDADANOS ESTADOUNIDENSES—PARIENTES INMEDIATOS

La idea predominante en USCIS es que un alto porcentaje de los casos de matrimonio son fraudulentos. Aún aquellos que tienen un caso legítimo muchas veces deben pelear para que el USCIS respete su caso debido a los casos falsos. Los cálculos acerca de la cantidad de fraudes varían, pero la expectativa es que la mitad de los 80.000 casos de matrimonios que se presentan anualmente podrían ser falsos.

Sin embargo de ello, en la práctica, solamente se deniega una minoría de casos. En el pasado, USCIS esperaba y dejaba pasar el tiempo para un caso o lo mandaba a su división de investigaciones. Ahora, si no existe suficiente evidencia, es más probable que el USCIS tome una decisión rápida negando la solicitud, a menudo alegando fraude como base para la denegación.

NOTA: *Si usted sigue casado con un cónyuge en el exterior o no puede obtener una copia de una sentencia de divorcio en el extranjero, es muy fácil simplemente obtener un divorcio en los Estados Unidos. En la mayoría de los estados, el proceso de divorcio si un cónyuge reside fuera del estado, es un proceso muy corto y de bajo costo. A pesar que este tipo de divorcio sirve solamente para disolver el matrimonio y las cortes no tienen la potestad para ordenar pagos de pensiones, la división de propiedad, o los pagos de pensiones para los hijos, esta sentencia es suficiente como un divorcio para cualquier propósito de inmigración u otro diferente.*

Tome nota que una solicitud I-130 presentada para un cónyuge no incluye a los hijos de dicho cónyuge. Se deben presentar solicitudes diferentes para cada hijastro o hijastra.

Vea la página 20 bajo la sección de hijos menores de edad y padres para una lista de los documentos de apoyo que los ciudadanos estadounidenses deben tener para establecer su ciudadanía.

Se requiere de un certificado de matrimonio para establecer que el solicitante está en realidad casado(a) legalmente al cónyuge beneficiario. Este certificado debe establecer que ambos el marido y la esposa estaban presentes en la ceremonia.

En algunos casos, se deben proporcionar otros documentos. Si ya sea el marido o la esposa estaba casado(a) anteriormente, entonces se debe presentar también una sentencia de divorcio. Si cualquier nombre ha cambiado del nombre que aparece en cualquiera de estos documentos de evidencia, entonces se debe proporcionar documentación acerca de este cambio.

Una vez más, proporcione por favor solamente fotocopias de todos los documentos. Los originales deben ser llevados a la entrevista, como se discute bajo el capítulo 17. Todos los certificados oficiales deben haber sido emitidos por (o registrados con) la autoridad civil apropiada en el país extranjero. Si un documento no está redactado en inglés, el mismo debe ser presentado junto con una traducción certificada al inglés. (vea la página 173.) Si cualquier documento no se encuentra disponible, entonces vea la página 173 para mayores datos de qué hacer en esta situación.

Los documentos de evidencia más importantes son para establecer que el matrimonio es de *buena fe*—es decir, que el matrimonio se llevó a cabo por amor y afecto y no por obtener una tarjeta de residencia permanente. La siguiente lista incluye ejemplos de documentos de evidencia útiles para probar un matrimonio de buena fe. Cuanto mayor sea el número de estos documentos de evidencia que se obtengan, entonces el caso será otorgado con mayor rapidez y facilidad.

Probando un Matrimonio de Buena Fe

El aspecto crítico de un caso de matrimonio es el probar que el matrimonio fue llevado a cabo por amor y afecto en vez de por obtener una tarjeta de residencia permanente. Para ello, se deberá demostrar lo siguiente:

- obligaciones en conjunto para los gastos de vivienda y de vida;

- administración conjunta de la economía de ambos;

- tener títulos de propiedad en conjunto; y,

- evidencia de que la pareja todavía continua casada.

Los siguientes documentos son útiles para probar que el matrimonio es de buena fe:

- ✪ certificados de nacimiento de los hijos nacidos del matrimonio;

- ✪ declaraciones impositivas que demuestran que la pareja declaró sus impuestos como "casados y declarando en conjunto";

- ✪ cuentas de banco o préstamos conjuntos;

- ✪ fotografías de la ceremonia y la recepción de matrimonio y de la luna de miel;

- ✪ una selección de fotografías que muestran a la pareja junto con familiares o amigos a lo largo de un periodo de tiempo lo más largo posible;

- ✪ evidencia de vacaciones tomadas juntos tales como boletos de avión, fotografías, cuentas;

- ✪ un contrato de alquiler conjunto, o carta del padre de uno de los dos o de un casero que estipula que la pareja ha estado conviviendo;

- ✪ escritura o hipoteca de propiedad en conjunto;

- ✪ si el cónyuge ha tomado el nombre de su pareja, cualquier documento que muestra el nombre de casado o casada, tal como la tarjeta de Seguro Social, la licencia de conducir, la tarjeta de identificación del estado, tarjetas de crédito, tarjetas de membresía en clubes, etcétera;

- ✪ título o registro de automóvil en común;

- ✪ seguro de automóvil conjunto;

- ✪ carta de un empleador actual o anterior de uno de los cónyuges que muestra un cambio en sus registros para reflejar el nuevo estatus matrimonial;

- ✪ carta de un empleador actual o anterior de uno de los cónyuges demostrando que el otro cónyuge fue designado como la persona a ser notificada en caso de accidente, enfermedad, o emergencia;

- ✪ planes de seguro médico que nombra al cónyuge como miembro o beneficiario;

- ✪ póliza de seguro de vida que nombra el cónyuge como miembro o beneficiario;

- ✪ cualquier evidencia de correspondencia de la pareja;

- ✪ utilidades o servicios (teléfono, gas, electricidad, cable, etcétera) bajo los nombres en conjunto;

- ✪ tarjetas de crédito en conjunto o tarjetas de tiendas de almacenes en conjunto;

- ✪ recibos, cuentas o contratos de instalación para compras grandes llevadas a cabo en conjunto tales como un automóvil, muebles, un televisor, reproductor de video o DVD, aparato de música, refrigerador, lavadora y secadora de ropa, mostrando la fecha, dirección y nombre de ambos esposos;

- ✪ certificado de matrimonio religioso, si hubo una ceremonia de matrimonio religioso;

- ✪ membresía conjunta en clubes u otras organizaciones;

- ✪ declaraciones (en papel membretado) de iglesias, grupos cívicos u otras organizaciones en las cuales la pareja tiene una inversión conjunta;

- ✪ recibo por una recepción de matrimonio;

- ✪ recibo por compra de aros de matrimonio;

- ✪ correspondencia recibida en la dirección del domicilio (o en una dirección de domicilio antigua);

- ✪ correspondencia, invitaciones o tarjetas (y sobres en lo posible) enviados a la pareja;

✪ registros de guardería o escuela donde se muestra al cónyuge como padre o ejerciendo la tutela de un menor;

✪ registros médicos o dentales que nombran al otro cónyuge como la persona de contacto; o,

✪ declaraciones juradas de familiares o amigos.

Esta es una lista bastante completa cuyo propósito es solamente ofrecer sugerencias. De ningún modo debería una pareja comparecer ante la entrevista con el USCIS con todos o inclusive con la mayoría de los documentos arriba mencionados. Por ejemplo, si usted tiene un álbum de fotografías de su matrimonio que muestra una gran recepción a la que fueron sus familiares y amigos, entonces eso ya en gran parte prueba el matrimonio. Sin embargo, una pareja que tiene una gran diferencia de edad entre si, o que vienen de culturas, religiones o idiomas muy diferentes, requerirá mayores pruebas o evidencia.

Las parejas enfrentan retos especiales cuando el cónyuge o prometido o prometida reside en un país extranjero, debido a que esto hace mucho más difícil obtener esta documentación. En dicho caso, lo siguiente podría ser de ayuda:

✪ registros telefónicos que demuestran llamadas de larga distancia entre la pareja (si es necesario que usted utilice tarjetas de llamada que no facilitan mantener estos registros intente la siguiente dirección en Internet: **www.onesuite.com**);

✪ cartas, tarjetas y correos electrónicos entre la pareja anterior a y durante el matrimonio (con los sobres con las fechas marcadas en lo posible);

✪ otra correspondencia recibida ya sea por el solicitante o el beneficiario en la que se refiere a las partes como una pareja;

✪ evidencia de reuniones de la pareja;

✪ evidencia de viajes tomados en conjunto—incluyendo la luna de miel—con sellos en los pasaportes, cuentas o recibos que reflejan estadías de hotel, alquiler de automóviles, boletos de avión, tarjetas postales enviadas a miembros de la familia durante el viaje, fotocopias a color de fotografías; y,

✪ evidencia de sustento financiero o regalos.

Separación

Por lo menos la mitad de todos los matrimonios acaban en el divorcio. Es probable que para los inmigrantes recientes el porcentaje pueda ser más alto. Es muy difícil mantener una relación, sin añadirle todos los problemas de adaptarse a una nueva cultura, no tener el estatus adecuado, o aún el estar en un grupo de ingresos reducidos. Asimismo, es descorazonador ver como un cónyuge que es ciudadano estadounidense puede utilizar su poder para ganar ventaja sobre el estatus inmigratorio del otro.

El estándar legal que otorga la residencia permanente es si el matrimonio fue de buena fe *en el momento en que se llevó a cabo*. No es el estado del matrimonio en el momento de la entrevista, excepto en la medida en que esto indica si el matrimonio fue de buena fe inicialmente. A pesar que el USCIS tiende a ignorar esta distinción, un juez de inmigración podría tomarla en cuenta.

Así que, ¿qué pasa si su matrimonio fracasa antes de la entrevista inicial? Desafortunadamente, la única solución es el arreglar la relación. Si esto requiere de servicios de consejería matrimonial, tómelos. Esta decisión constituye buena evidencia de una relación de buena fe.

Residente Condicional

Si en el momento del *ajuste de estatus* (para convertirse en residente permanente) el matrimonio tiene menos de dos años, entonces el extranjero se convierte en un *residente condicional* (CR por sus siglas en inglés). La clasificación es CR1 (si el estatus es procesado en una embajada) o CR6 (si el estatus es procesado en los Estados Unidos). Este estatus vence dentro de un plazo de dos años. Si el estado matrimonial se mantuvo por más de dos años en el momento de la entrevista, entonces se emite una tarjeta de residencia permanente.

El propósito del estatus de residente condicional de dos años es para darle al USCIS una última oportunidad para determinar si el matrimonio fue de hecho de buena fe. (El residente condicional deberá presentar el *Formulario I-751 (Form I-751)* para retirar las condiciones dentro del periodo de noventa días antes de la fecha de vencimiento de la tarjeta de residencia permanente condicional que se discute bajo el capítulo 13).

Si usted pierde la fecha límite de dos años, entonces deberá demostrar circunstancias excepcionales para justificar su presentación con retraso. Las circunstancias excepcionales deberán ser demostradas con documentación. Por ejemplo, si usted estuvo viajando fuera de los Estados Unidos alrededor de la fecha de vencimiento, presente pruebas del viaje. Si usted pierde la fecha, usted deberá volver a presentar el paquete original de ajuste, discutido bajo el capítulo 13. Sin embargo, esta vez sí se otorgará el estatus permanente (como IR6).

HIJOS ADOPTIVOS—PARIENTES INMEDIATOS

Si un niño es menor de 16 años y no puede calificar para la residencia permanente a través de su familia, la adopción por un ciudadano estadounidense o persona que tiene una tarjeta de residencia permanente podría ser una excelente manera para que el menor de edad obtenga la residencia permanente—aún si ambos padres del menor todavía viven. Por ejemplo, un ciudadano estadounidense o residente permanente mayor de 21 años de edad puede solicitar para su sobrino o sobrina, o nieto o nieta, o aún si el menor no tiene relación de parentesco con el residente.

NOTA: *Este proceso solamente proporcionará estatus para el menor de edad y no para su padres biológicos o naturales. Aún cuando el menor de edad cumpla los 21 años y sea un ciudadano estadounidense, él o ella no podrá presentar una solicitud por sus padres naturales.*

Debido a las especificaciones técnicas y legales que implica la calificación para la ciudadanía a través de la adopción, este libro no puede proporcionar detalles acerca del proceso específico y las solicitudes requeridas. El menor de edad debe ser elegible para ser adoptado de acuerdo a las leyes del estado específico o del país extranjero. Para proceder con dicho caso, la persona necesitará consultar un abogado de inmigración u organización que esté familiarizada con el proceso de adopciones. Sin embargo, esta discusión ayudará a identificar a los niños que podrían beneficiarse del proceso de adopción.

El menor de edad adoptado se convertirá en un familiar inmediato del ciudadano estadounidense que lleva a cabo la adopción—lo cual quiere decir que no tiene la espera para la visa. La adopción también podría resultar para un padre que es residente permanente legal, a pesar que existe un tiempo de espera aproximado de cinco años para una visa.

El obstáculo principal que uno debe sobreponer en un caso de adopción es el requisito que el menor de edad haya vivido con el padre adoptivo ciudadano estadounidense por dos años antes de presentar la solicitud de pariente extranjero I-130. Si el padre adoptivo ciudadano estadounidense vive en los Estados Unidos y el menor se encuentra en otro país de origen, entonces el requisito de dos años de residencia podría ser difícil de cumplir. En este caso, podría ser necesario que el menor de edad ingrese a los Estados Unidos con un tipo de *visa de no inmigrante* tal como una visa de estudiante o de turismo.

Ingreso Ilegal   Un menor de edad que ingresa a los Estados Unidos de manera ilegal (a través de una frontera sin documentación) podría no calificar para la residencia permanente en los Estados Unidos a menos que él o ella pueda ser elegible bajo el Artículo 245(i) (véase el capítulo 5). Sin embargo, luego de que él o ella acumula dos años de residencia con sus padres adoptivos, él o ella podrá retornar a su país de origen y solicitar una visa de inmigrante desde allá. Si él o ella es menor de 17 años de edad, él o ella no acumula una presencia ilegal en los Estados Unidos y por lo tanto no existe una prohibición a su retorno al país.

NOTA: *Las solicitudes de huérfanos son tratadas bajo reglas diferentes. Los casos que tratan sobre huérfanos son demasiado complicados para una persona que no está familiarizada con el proceso. Las solicitudes para huérfanos requieren un análisis de las leyes estatales así como de las leyes del país extranjero de dónde proviene el menor de edad. USCIS debe llevar a cabo un estudio del hogar. Póngase en contacto con un abogado de inmigración o con una organización sin fines de lucro para requerir su asistencia.*

CATEGORÍAS DE PREFERENCIA

Además de las categorías inmediatas mencionadas anteriormente, los ciudadanos estadounidenses también pueden solicitar por algunos otros parientes—todos ellos en conjunto caen bajo lo que se llama *categorías de preferencia*. Existen cuatro categorías separadas de preferencia, y la segunda categoría de preferencia tiene dos partes (2A y 2B). Existe, sin embargo, un periodo de espera para un número de visa para cada categoría. Un ciudadano estadounidense puede solicitar para los siguientes parientes:

- ✪ un hijo o hija soltero(a) de 21 años de edad o mayor—hijo o hija adulto (primera preferencia);

- ✪ un hijo o hija casado(a) de cualquier edad (tercera preferencia); y,

- ✪ un hermano o hermana de cualquier edad (cuarta preferencia).

Si un padre o madre solamente tiene una tarjeta de residencia permanente y no es ciudadano estadounidense, entonces él o ella solamente podrá solicitar para los siguientes parientes:

- ✪ un cónyuge, o un hijo o hija soltero(a) menor de 21 años (preferencia 2A), y

- ✪ un hijo o hija soltero(a) de 21 años o mayor (preferencia 2B).

A diferencia de una categoría de visa inmediata de familia, las categorías de visa de preferencia se encuentran con un *retraso* por las solicitudes acumuladas. Usted debe consultar el *cuadro de visas* publicado por el Departamento de Estado de los Estados Unidos para determinar cuándo puede presentar su solicitud de ajuste de estatus.

Es de suma importancia que usted comprenda el cuadro mensual de visas para saber cuándo puede presentar una solicitud para el ajuste de estatus. El cuadro indica a aquellos que ya presentaron la *Petition for Alien Relative* (Solicitud para Pariente Extranjero, I-130) e indica cuándo pueden presentar su solicitud para *Adjustment of Status* (Ajuste de Estatus, I-485).

El Departamento de Estado publica un cuadro de visas puesto al día cada mes. Este cuadro refleja los periodos de espera para cada una de las visas de preferencia. La fecha de prioridad es la fecha reflejada en la notificación de aprobación I-130. Es la fecha en la cual usted presentó la Solicitud para Pariente Extranjero, I-130. Para las visas de preferencia, usted solamente podrá solicitar para el ajuste de estatus una vez que la solicitud se vuelva vigente (es decir, una vez que una visa se vuelva disponible como reflejado en el cuadro del Departamento de Estado). Una solicitud es *vigente* cuando la fecha de la categoría de preferencia en particular se traslada luego de la fecha de prioridad en la solicitud I-130.

Para poder verificar el cuadro de visas para el estatus de su solicitud, usted debe familiarizarse con las categorías de visas.

Primera Preferencia

El hijo o hija soltero(a) de un solicitante que es ciudadano estadounidense no puede estar casado(a). Si está casado, dicho hijo entonces cae en la categoría de tercera preferencia y debe comenzar el periodo de espera desde el principio. Cualquier hijo menor de edad del hijo soltero adulto podrá ser incluido en la solicitud. Asimismo, el solicitante podrá solicitar por sus hijastros si el matrimonio de los padres se llevó a cabo antes de que el hijastro(a) cumpla los 18 años de edad. Usted puede evidenciar la ciudadanía del padre y la relación con el menor con los mismos documentos listados para los parientes inmediatos más adelante en este mismo capítulo.

Segunda Preferencia— Cónyuges (2A)

Los *residentes permanentes* podrán solicitar para su cónyuge bajo las mismas regulaciones que el cónyuge de un ciudadano estadounidense. (véase la página 22). La diferencia es que existe una espera de aproximadamente cuatro a cinco años para un número de visa. Sin embargo, si el cónyuge quien es residente permanente se *naturaliza* (se convierte en ciudadano estadounidense), entonces el cónyuge extranjero podrá solicitar de inmediato para la residencia permanente. El cónyuge con residencia permanente necesitará una copia de su tarjeta de residencia permanente en vez de la prueba de ciudadanía estadounidense. Por lo demás, los documentos requeridos son los mismos que para el cónyuge de un ciudadano estadounidense. (véase la página 23).

Segunda Preferencia— Hijos Solteros (2B)

A continuación se presentan algunos puntos importantes en relación a las solicitudes de residentes legales permanentes quiénes están solicitando para un hijo soltero (de cualquier edad).

✪ Los hijos de los residentes permanentes en los Estados Unidos deben ser solteros o no haberse casado. Si se casaron, entonces solo pueden ser solicitados por un padre o madre que es ciudadano estadounidense.

✪ Cualquier hijo o hija del hijo soltero puede ser incluido en la solicitud.

✪ El padre que es residente permanente puede solicitar por sus hijastros, siempre y cuando el matrimonio de los padres se haya llevado a cabo antes de que el menor haya cumplido 18 años.

✪ El padre quien es residente permanente podrá solicitar por sus hijos adoptivos si la adopción se llevó a cabo antes de que el menor haya cumplido los 16 años de edad y si el padre o madre y dicho menor hayan vivido juntos por lo menos por dos años.

Los mismos documentos se requieren en estos casos que para los parientes inmediatos listados en la página 101. Sin embargo, para esta situación una copia de la tarjeta de residencia permanente de los padres reemplaza la evidencia de ciudadanía estadounidense.

Tercera Preferencia

El solicitante quien es ciudadano estadounidense quién solicita para un hijo o hija adulto y casado podrá incluir al cónyuge del hijo adulto en su solicitud. El hijo soltero y no casado del hijo adulto para quién se solicita podrá ser incluido en la misma solicitud también. Dichos hijos deben *ajustar su estatus* normalmente (convertirse en residentes permanentes) antes de cumplir los 21 años de edad o serán excluidos de la solicitud. La *Child Status Protection Act* (Ley de Protección de Estatus del Menor) puede ayudar en algunos casos. (véase la página 40).

El ciudadano estadounidense debe establecer su ciudadanía por uno de los documentos indicados en la página 21. El certificado de nacimiento del hijo adulto deberá ser presentado para establecer la relación que califica al adulto como el hijo del solicitante. Este certificado de nacimiento debe mostrar el nombre del padre o la madre que está presentando la solicitud. Si el padre está solicitando, entonces también debe proporcionar su certificado de matrimonio. Por último, si cualquier nombre en uno de los documentos de apoyo ha cambiado, se requiere también un documento legal que pruebe el cambio de nombre, tal como un certificado de matrimonio, certificado de adopción, u orden de una corte.

Cuarta Preferencia

Típicamente, la categoría de cuarta preferencia toma muchos años para volverse vigente. Algunas personas no presentan una solicitud bajo la teoría de que tomaría demasiado tiempo, pero el tiempo tiende a pasar rápidamente. Además puede que se acumulen beneficios al simplemente ser el beneficiario de una solicitud presentada anterior a una cierta fecha. Esta es una solicitud fácil de presentar que no representa un costo elevado. Debería ser presentada lo antes posible, bajo cualquier circunstancia.

Los siguientes son puntos importantes acerca del solicitante que es ciudadano estadounidense quién solicita para un hermano o hermana:

- ✪ el ciudadano estadounidense quién es el solicitante debe ser mayor de 21 años de edad;

- ✪ el cónyuge del hermano adulto está incluido;

- ✪ los hermanastros y hermanastras podrán solicitar el uno por el otro; y,

- ✪ los hijos solteros no casados de los hermanos adultos podrán ser incluidos. (Dichos hijos menores de edad deberán ajustar su estatus antes de cumplir los 21 años de edad o ser excluidos de la solicitud).

Cuadro del Boletín de Visas

El Cuadro del Boletín de Visas se aplica solamente a las visas de preferencia. Aquellos en la categoría inmediata podrán solicitar su ajuste de estatus en cualquier momento. El cuadro parece ser confuso, pero en realidad no es tan complicado. Los siguientes cinco pasos lo ayudarán a utilizar el cuadro fácilmente, especialmente la primera vez.

1. Consiga una versión actual del cuadro mensual de visas. Usted lo puede encontrar en el Internet en la dirección: **www.travel.state.gov** o puede llamar al 202-663-1541. Es a veces más fácil llamar al mensaje grabado. De inmediato, las fechas como aquellas en el cuadro modelo en este capítulo serán leídas en el mismo orden.

2. Conozca cuál es su categoría de preferencia. Este cuadro incluye solamente una descripción corta de cada categoría. La categoría de preferencia también está incluida en su notificación de aprobación. Si usted necesita más ayuda, refiérase a las explicaciones en las páginas 31–33.

3. Verifique su notificación de aprobación I-130 para ver su fecha de prioridad. Ésta normalmente es la fecha en la que usted llenó su solicitud I-130. La fecha es muchas veces encontrada en uno de los recuadros en la esquina superior izquierda, o en el lado derecho de una notificación de aprobación más antigua.

4. Encuentre la fecha aplicable límite correspondiente a su categoría de preferencia y a su país. (Solamente una de las columnas de país en el lado derecho será aplicable a su caso).

5. Compare su fecha de prioridad con la fecha límite reportada. Si su *fecha de prioridad* es anterior a su fecha límite, usted deberá esperar antes de presentar una solicitud de ajuste de estatus. Si su fecha de prioridad ha pasado la fecha límite, usted deberá presentar la solicitud para ajuste de estatus.

Cuadro Modelo de Boletín de Visas

Categorías de Preferencia Familiares	Todos los demás países	India	México	Filipinas
1era. hijo(a) soltero(a) mayor de 21 años de un ciudadano estadounidense.	22 ABRIL 01	22 ABRIL 01	08 AGO 94	(22 AGO 91
2A. cónyuge o hijo(a) soltero(a) menor de 21 años de un residente permanente.	22 FEB 02	22 FEB 02	15 MAYO 99	22 FEB 02
2B. hijo(a) soltero(a) mayor de 21 años de un residente permanente.	08 JUL 96	08 JUL 96	01 ENE 95	08 FEB 91
3ra. hijo(a) casado(a) de un ciudadano estadounidense.	22 JUL 98	22 JUL 98	01 ENE 95	08 FEB 91
4ta. hermano o hermana de un ciudadano estadounidense.	01 OCT 94	22 MAR 94	22 MAYO 93	01 OCT 83

No se desanime si pareciera haber una espera larga en base a su fecha de prioridad y la fecha límite. Las fechas límites se pueden adelantar y atrasar rápidamente. Sin embargo, a lo largo de los últimos años, las categorías de tercera y cuarta categoría típicamente han avanzado menos de un mes por cada mes calendario. (Las categorías no disponibles a veces también se vuelven disponibles luego del 1° de octubre de cada año, debido a que esta fecha es el comienzo del año fiscal del gobierno y de una nueva designación de números de visa).

NOTA: *En contraste con las categorías basadas en relaciones familiares, todas las categorías de empleo son en su mayoría vigentes.*

Usted debe esperar hasta que la fecha pase. No puede ser simplemente en el mismo mes. El oficial de USCIS podría verificar en la entrevista si la visa estaba en verdad vigente en el momento en que se presentó la solicitud. Si no estaba vigente, se le denegará la solicitud, aunque podrían permitir que presente y pague por una nueva solicitud en el mismo día.

Recientemente, ha surgido un problema con los números de visa en las categorías de preferencia. Algunas categorías han progresado solamente un mes en el último año. La causa de este retraso es que el USCIS está procesando un número poco usual de casos para eliminar el retraso acumulado de solicitudes de ajuste pendientes en las oficinas locales de USCIS.

MUERTE O ENFERMEDAD DEL SOLICITANTE

Si el solicitante muere antes de presentar el ajuste, consulte con un abogado de inmigración para determinar si usted aún tiene opciones. Si el solicitante se enferma durante el periodo en que la solicitud de ajuste está pendiente, notifique a la oficina de USCIS y pida que la entrevista sea fijada lo antes posible. Incluya una carta del médico y cualquier otra evidencia sobre la condición médica.

SOLICITUDES A TÍTULO PERSONAL

Existen dos categorías principales para las solicitudes de familia por las cuales una persona puede solicitar para inmigrar a los Estados Unidos por si mismo. Una manera es como el viudo o viuda de un ciudadano estadounidense difunto. Una segunda manera es como el cónyuge abusado de un ciudadano estadounidense.

Viudos o Viudas

Una persona podrá obtener la residencia permanente a través cónyuge difunto que era ciudadano estadounidense si:

❂ el cónyuge extranjero se casó por lo menos dos años antes con un ciudadano estadounidense;

- ✪ si el ciudadano estadounidense era ciudadano por lo menos por dos años en el momento de la muerte;

- ✪ si la solicitud se presenta dentro de dos años de la muerte del cónyuge que era ciudadano estadounidense;

- ✪ si el cónyuge extranjero no estaba separado legalmente del cónyuge que era ciudadano estadounidense en el momento de la muerte; y,

- ✪ si el cónyuge extranjero no se ha vuelto a casar.

Los hijos solteros del viudo o viuda menores de 21 años de edad también podrán obtener estatus.

Cónyuge Abusado   Una persona podrá obtener la residencia permanente a través de un ciudadano estadounidense, si es que:

- ✪ el cónyuge extranjero está casado con o se divorció de ciudadano estadounidense dentro de los últimos dos años;

- ✪ el cónyuge extranjero es una persona de buen carácter moral;

- ✪ el cónyuge extranjero ha residido con su cónyuge estadounidense;

- ✪ el matrimonio fue realizado en buena fe; y,

- ✪ el cónyuge extranjero (o sus hijos menores de edad) fueron abusados físicamente o fueron víctimas de un tratamiento severamente cruel.

Las reglas han cambiado recientemente para cónyuges *previos* o divorciados de ciudadanos estadounidenses o de residentes permanentes agresores. Solía ser que uno *no era elegible* para presentar una solicitud a título personal si el cónyuge abusado *no* estaba legalmente casado con el ciudadano estadounidense o residente permanente legal en el día en que se presentaba la solicitud. Ahora se puede todavía presentar una solicitud si el divorcio se llevó a cabo durante el periodo de dos años inmediatamente *anterior* a la presentación de la solicitud a título personal. La misma también debe demostrar que el divorcio se encontraba relacionado con la violencia doméstica o con una crueldad mental excesiva, a pesar que esto podría ya estar evidenciado por otras pruebas. Sin embargo, la sentencia de divorcio no necesita específicamente estipular que el divorcio fue ocasionado por violencia doméstica o agresión.

Las Visas de No Inmigrante y Cómo Mantener La Vigencia de su Estatus

Si usted se encuentra en los Estados Unidos con una *visa de no inmigrante*, es de suma importancia que mantenga la validez de su estatus. Éste le permitirá salvaguardar su derecho de obtener una residencia permanente o, en su defecto, cambiar su estatus a otra categoría de visa de no inmigrante.

A aquellas personas que procuran convertirse en futuros residentes permanentes, normalmente se les exige que primero tengan un estatus válido y vigente antes de optar por esta opción, al menos que se enmarquen dentro de las siguientes dos excepciones:

Para la persona que cumple con los requisitos del artículo 245(i) de la Ley de Inmigración (*elegibilidad en virtud al Artículo 245(i)*), o para aquellas personas que reúnen los requisitos para solicitar el cambio de condición inmigratoria en virtud de una solicitud de visa de un familiar inmediato.

ELEGIBILIDAD EN VIRTUD AL ARTÍCULO 245(I)

Las personas que cumplen con los requisitos de solicitud de visa en virtud al artículo 245(i) de la ley de inmigración, son aquellas personas en cuyo nombre se ha llenado y presentado un **Formulario I-130** antes del 30 de abril de 2001 durante el último periodo de amnistía abreviado, si es que dicha persona se encontraba físicamente presente en los Estados Unidos el 20 de diciembre de 2000. De otra manera, si el **Formulario I-130** fue llenado antes del 18 de enero de 1998, entonces la persona es elegible en virtud al artículo 245(i) sin importar si él o ella estuvo presente en los Estados Unidos el 20 de diciembre del año 2000.

FAMILIA INMEDIATA

Otra excepción para el requisito de contar con un estatus válido es que la persona sea la beneficiaria de una solicitud de visa de familia inmediata tal como:

- ✪ por medio de un matrimonio a un ciudadano estadounidense;

- ✪ como padre o madre de un ciudadano estadounidense; o,

- ✪ como menor de edad o hijo(a) no casado(a) de un ciudadano estadounidense.

Estas personas deben haber ingresado a los Estados Unidos de manera legal y no haber trabajado sin autorización dentro de los Estados Unidos. (Sin embargo, en la mayoría de los casos, el USCIS actualmente no parece estar ejecutando el cumplimiento de esta última disposición).

CHILD STATUS PROTECTION ACT (LEY DE PROTECCIÓN DEL ESTATUS DEL MENOR)

El 6 de agosto de 2002, el Presidente Bush promulgo la *Child Status Protection Act* (Ley de Protección de Estatus del Menor, o CSPA por sus siglas en inglés). Esta Ley proporciona importantes beneficios para aquellos que están por cumplir los 21 años de edad y por consiguiente cambiarán su elegibilidad para ajustar su estatus debido a su edad. La Ley CSPA se aplica a los menores que buscan beneficios solamente en los siguientes tipos de casos:

✪   en base a una relación familiar (excepto por las visas K);

✪   en base a un empleo;

✪   visa de diversidad; y,

✪   asilo y refugio.

Esta ley no es aplicable de manera alguna a las solicitudes de visa de no inmigrante. Sin embargo, los beneficios que podría proporcionar la CSPA dependen en gran medida del tipo de solicitud y la categoría de preferencia específica. De todos modos, cualquier persona que pudiese ser o ya hubiese sido excluido de cualquier categoría por haber adquirido la mayoría de edad, debería analizar esta sección a fin de verificar si la misma mantiene o le devuelve su elegibilidad.

El primer paso es el de determinar si la CSPA se aplica al caso o no, ya que la CSPA no es retroactiva. La misma no se aplicará a una solicitud:

✪   presentada después del 6 de agosto de 2002;

✪   presentada antes del 6 de agosto de 2002, pero que aún continuaba pendiente en esa fecha (es decir, no aprobada) o si fue negada pero un recurso o moción para reabrir el caso fue presentado a tiempo; o,

✪   aprobada antes del 6 de agosto de 2002, si es que el beneficiario:

  • hubiese cumplido la mayoría de edad luego del 6 de agosto de 2002, o

  • si hubiese cumplido la mayoría de edad antes del 6 de agosto de 2002, pero antes de cumplir esta mayoría, hubiese solicitado una visa de inmigrante y no se hubiese llegado a una decisión final antes de aquella fecha.

Si la CSPA no se aplica al caso, ¿qué beneficio proporciona esta ley al menor de edad quien podría haber cumplido la mayoría, o está por cumplir esa mayoría de edad? Depende del beneficio.

- ✪ *Parientes inmediatos:* La edad del menor se fija como la fecha en que se presentó la solicitud I-130. Por tanto, el menor nunca perderá el beneficio por el transcurso del tiempo.

- ✪ *Categorías de preferencia:* La edad del menor se fija como la fecha en que el número de visa de inmigrante se vuelve disponible (es decir, cuando la solicitud I-130, I-140 ó I-360 se vuelve vigente) y no en la fecha en que se presentó. Sin embargo, la edad del menor se reduce por el periodo de tiempo en que la solicitud se encontraba pendiente (es decir, antes de ser aprobada). Para poder mantener este beneficio, el ajuste del estatus *deberá* presentarse dentro de un año de la fecha en que el número de visa se encuentra disponible.

- ✪ *Visas de diversidad:* La edad del menor se fija como la fecha del primer día del periodo para el envío de la solicitud de diversidad de visa por correo.

- ✪ *Solicitudes de asilo / refugiados:* La edad del menor se fija como el día en que el padre o madre presenta la solicitud.

Existen numerosos memorándums, disponibles en la página Web del USCIS, que regulan las situaciones más específicas. Tenga presente que esta política inmigratoria se encuentra en un proceso de desarrollo y que existe bastante margen para su interpretación y las argumentaciones creativas.

VIAJES FUERA DE LOS ESTADOS UNIDOS

El otro aspecto importante para mantener el estatus de no inmigrante es el derecho de viajar fuera de los Estados Unidos durante el periodo de tiempo en que usted espera que le fijen su entrevista de ajuste de estatus. Si usted se encuentra fuera de estatus por más de seis meses en el momento en que usted presentó una solicitud para ajuste de estatus, entonces usted no calificará para un *permiso de ingreso anticipado* por causa de la violación a la ley inherente a su estadía ilegal en este país. Por tanto, usted no podrá viajar fuera de los Estados Unidos hasta que su estatus sea ajustado. A pesar de que el retraso por acumulación de entrevistas de ajuste se ha reducido de manera significativa en los últimos meses, su caso todavía podría tardar por varios motivos, luego de la entrevista.

Mantenga una copia del anverso y reverso de cada *formulario I-94* y entréguelo a la aerolínea, ya sea que los empleados de la línea aérea lo requieran o no. Se supone que el personal de la aerolínea en la puerta de embarque debe tener esta información. Si la aerolínea no está recolectando los *formularios I-94*, entonces es posible que usted vaya a la Embajada de los Estados Unidos para entregarlo. Alternativamente, mantenga una copia del boleto de la aerolínea y tal vez, inclusive, la prueba que usted pudiese mostrar en el consulado correspondiente, de que usted honró los términos de su última visa al salir del país a tiempo. Asimismo, si usted está solicitando una visa de inmigrante en una embajada, podría ser de utilidad el demostrar que usted retornó a los Estados Unidos y no estuvo *presente de manera ilegal* lo cual podría prevenir que aprueben su visa.

TIPOS DE VISA DE NO INMIGRANTE

La mayoría de los no inmigrantes ingresan en calidad de:

- ✪ turistas;

- ✪ estudiantes;

- ✪ visitantes con asuntos relacionados con los negocios; o,

- ✪ empleados temporales.

A continuación se presenta una lista bastante exhaustiva de las categorías de visa de no inmigrantes. Sin embargo, el resto de este capítulo solamente detallará las categorías en base a relaciones familiares. (Las demás categorías se encuentran más allá de los objetivos y alcance de este libro.) Las categorías de no inmigrante son:

- ✪ *A-1, A-2, A-3:* empleados de gobiernos extranjeros (tales como diplomáticos y oficiales) y sus familias, sirvientes y empleados privados;

✪ *B-1, B-2:* visitantes de negocios (para asistir a conferencias, exposiciones comerciales o de negocios, etcétera) quienes no están empleados en los Estados Unidos, y turistas visitando en viajes de placer (obteniendo tratamiento médico, convenciones, asistencia incidental a un curso o una escuela);

✪ *C-1, C-2, C-3:* extranjeros en tránsito a través de los Estados Unidos o en ruta a las Naciones Unidas;

✪ *D-1, D-2:* miembros de tripulaciones de barcos o aeronaves extranjeras;

✪ *E-1, E-2:* extranjeros ingresando a los Estados Unidos para participar en transacciones de comercio o inversiones en base a un tratado bilateral entre los Estados Unidos y su país o nacionalidad. (Esta clasificación autoriza empleo en los Estados Unidos para administrar el negocio de comercio o inversiones.);

✪ *F-1, F-2:* estudiantes extranjeros autorizados para estudiar en los Estados Unidos. Se dispone de una autorización limitada de trabajo durante y luego de concluir el curso de estudio;

✪ *G-1, G-5:* empleados de organizaciones internacionales y sus familias y sirvientes;

✪ *H-1, H-2, H-3, H-4:* ciertos trabajadores temporales calificados, aprendices y sus familias. (La categoría *H-1B* se otorga a las personas empleadas en una ocupación de especialidad y es una de las categorías más importantes de no inmigrantes para los empleadores que desean contratar a una persona de nacionalidad extranjera para un puesto profesional o de nivel técnico muy avanzado.);

✪ *I:* representantes de los medios de comunicación;

✪ *J-1, J-2:* visitantes de intercambio y sus familias. Esta certificación permite a los no inmigrantes ingresar a los Estados Unidos con el propósito de participar en actividades como conferencias, investigación, estudio, observación o entrenamiento.

(La mayoría de las personas en el estatus J están sujetas a un requisito de retornar a su país de origen por un periodo de por lo menos dos años luego de concluir el programa J. En algunas circunstancias se encuentran disponibles excepciones para este requisito.);

❂ *K-1, K-2:* prometidos o prometidas de ciudadanos estadounidenses y sus hijos menores de edad;

❂ *K-3, K-4:* esposos de ciudadanos estadounidenses con una solicitud I-130 pendiente, y sus hijos menores de edad;

❂ *L-1, L-2:* empleados transferidos dentro de una empresa a la oficina de los Estados Unidos de dicha empresa, quienes son administradores, ejecutivos y empleados, con conocimiento especializado, de compañías internacionales;

❂ *M-1, M-2:* estudiantes vocacionales y sus familias;

❂ *N:* miembros de la familia de inmigrantes especiales G-4;

❂ *O-1, O-2, O-3:* extranjeros de habilidad extraordinaria en las ciencias, el arte, la educación, los negocios, o atletas, y los miembros de su familia que los acompañan. Estos no inmigrantes deben estar en la cima de su campo para poder calificar. (A pesar que existen estándares más bajos para los artistas y personas en el mundo del entretenimiento, los mismos deben haber logrado una cierta prominencia.);

❂ *P-1, P-2, P-3:* equipos atléticos y grupos de entretenimiento quienes son reconocidos a nivel internacional;

❂ *Q:* extranjeros que llevan a cabo un intercambio cultural internacional;

❂ *R-1, R-2:* ministros, trabajadores religiosos y sus familias;

❂ *S-5, S-6:* también llamada la *visa de polizón.* Prometida a menudo, pero otorgada muy raramente en los Estados Unidos para personas que ayudan con una investigación criminal;

✪ *TN:* para los ciudadanos canadienses y mexicanos que califican como trabajadores temporales bajo el NAFTA (Tratado de Libre Comercio de Norteamérica); y,

✪ *V:* el cónyuge o hijos menores de edad de un residente permanente legal (LPR por sus siglas en inglés) cuya solicitud I-130 fue presentada antes del 20 de diciembre de 2000, y que ha estado pendiente por más de tres años. (véase el capítulo 4.)

Además de los criterios específicos mencionados anteriormente, existen requisitos comunes para muchas de las visas de no inmigrantes, tales como que el solicitante no debe ser un *inmigrante potencial* (es decir, que esa persona tiene la intención de retornar a su país de origen antes de la fecha de vencimiento de su visa).

Procedimiento   Los procedimientos para obtener una visa de no inmigrante varían con el tipo de visa. Si una persona se encuentra en los Estados Unidos, él o ella debe estar en estatus y tener una visa válida y vigente antes de ampliar o cambiar su estatus. El *formulario I-94* será sellado con la fecha de vencimiento para la visa, sin importar la fecha de vencimiento de la visa que esté sellada en el pasaporte.

En ese momento se presenta una solicitud con el *formulario I-539* para ampliar o cambiar el estatus.

Un escenario común es el ingresar a los Estados Unidos como turista y luego intentar hacer un cambio de estatus a aquel de estudiante. Esta solicitud no es tan fácil como simplemente registrarse en una escuela para ser estudiante a tiempo completo. Primero, bajo las reglas promulgadas en agosto de 2003, las únicas personas que pueden cambiar su estatus a aquel de estudiante son aquellas que tienen una tarjeta I-94 que lleva una anotación de *estudiante potencial* por un oficial de inspecciones en un punto de ingreso a los Estados Unidos. Si usted desea matricularse como estudiante, usted aún puede viajar de regreso a su país y obtener una visa de estudiante en su embajada. El procedimiento para ingresar a los Estados Unidos como un no inmigrante podrá implicar un proceso de dos o tres pasos, dependiendo del tipo de visa.

Para algunas solicitudes, podría ser necesario presentar una solicitud primero con el centro de servicios en los Estados Unidos que tiene jurisdicción sobre la empresa que realiza o patrocina la solicitud. Por ejemplo, las visas H, L y E requieren de una solicitud aprobada de un centro de servicios. El centro de servicios transmitirá el archivo a su embajada designada en el momento de su aprobación.

En este punto del proceso, el solicitante llevará a cabo el trámite a través de su consulado o embajada para obtener la visa. En algunos casos, la solicitud se presenta directamente en el consulado. Por ejemplo, las visas de turista, visas de estudiante, y las visas de trabajadores religiosos se presentan directamente en el consulado.

Por último, la visa se revisa una última vez por los oficiales de inspección en el punto de ingreso al país. El funcionario de inspección tiene el derecho de denegar el ingreso a la persona portadora de la visa si él o ella sospecha que las condiciones de la visa puedan ser violadas. Existe una alta probabilidad de que esto ocurra si la solicitud fue aprobada primero por un centro de servicios antes que una embajada. (La visa tipo B es aquella que se presta al mayor escrutinio en el punto de ingreso.)

VISA K-1

Un ciudadano estadounidense puede solicitar traer a su prometido o prometida a los Estados Unidos a través de una embajada o consulado. El prometido o prometida ingresa al país con una visa K-1. (Los hijos menores de 21 años no casados del prometido o prometida ingresan con un estatus K-2).

Se requieren varios documentos para apoyar la solicitud de *prometido o prometida*. El ciudadano estadounidense debe establecer su ciudadanía. Otros documentos podrían requerirse. Por ejemplo, si una persona estaba casada anteriormente, entonces se debe también presentar una sentencia de divorcio. Si cualquier nombre ha sufrido cambios desde aquel que se muestra en los documentos respaldatorios, entonces también se debe proporcionar la documentación necesaria que atestigüe este cambio.

Los documentos respaldatorios tienen la finalidad de demostrar que el compromiso es de *buena fe*, es decir, que fue ingresado por ambas partes por amor y afecto y no a cambio de un estatus inmigratorio en los Estados Unidos. El solicitante deberá redactar un ensayo corto que relate la historia de la relación, y sobre todo acerca de cuándo se llevó a cabo la propuesta de matrimonio. Existe un requerimiento estricto que exige que la pareja se haya conocido, en persona, dentro de los últimos dos años. La lista en el capítulo 14 incluye ejemplos de documentos respaldatorios útiles. Cuantos más de estos documentos se obtengan, más rápida y efectiva será la respuesta a este caso.

Beneficios y Elegibilidad K-1

Una persona con el estatus K-1 es elegible para trabajar de inmediato en base a su estatus. Sin embargo, desde un punto de vista práctico, el extranjero K-1 puede necesitar un certificado de trabajo a fin de demostrar a su empleador que él o ella es elegible para trabajar.

El beneficiario de la visa K-1 debe casarse con el solicitante ciudadano estadounidense dentro de tres meses. Este es un plazo muy estricto. La visa K-1 no tiene extensiones, debido a que es una visa de un solo ingreso al país. El beneficiario de la misma tampoco puede cambiar a otro estatus no inmigratorio. Sin embargo, no existe ninguna fecha límite para solicitar un ajuste de estatus—usted puede solicitar el mismo aún con una visa vencida.

Luego del matrimonio, se debe presentar un **Formulario I-485**, al igual que en los casos de matrimonios. (Véase el capítulo 13.) No se requiere de un nuevo examen médico si la solicitud de ajuste de estatus fue presentada dentro de un año del momento en que se presentó el examen médico en la embajada. Sin embargo, será necesario completar el suplemento de vacunas. No se requiere la solicitud I-130 para el cónyuge, pero si se requieren solicitudes I-130 separadas para los hijos menores de edad. También se requiere el formulario de la Declaración Jurada de Sustento Económico, *I-864*. Si se requirió de cualquier tipo de excepción para obtener la visa K-1 (*formulario I-601*), la excepción permanecerá vigente para los propósitos de ajuste de estatus, a menos que existan nuevas bases de inadmisibilidad.

Las consecuencias son muy serias si el matrimonio no se lleva a cabo. Si el beneficiario no se casa con el solicitante dentro de noventa días, él o ella podría no proseguir con el ajuste de estatus por ningún otro camino. Aún el Artículo 245(i) (que ayuda a los solicitantes que ingresan al país ilegalmente) no ayuda al prometido o prometida K-1 que no se casa. La única excepción posible es el solicitar asilo dentro de un año del ingreso al país. (véase el capítulo 9.)

VISA K-3

La visa K-3 es una clasificación de no inmigrante para acelerar el ingreso de cónyuges e hijos menores de edad no casados de ciudadanos estadounidenses a los Estados Unidos. Estas visas se crearon con la *Ley LIFE*, y se emiten a los cónyuges e hijos de ciudadanos estadounidenses para quienes se han presentado las solicitudes I-130, las mismas que se encuentran pendientes. La solicitud K-3 es aprobada por un periodo de cuatro meses, los cuales pueden ser ampliados si no se ha concluido el procesamiento de la visa. A diferencia de la solicitud de visa de inmigrante, los solicitantes de las visas K-3 y K-4 no necesitan tomar el examen médico completo y no se requiere una Declaración Jurada de Sustento Económico. Una persona solicita la visa K-3 como una ruta más rápida para ingresar a los Estados Unidos, o donde un solicitante ciudadano estadounidense no ha residido en los Estados Unidos y por el momento no cumple con los requisitos de residencia para la Declaración Jurada de Sustento Económico.

Las visas K-3 son emitidas por dos años (múltiples ingresos) con una ampliación disponible por una causa justa. La subsiguiente solicitud para el ajuste de estatus debe basarse en el matrimonio del beneficiario al solicitante de la visa K-3 y puede ser presentada con anterioridad a la aprobación del formulario I-130. Cada dependiente en una visa K-4 requiere de un formulario I-130 por separado.

NOTA: *Una persona puede solicitar una visa K-4 para un hijo menor de edad solamente si el padre o la madre es beneficiario de una visa K-3. Si el padre o la madre ya se encuentra en los Estados Unidos, entonces el hijo menor de edad deberá esperar hasta que su padre o madre ajuste su estatus.*

Las visas K-1 y K-3 son un poco inusuales en la medida en que son tanto visas de inmigrantes como de no inmigrantes al mismo tiempo.

Asimismo, una inspección cuidadosa a la notificación de aprobación le revelará que estas visas tienen fechas de vencimiento. Una visa K-1, por ejemplo, vence luego de cuatro meses. Normalmente toma más de cuatro meses desde el momento de la aprobación del Departamento de Seguridad Nacional (DHS por sus siglas en inglés) para que un beneficiario sea entrevistado en un consulado. Por tanto, si se requiere de más tiempo, es necesario requerir, formalmente, a la embajada una ampliación de la solicitud, de otra manera, la visa podría vencer y esto sí requeriría de una nueva solicitud.

¿Qué tipo de casos son los más problemáticos? Los siguientes ejemplos típicamente sirven como una advertencia para los centros de servicio o los oficiales consulares, y resultan en un retraso o en el rechazo del caso:

- un enamoramiento muy breve seguido rápidamente de matrimonio;

- una ceremonia de matrimonio organizada al poco tiempo de que el solicitante llega al país del beneficiario y se conocen por primera vez;

- que la pareja no tenga un idioma en común;

- si el solicitante reside con los miembros de la familia de un beneficiario en los Estados Unidos;

- si el solicitante está empleado por o tiene una relación de negocios con un familiar del beneficiario;

- si el solicitante presenta registros telefónicos que demuestran que él o ella utiliza un número telefónico residencial que está listado bajo el nombre de otra persona;

- un divorcio en los Estados Unidos seguido muy rápidamente por el compromiso matrimonial con un beneficiario extranjero;

- ninguna o muy poca evidencia documentada de la relación anterior al compromiso matrimonial;

✪ largos periodos de tiempo en que el solicitante y el beneficiario no estuvieron juntos en persona;

✪ el no declarar anteriores matrimonios; y,

✪ el no declarar solicitudes anteriores presentadas en beneficio de otros beneficiarios.

Cualquier caso que refleja una o más de las características anteriores requiere de mayor documentación y de una explicación más detallada.

Solicitudes Basadas en el Empleo

El proceso de solicitar la residencia permanente *basada en el empleo* puede costar mucho tiempo y trabajo, especialmente cuando se requiere la *autorización de empleo*. La autorización de empleo significa que después de un periodo de reclutamiento supervisado, una agencia estatal de empleo certifica que no se puede encontrar ningún trabajador estadounidense que pueda asumir el puesto ofrecido al extranjero. Si se requiere una autorización de empleo, el caso puede requerir seis meses o hasta un año más, dependiendo de la localidad. Por lo general, se necesitará un abogado para tramitar una solicitud basada en el empleo.

Con la anulación del Artículo 245(i) (descrita en el capítulo 3), una persona debe contar con un estatus legal (por ej., tener una visa de no inmigrante vigente) en el momento en que se entrega la solicitud de ajuste de estatus. No obstante, existen unas cuantas excepciones. Si una persona entregó una *solicitud de autorización de empleo* o fue el beneficiario de una solicitud de pariente inmediato antes del 30 de abril de 2001, dicha persona puede solicitar un ajuste de estatus si él o ella estuvo presente físicamente en los Estados Unidos el 20 de diciembre de 2000. De lo contrario, si la autorización de empleo o una solicitud I-130 fue entregada antes del 18 de enero de 1998, esta persona también puede solicitar un ajuste sin importar si estuvo físicamente presente o no en los Estados Unidos el 20 de diciembre de 2000.

PRIMERA PREFERENCIA: POR HABILIDADES EXTRAORDINARIAS, EN VIRTUD DE SER UN INVESTIGADOR EXCEPCIONAL O POR SER UN EJECUTIVO DE UNA MULTINACIONAL

La primera categoría de preferencia es análoga a las visas O y P de no inmigrantes. Éstas se otorgan a extranjeros que cuentan con una habilidad extraordinaria en las ciencias, las artes, la educación, los negocios o el atletismo, y a sus familiares que los acompañan. En el caso de poseedores de visas P, se incluyen equipos atléticos y grupos de entretenimiento que cuentan con reconocimiento internacional.

La regulación federal define la *habilidad extraordinaria* como un grado de pericia que indica que la persona pertenece a un grupo muy reducido de aquellos pocos privilegiados que han alcanzado la cúspide en ciertos ámbitos de las ciencias, las artes, la educación, los negocios o el atletismo. Tales personas habrán, sin duda, recibido la aclamación debida a nivel nacional o internacional.

Es sumamente difícil reunir los criterios de la categoría de habilidad extraordinaria. Por ejemplo, solamente los mejores atletas de las ligas deportivas profesionales más importantes califican. Una gran variedad de artistas, como aquellos en las artes culinarias y visuales, pueden calificar satisfaciendo una norma o estándar un poco más bajo que implica haber logrado la *prominencia* en su área o, dicho de otra manera, por haber sobresalido en su campo.

Además, esta categoría no necesariamente requiere una oferta de empleo, pero la mayoría de las solicitudes probablemente la necesitarán, o por lo menos requerirán evidencia de correspondencia con posibles empleadores. No se requiere ninguna autorización de empleo. La solicitud puede ser presentada por un posible empleador o por el mismo extranjero. Ya que estas peticiones son difíciles de documentar y no son aprobadas fácilmente por el centro de servicios, es necesario contar con la asesoría de un abogado especializado.

Investigador o Profesor Excepcional

Por lo general, los profesores e investigadores con un historial de excelencia en su ámbito, ampliamente demostrado, quienes han recibido una oferta de empleo para llenar una posición de profesor titular de una institución estadounidense de educación superior, o una posición análoga en una institución de investigación, o una división establecida de investigaciones científicas de una corporación, satisfacen los requisitos de habilidad extraordinaria. Esta categoría no requiere una autorización de empleo.

Ejecutivos y Gerentes de Multinacionales

La categoría de ejecutivos y gerentes de multinacionales tiene el propósito de facilitar la transferencia de funcionarios claves de la gerencia dentro de una corporación multinacional. Esta clasificación por lo general está disponible a una persona que ha sido empleada en el extranjero en una capacidad gerencial o ejecutiva durante al menos un año por una sucursal, empresa subsidiaria, afiliada o matriz de una compañía estadounidense, y está siendo transferida a la misma. Tales personas pueden encontrarse ya en los Estados Unidos con una visa L-1A. Esta categoría no requiere de una autorización de empleo.

SEGUNDA PREFERENCIA: POR HABILIDADES EXCEPCIONALES Y PROFESIONALES CON TÍTULOS ACADÉMICOS AVANZADOS

La segunda clasificación de preferencia está disponible para personas que han demostrado una habilidad excepcional en las ciencias, las artes o los negocios. La regulación federal define *habilidad excepcional* como un grado de pericia que asciende significativamente sobre el que se encuentra ordinariamente en las ciencias, las artes o los negocios. Se requieren una autorización de empleo y una oferta de empleo a menos que estas autorizaciones no sean requeridas en virtud de la emisión de una exención concedida por razones de interés o seguridad nacional.

Profesionales con Títulos Académicos Avanzados o Experiencia

Para calificar en la categoría de profesionales, se necesita demostrar que el beneficiario tiene un título avanzado en el ámbito y que el puesto que se le ofrece requiere que la persona tenga un título avanzado. El puesto requiere el equivalente a un título avanzado si requiere un título universitario de cuatro años además de cinco años de experiencia progresiva. Se requieren una autorización de empleo y una oferta de empleo a menos que las mismas no sean necesarias por medio de una renuncia por interés nacional.

TERCERA PREFERENCIA: TRABAJADORES CALIFICADOS

La tercera preferencia es la categoría más común de las solicitudes basadas en el empleo. Esta categoría requiere una oferta de empleo y una autorización laboral. Incluye a profesionales que ingresan en la fuerza laboral con un título universitario de cuatro años, y a trabajadores calificados en oficios que requieren al menos dos años de experiencia, capacitación o estudios. A la fecha existe un retraso considerable en la espera de números de visa.

CUARTA PREFERENCIA: TRABAJADORES NO CALIFICADOS

El cuarto grupo de preferencia incluye a trabajadores no calificados en oficios que requieren menos de dos años de experiencia, capacitación y estudios. Casi cualquier oficio podrá calificar bajo esta categoría. A menudo existe un retraso considerable en la espera para esta categoría y esto se refleja en el momento presente donde esta situación de retraso es cada vez más real. Esta clasificación requiere autorización laboral.

TRABAJOS CON ESCASEZ LABORAL

En este momento, solamente dos oficios—enfermero registrado y fisioterapeuta—han sido designados por el Departamento de Trabajo de los Estados Unidos como *trabajos con escasez laboral*. Estos oficios se llaman ocupaciones *Schedule A* (Lista A), ya que este es el nombre que reciben en la regulación del Departamento de Trabajo. La ventaja de esta designación es que no se requiere ninguna autorización de empleo.

EL PROCESO DE AUTORIZACIÓN DE EMPLEO

Se requiere una *autorización de empleo* para la mayoría de las solicitudes de ajuste basadas en el empleo. La misma es un reclutamiento real de trabajadores estadounidenses, bajo la supervisión del Departamento de Trabajo de los Estados Unidos y de la *State Employment Security Agency* (Agencia Estatal de Seguridad del Empleo o SESA), con el fin de establecer que no puede encontrarse ningún trabajador estadounidense que esté listo, dispuesto ni calificado para aceptar el puesto que se le ofrece a un extranjero. Una autorización de empleo puede aprobarse cuando ningún trabajador estadounidense puede llevar a cabo cierto oficio. Esta categoría puede abarcar una gran variedad de trabajos, tales como cuidado de niños, cocinero especializado en cocina étnica, o ingeniero de software.

A partir de marzo del 2005, entró en vigencia un nuevo sistema llamado PERM (*Certification for the Permanent Employment of Aliens in the United States* o Certificación para el Empleo Permanente de Extranjeros en los Estados Unidos), el cual reemplaza al anterior arduo proceso de autorización laboral. Ya que el proceso anterior tenía la tendencia de largos retrasos, el proceso reformado tiene la meta de agilizar el procesamiento y reducir el fraude. A la fecha, el programa PERM ha resultado exitoso. Durante el primer año de sus operaciones, se entregaron más de 100.000 casos y casi todos se procesaron en un plazo de entre 45 y 60 días. Aunque en un gran número de casos se requirió una inspección, a pesar de ello los procesos se tramitaron aceleradamente.

Actualmente el proceso es completado casi totalmente por el Departamento de Trabajo de los Estados Unidos y requiere mucha más participación de parte del empleador. A fin de entregar por computadora las solicitudes de autorización permanente de empleo, el empleador tiene que abrir una cuenta electrónica. Una vez que los datos de identificación del empleador sean verificados por el Departamento de Trabajo, se le envían al empleador una contraseña y un número de identificación personal o PIN por sus siglas en inglés. Un empleador debe tener un Número Federal de Identificación del Empleador o FEIN por sus siglas en inglés, válido, para utilizar el sistema. La solicitud puede entregarse electrónicamente o mediante formularios impresos.

Antes de entregar la solicitud de autorización de empleo, se debe haber concluido el reclutamiento y no más de seis meses deben haber transcurrido antes de la entrega de la solicitud. Existen ciertos tipos específicos de requisitos que tienen que cumplirse.

Los empleadores tienen la opción de entregar electrónicamente el nuevo formulario, la **Application for Permanent Employment Certification, ETA Form 9089** (Solicitud de Autorización Permanente de Empleo, Formulario ETA 9089), de modo que vaya directamente a un centro nacional de procesamiento. La documentación sustentoria no se entrega junto con la solicitud.

El Reclutamiento

Las disposiciones de reclutamiento se dividen entre las ocupaciones profesionales y no profesionales, y se requieren pasos adicionales de reclutamiento en el caso de ocupaciones profesionales. Se requiere de anuncios en los ejemplares dominicales de la prensa. Se puede incluir un requisito de idioma con la descripción del trabajo, pero probablemente será necesario demostrar la necesidad de aquello en virtud al giro del negocio realizado.

Se pueden utilizar los siguientes mecanismos de reclutamiento:

✪ pedidos de trabajo (*job orders*) con la agencia estatal de empleo;

✪ reclutamiento interno en la empresa;

✪ anuncios en las páginas de Internet de la empresa y anuncios comerciales en Internet;

✪ ferias de trabajo realizadas en su comunidad o auspiciadas en y por universidades u otros organizadores y lugares públicos;

✪ agencias privadas de empleo; o,

✪ anuncios en periódicos u otras publicaciones impresas.

Además de los resultados de los esfuerzos enumerados anteriormente, el Departamento de Trabajo puede tomar en consideración su propia experiencia con los trabajos de cierto tipo y además, obtener información del mercado laboral en general.

Una vez que se ha aprobado la autorización de empleo, la empresa solicitante presenta la **IMMIGRANT PETITION FOR ALIEN WORKER, FORM I-140** (Solicitud de Inmigración para Trabajador Extranjero, Formulario I-140) a favor del extranjero. El **FORMULARIO I-140** tiene el propósito de demostrar que el extranjero satisface todos los requisitos de experiencia y demás requisitos del puesto, que la oferta del puesto de trabajo es legítima, y que el empleador tiene la capacidad de pagar el salario requerido.

Si el extranjero está presente en los Estados Unidos y es elegible para solicitar un ajuste de estatus, el conjunto entero de formularios de la solicitud de ajuste para el extranjero y sus dependientes puede entregarse junto con el **FORMULARIO I-140**. No obstante, si existe alguna duda respecto a la aprobación de la solicitud I-140, puede resultar más prudente presentar esta solicitud y posteriormente esperar su adjudicación antes de incurrir los costos elevados que implica una solicitud de ajuste.

TRABAJADORES RELIGIOSOS

El trabajador religioso, en realidad, forma parte de la cuarta categoría de preferencia basada en el empleo; pero aquí se trata por separado debido a que requiere otro tipo de documentación. Esta categoría les está disponible a ciertos ministros y trabajadores religiosos calificados que acuden a los Estados Unidos para practicar su vocación religiosa. No se requiere de autorización de empleo para esta preferencia.

El programa de trabajadores religiosos ha sido ampliado por el Congreso hasta el 30 de septiembre de 2008. (A pesar de numerosos casos de fraude en esta categoría, es probable que el Congreso extienda la duración del programa.)

Elegibilidad   La visa de no inmigrante R-1 para trabajadores religiosos tiene requisitos de elegibilidad muy distintos de aquellos de la visa de inmigrante. Para recibir esta visa no inmigrante, la persona necesita demostrar solamente que pertenece a cierta entidad religiosa desde hace dos años y tiene una oferta de empleo de la entidad. Así como en el caso de la mayoría de las visas de no inmigrante, la persona tiene que demostrar que volverá a su país natal al vencimiento del plazo de la visa.

La entidad solicitante no debe ser una iglesia, pero debe ser una entidad constituida bajo el artículo 501(c)(3) y que satisfaga ciertos requisitos. Su clasificación como entidad sin fines de lucro debe ser atribuible a ciertos factores religiosos, la entidad debe estar organizada con fines religiosos y debe operarse según los principios de una fe o creencia en particular. Por ejemplo, califican bajo esta categoría las escuelas religiosas. Se expone una guía detallada de estas entidades bajo 9 FAM 42.32(d)(1), 9 FAM 41.58 Notes, 9 CFR 214.2(r) y 8 CFR 204.5(m).

Existen más restricciones respecto a la clase de persona que puede calificar para la visa de inmigrante que para la visa de no inmigrante. Se puede entregar una solicitud a favor de un extranjero quien haya pertenecido durante los últimos dos años a una congregación religiosa que es una auténtica entidad religiosa sin fines de lucro en los Estados Unidos.

Esta persona también debe haber practicado de forma continua, durante los últimos dos años, su vocación, el trabajo profesional u otro trabajo según se describe más abajo. La persona debe procurar entrar a los Estados Unidos para trabajar únicamente en uno de los siguientes puestos:

✪   como ministro de aquella fe o creencia;

✪   en una capacidad profesional en una vocación religiosa u ocupación para esa entidad; o,

✪   en una vocación u ocupación religiosa para la entidad o su afiliado sin fines de lucro.

El trabajador religioso debe haber recibido una oferta de un empleo a tiempo completo por la organización religiosa. También se necesita demostrar que los servicios del extranjero son requeridos por la entidad en los Estados Unidos. Esto implica un análisis financiero del número de empleados, operarios o numerarios que se requieren, el tamaño de la congregación, los deberes específicos de cada uno, la experiencia previa del extranjero y las personas que previamente tuvieron ese puesto. La entidad también debe demostrar que cuenta con fondos suficientes como para pagar el salario. (Véanse las páginas 161–162 para información sobre la entrega de una solicitud para un trabajador religioso.)

Inversores

La categoría de inversor pertenece, más propiamente, a la categoría de quinta preferencia de las solicitudes basadas en un empleo. Sin embargo, para los propósitos de este libro, dicha categoría requiere ser considerada de forma separada debido a la especificidad de sus requisitos.

REQUISITOS

Un extranjero que invierte *a riesgo propio* un monto específico de capital en una empresa o negocio comercial puede ser elegible a calificar para una visa bajo la categoría de inversor. El negocio o empresa del extranjero debe constituir una fuente de empleos a tiempo completo de trabajadores de Estados Unidos y la residencia permanente se otorga con carácter condicional.

La nueva empresa o negocio comercial debe reunir los siguientes requisitos:

✪ El inversionista deberá ejercer un cargo de gerencia o en el cual se decidan la política y las normas de la empresa;

✪ El inversionista deberá invertir o estar comprometido a invertir por lo menos $1 millón en dicha empresa, o $500.000 si el negocio se encuentra en un área rural o tiene altos niveles de desempleo;

✪ El negocio debe beneficiar a la economía de los Estados Unidos y crear un mínimo dc diez empleos a tiempo completo para ciudadanos estadounidenses que no sean familiares del inversionista;

✪ El capital de inversión debe haber sido obtenido por medios lícitos; y,

✪ El capital debe ser invertido en un negocio comercial nuevo (tal como una nueva empresa), la compra y reestructuración de un negocio existente, o la expansión de un negocio que resulte en un incremento del 40% del patrimonio neto de la empresa o del número de empleados.

Múltiples inversores pueden ponerse de acuerdo en una misma inversión siempre y cuando el aporte individual de cada uno de estos inversores cumpla con todos los requisitos arriba enumerados. Los fondos de la inversión pueden provenir de cualquier fuente lícita, incluyendo regalos o los dineros producto de un pacto o arreglo de divorcio.

La solicitud inicial de este tipo de trámite se hace mediante el *Formulario I-526* (véase la página 163 donde se encuentran las instrucciones de llenado de este formulario). Es muy importante darse cuenta que no es necesario pagar la totalidad de la inversión al principio. Sin embargo, usted debe demostrar su capacidad de repago en relación con el cumplimiento de esta obligación antes del término del periodo inicial, condicional de dos años. En este sentido, generalmente se le exigirá presentar un plan de negocios detallado a fin de respaldar dichas pretensiones.

La residencia permanente es otorgada, solamente por un periodo condicional de dos años. Dentro del periodo de tres meses previo a su expiración, usted debe llenar y presentar el *Formulario I-829* a fin de anular dichas condiciones (Véanse páginas 165–166).

Lotería Por Diversidad de Tarjetas de Residencia Permanente

Una vez al año, normalmente en noviembre, el Departamento de Estado lleva a cabo una *lotería pro diversidad de tarjetas de residencia permanente* mediante la cual se otorgan 50.000 tarjetas de residencia. Esta lotería ha representado un gran alivio a cientos de miles de inmigrantes en el pasado. Sin embargo, en este momento existe una cierta controversia acerca de si se debe anular dicha categoría.

La lógica en la cual se sustenta esta categoría es la de crear diversidad en los Estados Unidos mediante el otorgamiento de tarjetas de residencia a personas de países desde los cuales grandes cantidades de personas habitualmente no emigran a los Estados Unidos. Por esta razón, aquellas personas de países desde los cuales emigraron más de 50.000 personas en el año anterior al comienzo de esta lotería están prohibidas de solicitar este beneficio. En el año 2006 los países que estaban sujetos a esta prohibición eran México, Canadá, China, Colombia, República Dominicana, El Salvador, Haití, India, Jamaica, Pakistán, Filipinas, Polonia, Rusia, Corea del Sur, Reino Unido y Vietnam.

El problema con esta lotería es que su popularidad ha ido en aumento durante los últimos años. El último año se recibieron más de diez millones de solicitudes. Si uno toma en cuenta que tres millones de estas aplicaciones fueron rechazadas por no cumplir las instrucciones a cabalidad y que sólo se envían 100.000 cartas de aceptación, se puede deducir que la probabilidad de ganar esta lotería es de 1 en 100. Si una persona está casada y la misma aplica por separado de su cónyuge, esta probabilidad se reduce en la mitad a 1 en 50. Si uno llenara solicitudes por un periodo de cinco años seguidos, entonces las probabilidades pueden bajar a 1 en 20 durante ese periodo de tiempo. Todas estas probabilidades varían de región a región.

Debido a que no existe un cobro por cada solicitud y el llenado de la misma es relativamente fácil, puede resultar provechoso llenar una cada año. Tal vez la parte más difícil de este proceso sea la de cumplir con los plazos establecidos. El periodo de solicitud varía levemente de año en año, sin embargo desde hace poco ha estado comenzando a principios de noviembre de cada año. Una solicitud debe ser debidamente llenada y presentada dentro del término o plazo especificado.

REQUISITOS

Además de no pertenecer a uno de los países excluidos, uno califica fácilmente a la visa de diversidad si uno tiene su diploma de bachillerato de la secundaria. Usted también califica si usted no se hubiese graduado o terminado la secundaria, pero tiene más de dos años de experiencia, dentro de los últimos cinco años, en un oficio u profesión que requiere de por lo menos dos años de experiencia o capacitación para desempeñarse en dicho cargo. Asimismo, usted debe también cumplir con todos los demás requisitos que normalmente se requieren para adquirir una tarjeta de residencia tales como contar con una declaración jurada de apoyo. Ambos cónyuges pueden remitir una solicitud compartida e incluir a sus hijos menores de 21 años.

A partir de 2003, el Departamento de Estado reemplazó el antiguo sistema de solicitud por correo por un sistema de solicitudes en línea a través del Internet y alargó el plazo para presentar solicitudes. Ahora usted aplica accediendo a su nuevo sistema a través de la página Web **www.dvlottery.state.gov**. La disponibilidad de este sistema en línea ha ayudado a aquellas personas que aplicaban fuera de los Estados Unidos y que tenían que depender del sistema postal de los Estados Unidos y el de su país de origen para presentar su solicitud dentro del plazo de solicitud de treinta días.

Antes de efectuar una solicitud, es necesario obtener una fotografía digital de cada integrante de su familia, en formato JPEG. Usted puede verificar en línea a fin de cerciorarse si su fotografía cumple con los requisitos correspondientes.

Aproximadamente a partir de mayo y junio del próximo año, los ganadores comenzarán a ser notificados a través de la recepción de una carta de aceptación. A pesar de que solamente existen 50.000 visas disponibles cada año, el Departamento de Estado envía anualmente 100.000 cartas de aceptación. El ciclo de tramitación de visas para los beneficiarios de visas pro diversidad coincide con el año fiscal que comienza el 1 de octubre y finaliza el 30 de septiembre de cada año. Los números de visas comienzan a estar disponibles a partir del 1 de octubre y caducan el 30 de septiembre del siguiente año. Cualquier solicitante que no haya recibido una carta hasta julio del año entrante probablemente no fue seleccionado.

Las personas que no hayan solicitado el cambio de estatus migratorio hasta el 30 de septiembre, simplemente no recibirán la residencia permanente, incluidos los familiares que se encuentren en el exterior. Los números de visa caducan a partir del 30 de septiembre sin excepción alguna.

Cada año existen personas que no concluyen su caso hasta el 30 de septiembre y de esta manera quedan excluidas. Prácticamente no existe recurso alguno si es que usted no ajusta su estatus antes del 30 de septiembre.

Dado que la cantidad de ganadores de la visa pro diversidad supera la cantidad de números de visa, es normal que dichos números no abastezcan la demanda, y que escaseen especialmente a finales de cada año fiscal. Los números de visa comienzan a escasear a partir de los meses de agosto y septiembre. A pesar que una persona sola puede tener la suerte de obtener uno de estos números, una familia de cinco personas puede no ser tan afortunada.

Asilo

Existe la posibilidad de calificar para la residencia permanente por medio de la concesión de una solicitud de *asilo* (*asylum* en inglés). Se le denomina *asilado* (*asylee* en inglés) a la persona cuya solicitud de asilo es aprobada, sea por la oficina de asilo o por un *immigration judge* (juez de inmigración) o IJ por sus siglas en inglés. Después de transcurrido un año con estatus de asilado, una persona puede solicitar una tarjeta de residencia permanente. Se requerirá una espera de varios años para recibir dicha tarjeta después de solicitarla, debido al retraso de múltiples años en la lista de números de visa para asilados.

REFUGIADOS

Usted tal vez haya escuchado el término *refugiado* (*refugee* en inglés). Aún existe mucha confusión en torno al uso de dicho término bajo las leyes de inmigración. En el lenguaje común, un refugiado es una persona que ha tenido que escaparse de su país natal por cualquier motivo, usualmente por causa de una guerra o un desastre natural. En un sentido estrictamente jurídico, en el área de inmigración, un refugiado es una persona a quien se le otorga un estatus específico que le permite permanecer en los Estados Unidos y solicitar un ajuste después de residir en este país durante un año.

La definición legal de un refugiado, establecida por las Naciones Unidas, es la de una persona que tiene un *temor bien fundado de persecución* y por lo tanto no puede volver al país del cual es ciudadano. La persecución debe obedecer a uno de cinco motivos:

- ✪ la opinión política de la persona;

- ✪ la raza;

- ✪ la religión;

- ✪ el género sexual; o,

- ✪ el grupo social.

Un solicitante de asilo debe satisfacer la misma norma legal. En la siguiente sección se explican estos conceptos en mayor detalle.

LA DIFERENCIA ENTRE EL ESTATUS DE REFUGIADO Y EL DE ASILADO

Si un posible inmigrante se encuentra fuera de los Estados Unidos, puede solicitar el estatus de refugiado en uno de los varios centros de procesamiento de refugiados. Por otro lado, el asilo se le otorga a una persona que ha logrado ingresar a los Estados Unidos, ya sea con algún tipo de visa (como una visa turística o laboral), ilícitamente por medio de Canadá o México, o con un pasaporte falso.

La solicitud de asilo dentro de los Estados Unidos tiene numerosas ventajas sobre la solicitud de estatus de refugiado desde otro país. La primera ventaja se debe a que no existe ningún límite a la cantidad de casos de asilo que se pueden aprobar dentro de los Estados Unidos. El asilado encontrará límites a la hora de solicitar la tarjeta de residencia permanente, pero se permite que el mismo viva y trabaje en los Estados Unidos durante este plazo, y que además viaje fuera de este país, de modo que las dificultades se reducen considerablemente. El problema para aquellos que solicitan el estatus de refugiado consiste en que solamente existe un número relativamente reducido de visas emitidas cada año; aproximadamente 50.000. Inclusive estos números de por si reducidos pero que a primera vista parecen suficientes, se reducen aún más si tomamos en cuenta que existen restricciones adicionales en cada región del mundo. Esto significa que la espera para recibir un número puediese prolongarse más, aunque existiese una aprobación en relación a la solicitud.

La otra ventaja principal se debe a que es más fácil lograr que el caso sea aprobado por los funcionares consulares estadounidenses de una embajada, aunque éstos no son las personas más fáciles de convencer respecto a la autenticidad de un caso. (Tampoco lo son los funcionarios de asilo en los Estados Unidos) Sin embargo, la ventaja se halla en que aquellos casos que no son aprobados por la oficina de asilo son remitidos a un *tribunal de inmigración*, lo cual resulta sumamente beneficioso para el solicitante de asilo ya que esto le permite a él o ella una segunda (y mejor) oportunidad de presentar la documentación y evidencia respaldatoria de su caso. En este sentido, el proceso de audiencias es el más justo que se le puede ofrecer a un extranjero, o al menos, es el proceso más justo que se puede esperar recibir ante la mayoría de los jueces de inmigración.

Los solicitantes de asilo frecuentemente se preocupan por el efecto en su solicitud de la manera en que entraron al país. Mientras que una persona no encuentra ninguna ventaja debido a entrar de manera ilegal, se entiende por lo general que una persona que huye la persecución entrará a los EE.UU. de cualquier manera posible si su vida o su bienestar se encuentra amenazado.

Si usted quiere solicitar el asilo al ingresar o intentar ingresar al país en un aeropuerto o a la frontera, sus probabilidades de éxito serán afectadas por el punto de entrada que usted escoge. Si usted no tiene documentos válidos de entrada, se encontrará sujeto a una deportación rápida a menos que puede demostrar un *temor creíble* de ser perjudicado en su país natal. Según un informe del 2005 del *United States Commission on International Religious Freedom* (Comisión Estadounidense sobre la Libertad de Culto Internacional), el peor lugar para intentar ingresar al país fue el Aeropuerto Kennedy de Nueva York, donde la proporcionalidad entre solicitantes enviados de vuelta inmediatamente a su país natal y los solicitantes a los cuales se les permitió entrar y obtener una entrevista con la oficina de asilo, fue una proporción de 5 a 1. En contraste, la proporción registrada en el Aeropuerto de Miami fue de 1 a 2. En Atlanta y Newark, tampoco era muy probable que se aceptara que un solicitante había satisfecho la norma de credibilidad.

Irónicamente, a veces se trata con más sospechas a quienes ingresan a los Estados Unidos con una visa de trabajo, tal como una visa H-1B, ya que esperaron a obtener un trabajo en los EE.UU. antes de escaparse de la persecución. El que usted pueda explicar el modo de su entrada al país y por qué este modo de entrada fue necesario, es más importante que los medios y modalidades particulares utilizadas para su ingreso.

NOTA: *La situación después del 11 de septiembre de 2001 parece haber enfriado el ambiente de la Oficina de Asilo. La Oficina de Asilo de Chicago informa que su tasa de aprobación antes de esa fecha era de un 33%. Seis meses después, la tasa de aprobación era tan solo de un 18%. Desde entonces, la tasa ha vuelto a lo normal. También se entregan menos solicitudes debido a la fecha límite de un año para presentar la solicitud.*

REQUISITOS

Una afirmación de temor bien fundado de persecución debe ser *genuina en un sentido subjetivo así como* también *razonable en un sentido objetivo. La Junta de Apelaciones de Inmigración* (*Board of Immigration Appeals,* o BIA) ha declarado que si existe una posibilidad de un 10% de experimentar una persecución real en el país natal, se debe otorgar el asilo.

Los ciudadanos de ciertos países tienen una mayor probabilidad de que se les otorgue el asilo debido a las condiciones en dichos países. Los países del anterior bloque soviético ciertamente dominaban las listas de asilo antes de la disolución de la Unión Soviética. Hoy en día, probablemente es más fácil que se otorgue el asilo en el caso de países como China, Irak, Irán y Etiopía. Existen sin embargo muchos países donde los regímenes represivos y la persecución se consideran como algo habitual.

Ahora bien, la tasa actual de aprobación de las oficinas de asilo–aproximadamente un 33%– inspira poca esperanza. No obstante, se hallan posibilidades mucho mejores ante el tribunal de inmigración, en la mayoría de las ciudades. Chicago, en particular, tiene jueces de inmigración muy justos e íntegros, quienes buscan motivos por los que se debe otorgar un caso. Esto contrasta con la oficina de asilo, donde los funcionarios realmente buscan motivos para negar el caso.

Si usted tiene un caso auténtico y realmente encontró problemas con las autoridades de su país o con grupos que el gobierno no puede o no quiere controlar, debido a uno de los cinco motivos que derivan en permisos de asilo, arriba mencionados, sus posibilidades son buenas. Cuanta más documentación usted tiene, mayor será la probabilidad de que le concedan su caso.

La documentación útil es cualquier cosa que demuestre parte de las afirmaciones y declaraciones presentadas dentro de su caso, tales como lo siguiente:

- ✪ fotos que constituyan prueba documental en su caso;

- ✪ historial médico;

- ✪ antecedentes policiales;

- ✪ artículos de periódicos que mencionan a usted, su familia o sus parientes;

- ✪ un testigo pericial que testifique a su favor;

- ✪ información personal, incluyendo fotos, archivos escolares, participación en un grupo político o religioso relevante, etc.;

- ✪ evidencia de pertenencia a una entidad religiosa o partido político específico, tal como tarjetas de membresía o afiliación, un certificado de membresía, o una carta que confirme la fecha en la que usted se unió a la entidad y las actividades que desarrolló después de unirse a ella;

✪   declaraciones juradas de integrantes del partido o la entidad a la cual usted afirma haberse unido;

✪   declaraciones juradas de testigos acerca de casos específicos de arrestos, o encuentros bajo circunstancias adversas con la policía u otras autoridades en su país natal; y,

✪   si usted tiene una cicatriz o manchas en su cuerpo que apoyan su caso, deberá obtener una carta del médico que lo ha tratado, la cual describa las lesiones y la fecha, la naturaleza y la duración del tratamiento.

Cuanto más sepa el funcionario de asilo o juez de inmigración sepa acerca de usted, más probable es que él o ella empatize con usted y simpatice con su caso. Esto aumenta considerablemente la probabilidad de que se le otorgue el asilo.

Usted deberá ir a la sección de los derechos humanos de la página de Internet del Departamento de Estado, en **www.state.gov/gldrl/hr**, imprimir el *Country Report* (Informe del país) de su país, a fin de conocer bien el contenido del informe.

También es posible referirse al *Profile of Asylum Claims and Country Conditions* (Descripción de reclamaciones de asilo y condiciones en los países). Los ejemplares son difíciles de encontrar, ya que dicho informe se público por última vez en 1997; pero se considera como autoritativo en los tribunales de inmigración. Si la información que contiene no respalda su caso, no lo incluya en su evidencia. Pero si usted tiene la buena fortuna de encontrar documentos respaldatorios de su caso, se pueden presentar como evidencia y remarcar las secciones relevantes.

Examine las páginas de Internet mencionadas en el Apéndice C de las entidades de derechos humanos. Encuentre informes y artículos que respalden su caso. Busque otros documentos de respaldo en Internet. Su biblioteca pública tal vez lo ayude a realizar una búsqueda en Nexis, una base de datos que contiene todos los artículos de los periódicos, revistas y servicios de noticias de todo el mundo. Se pueden hacer búsquedas realizando palabras que podrían incluirse en un artículo. La información está disponible; usted solamente necesita encontrarla. Debido a que el Internet ofrece acceso fácil a información, se presume que un caso válido de asilo será plenamente documentado. Si un solicitante piensa que se le otorgará el asilo con el sólo hecho de presentarse ante el funcionario o el tribunal correspondiente, está corriendo un gran riesgo de que le rechacen su solicitud. (Véase la página 148 para más información acerca de entregar una solicitud de asilo.)

La Entrevista con la Oficina de Asilo Su solicitud primero será revisada por un funcionario de asilo. Desafortunadamente, como en cualquier sistema humano, el resultado final puede depender de la personalidad del funcionario. Esto es especialmente cierto respecto a aquellos casos muy parejos, de los que suelen abundar.

NOTA: *Si usted quiere informarse sobre el proceso de la entrevista para asilo, existe un documental excelente titulado* Well-Founded Fear *(Temor bien fundado) que analiza el proceso de solicitud de asilo, incluyendo la entrevista.*

En la actualidad la oficina de asilo suele dar una respuesta respecto a una solicitud bastante rápido. En años pasados muchos casos de asilo se retrasaban durante meses o años. En el caso de quienes se encuentran fuera de estatus, después de diez días usted irá a la oficina de asilo para recoger la notificación del resultado. Esto puede ser una aprobación de asilo o una notificación que ordene la remisión de su caso al tribunal de inmigración.

En dicha carta o nota no se describirá, en detalle, los motivos por los que se remite su caso al tribunal de inmigración. En pocas palabras, la notificación dirá simplemente que el solicitante no reunió los criterios de asilo. Esto significa que él o ella no demostró un temor bien fundado de persecución.

El contenido de la notificación de remisión a los tribunales inmigratorios no tiene much importancia, salvo que éste diga que en su caso se halló una falta de credibilidad (*lack of credibility* en inglés). Esencialmente, esto quiere decir que se pensaba que el solicitante faltó a la verdad en su testimonio o declaración ante un funcionario de asilo. Esto puede llamar la atención de un juez de inmigración o del abogado durante el proceso.

Si el solicitante se encuentra dentro de estatus, el procedimiento es bastante diferente. Él o ella no tendrá que comparecer para recoger la notificación de la decisión, sino que recibirá por correo, ya sea una *carta de aprobación* (*approval letter* en inglés), o bien una *Notificación de Intención de Negación* (*Notification of Intent to Deny* en inglés).

Esta última consta de un resumen detallado del testimonio que usted presentó y los motivos precisos de la intención de negar su caso. El solicitante tiene entonces dieciséis días para contestar a esta notificación y ofrecer una justificación detallada y documentada que pueda subsanar la negación. Se les ofrece este recurso a quienes se encuentran dentro de estatus, ya que ellos no tienen la opción de disputar una decisión ante el tribunal de inmigración (debido al hecho de que aquellos se encuentran dentro de estatus, no se les puede sujetar a ningún procedimiento de deportación.)

Al final, si su caso es remitido a un tribunal de inmigración, tenga en cuenta que usted aún tiene la mejor oportunidad de presentar su caso. Como se mencionó previamente, las posibilidades de ganar un caso de asilo son mucho mejores en los tribunales de inmigración.

LAS VENTAJAS DE LA SOLICITUD DE ASILO

La solicitud del asilo le confiere al solicitante ciertas ventajas importantes, entre ellas la obtención del permiso de empleo, un retraso de la deportación, y detener la acumulación del tiempo de permanencia ilegal.

La Obtención del Permiso de Empleo

Un beneficio importante de los casos de asilo es que el solicitante llega a ser elegible para un permiso de empleo cinco meses después de la presentación de la solicitud. Mientras una solicitud está pendiente, el solicitante puede solicitar una autorización de trabajo (*work authorization* en inglés). No se cobra ningún pago por la primera solicitud.

Para desanimar las solicitudes de asilo que se presentan con el único fin de obtener la autorización de trabajo, la primera solicitud de autorización de trabajo no puede presentarse sino 150 días después de presentarse la solicitud de asilo. No obstante, si el solicitante de asilo pide una ampliación del término (*continuance* en inglés), ya sea ante la oficina de asilo o ante el tribunal de inmigración, dentro del plazo de 150 días, se interrumpe dicho plazo, el cual solamente empieza a correr, nuevamente, una vez que concluya la siguiente entrevista o audiencia.

El Congreso federal ha ordenado que un solicitante de asilo tenga tanto su entrevista de asilo como su audiencia ante el juez de inmigración dentro de los primeros seis meses computables desde el momento de la presentación de la solicitud. Esto dificulta mucho las cosas a aquellas personas que sólo buscan obtener una autorización de trabajo por este medio. Este requisito ha surtido efecto al disminuir el número de solicitudes frívolas y reducir la carga del sistema. (Véase el capítulo 13 para solicitar la autorización de trabajo cinco meses después de entregar la solicitud de empleo.)

Retrasos de la Deportación

Si usted se encuentra en un proceso de deportación, hasta un caso débil de asilo puede resultar útil simplemente para retrasar la deportación. Se necesitará esperar más o menos un año para la fecha de la audiencia individual, dos años o más para una apelación ante la BIA, y luego otro año para la apelación a un tribunal federal de circuito.

Durante este plazo de cuatro años, el extranjero puede esperar que se apruebe una solicitud basada en vínculos familiares o empleo. Si el caso de asilo todavía se encuentra pendiente con la BIA, se puede presentar una *moción para devolver* (*motion to remand* en inglés). Esta le devolverá el caso al juez de inmigración para que tome una decisión respecto a la solicitud de ajuste. Finalmente, siempre existe la esperanza de que mientras tanto, una *amnistía* u otro beneficio inmigratorio sea promulgado por el Congreso.

Interrupción de la Acumulación del Tiempo de la Permanencia Ilegal

Un extranjero empieza a acumular la permanencia ilegal una vez que venza la visa de no inmigrante, o una vez que él o ella ingrese a los Estados Unidos sin inspección. La acumulación de seis meses de permanencia ilegal impedirá que esa persona vuelva a ingresar a los Estados Unidos durante tres años. Un año de permanencia ilegal impedirá su entrada durante diez años. Estas prohibiciones entran en vigencia solamente si la persona se va de los Estados Unidos y luego intenta volver a ingresar.

Una de las varias excepciones a la acumulación de permanencia ilegal consiste en que el extranjero tenga una solicitud pendiente de asilo *de buena fe*. No importa si la solicitud es negada eventualmente. El que la solicitud se encuentra *pendiente* detiene la acumulación de permanencia ilegal.

LAS SOLICITUDES TRAMITADAS A FAVOR DE FAMILIARES

Si se le otorgó asilo a una persona, o si ésta fue admitida a los Estados Unidos como refugiado dentro de los últimos dos años, puede solicitar el asilo a favor de un familiar. Solamente la persona principal a quien se le otorgó el asilo o el estatus de refugiado, puede solicitar el asilo a favor de familiares. Tal persona puede solicitarlo a favor de su cónyuge, o sus hijos solteros menores de 21 años de edad. A este fin, el solicitante debe seguir las siguientes reglas.

- ✪ Un asilado puede solicitar asilo a favor de familiares, sea que estos se encuentran en los Estados Unidos o en otro país.

- ✪ La relación tiene que haber existido en la fecha de la aprobación del asilo o la fecha en la que el solicitante fue admitido a los Estados Unidos como refugiado, y dicha relación debe continuar existiendo a la fecha de presentación de la solicitud.

- ✪ Tanto el esposo como la esposa tiene que haber estado físicamente presente en la ceremonia de matrimonio, o si no estuvo presente, los cónyuges deben haberse conocido desde entonces.

- ✪ Un hijo tiene que haberse concebido para la fecha de aprobación de asilo o de admisión a los Estados Unidos como refugiado.

- ✪ Un solicitante puede solicitar el asilo a favor de los hijastros.

- ✪ Un solicitante puede solicitar el asilo a favor de un hijo adoptado. (Entregue el decreto de adopción y prueba de haber residido con el hijo por dos años.)

✪   Las personas que reciben el *estatus derivado* no pueden solicitar el asilo a favor de sus familiares.

(Véase la página 148 para más información.)

SOLICITUD DE RESIDENCIA PERMANENTE

Un año después que se le otorga el asilo, un asilado puede solicitar un ajuste de estatus. Todas las solicitudes de ajuste de parte de asilados se tramitan en el Centro de Servicio de Lincoln (Nebraska).

La ley *Real ID Act* (Ley de identidad genuina), promulgada en mayo de 2005, cambió drásticamente el periodo de tiempo durante el cual los asilados pueden obtener la residencia permanente. Este estatuto abolió el límite anual de 10.000 asilados que pueden obtener la residencia permanente, lo cual eliminó la espera de cinco años.

NOTA: *La fecha oficial del ajuste de estatus se encuentra un año después de la fecha de aprobación.*

SOLICITUDÓ DE REFUGIADO

El proceso de solicitar el estatus de refugiado es muy parecido al proceso de solicitar el asilo. Los refugiados pueden solicitar el ajuste un año después de su entrada. No se cobra ningún pago por la solicitud de ajuste de refugiados ni por la toma de huellas dactilares. Tampoco se requiere el formulario de la declaración jurada de apoyo.

NOTA: *La fecha oficial del ajuste de estatus esta fijada a partir de un año después de la fecha original de ingreso a los Estados Unidos.*

Amnistías

Las *amnistías* en los Estados Unidos no son frecuentes ya que éstas implican un sinnúmero de problemas. En primer lugar, una amnistía constituye una enorme carga para el sistema inmigratorio debido al enorme incremento de solicitudes que dicho beneficio suscita en un periodo de tiempo muy breve. El sistema inmigratorio de los estados Unidos ya está funcionando a su capacidad máxima, sujeto a una serie de solicitudes pendientes retrasadas.

Otro problema que esto suscita es el fraude. Una amnistía usualmente implica que una persona puede calificar a la misma simplemente demostrando su residencia en los Estados Unidos a partir de una fecha límite lejana. Sin embargo, debido a la gran accesibilidad que tienen las personas a computadoras e impresoras láser, hoy por hoy resulta demasiado fácil falsificar documentos.

Las amnistías también premian a quienes han violado las leyes inmigratorias y castiga a aquellos que esperan pacientemente en su país de origen para la disponibilidad de un número de visa.

Se solía pensar que las amnistías podían, posiblemente, constituir una solución al problema de la inmigración ilícita. Sin embargo, ahora se sabe que dicho beneficio por lo general solo acaba exacerbando el problema de la inmigración ilegal al alentar a los futuros extranjeros ilegales.

AMNÍSTIAS RECIENTES

Algunos se refieren a la ley LIFE, promulgada el 20 de diciembre de 2000, como a una *mini amnistía*. Dicha ley permitía que un beneficiario de una *solicitud I-130* o una persona que presentó una autorización de empleo antes del 30 de abril de 2001, sea elegible en el futuro para ajustar su estatus inmigratorio a través del formulario correspondiente. En estos casos no importa si la solicitud es aprobada más tarde, siempre y cuando, haya sido aprobada en el momento de su presentación. Por tanto, el solicitante debe preservar evidencia que demuestre que él o ella estuvo físicamente presente en los Estados Unidos en el día en que dicha ley fue aprobada; es decir, el 20 de diciembre del año 2000.

El Congreso de los Estados Unidos se encuentra en proceso de autorizar una extensión de este beneficio, el cual puede que no represente una gran ayuda para muchas personas. Dicha enmienda requiere que la relación familiar haya existido antes del 15 de agosto de 2000. Para las parejas casadas, esto significa que su matrimonio debió haberse realizado dentro de ese periodo de tiempo. Esto, sin duda constituirá una gran decepción para todas aquellas parejas que seguramente, de haberlo sabido, se hubiesen casado antes. Algunos estados reconocen el matrimonio de hecho o concubinato (o *common law marriage* como se lo conoce en inglés). En dichos estados puede ser posible demostrar una situación marital anterior, de acuerdo al criterio específico utilizado para definir el matrimonio de hecho.

NOTA: *Usted debe consultar a un abogado de familia o experto en asuntos domésticos para determinar si usted califica a este beneficio utilizando una definición de matrimonio de hecho.*

BENEFICIARIOS DE LA CATEGORÍA DE AMNISTÍA TARDÍA

Aproximadamente 400.000 beneficiarios de la categoría de amnistía tardía tenían como plazo el 4 de junio de 2003 para solicitar un ajuste o modificación de su estatus inmigratorio. Estas son personas que afirman haber residido en los Estados Unidos antes de 1982 y dicen que el INS (antiguo USCIS), les negó, de manera improcedente, la oportunidad de solicitar la amnistía anunciada por el Presidente Reagan, dentro del plazo fijado (1988), por haber viajado al exterior. Estas personas se registraron tardíamente en virtud de tres demandas colectivas impugnadas contra el Departamento de Justicia. Muchas de estas personas, aunque contaban con un permiso de trabajo, habían estado viviendo en un *vacío legal de condición inmigratoria* desde 1990. La Ley LIFE otorgó a estas personas una última oportunidad para solicitar una tarjeta de residencia permanente si es que pudiesen probar que ingresaron antes de 1982 y que residieron continuamente en los Estados Unidos hasta mayo de 1988.

De todos modos, sea prevenido de que el solo hecho de que usted pertenezca a este grupo de beneficiarios de la categoría de amnistía tardía no le da derecho a una residencia permanente automática. Antes de que se le otorgue dicho privilegio, todavía debe demostrar que usted vivió ilegalmente en los Estados Unidos entre 1982 y 1988. El USCIS está insistiendo que se presente evidencia sustancial que va más allá de simples cartas o declaraciones juradas de amigos u otras fuentes privadas para probar su caso.

El 25 de mayo de 2006, el Senado estadounidense autorizó un proyecto de ley acordado (Ley S. 2611) que, de ser promulgado, crearía un programa de regularización de papeles para los siguientes cuatro grupos de personas:

✪ Grupo 1: Ajuste inmigratorio ganado

- Personas residiendo en los Estados Unidos antes del 15 de abril de 2001

- Dichas personas deben haber estado empleadas por lo menos tres años

- No contaban con un estatus inmigratorio legal el 15 de abril de 2001

- Pueden aplicar a un permiso de trabajo para los primeros seis años, y posteriormente solicitar la residencia permanente.

✪ Grupo 2: Salida Obligatoria Diferida

- Personas que ingresaron a los Estados Unidos después del 15 de abril de 2001, pero antes del 7 de enero de 2004

- Han sido *empleados ininterrumpidamente*

- No contaban con un estatus inmigratorio legal el 7 de enero de 2004

- Pueden aplicar a un permiso de trabajo de tres años. Las renovaciones de dichos permisos deben ser solicitadas fuera de los Estados Unidos (posiblemente en la frontera)

- Pueden solicitar la residencia permanente, por turno, después del Grupo 1.

✪ Grupo 3: Trabajadores del agro

- Personas que han trabajado en el agro durante un periodo mayor a dos años

- Primero solicitan una *tarjeta azul* y, posteriormente, después de tres o cinco años (dependiendo de las horas de trabajo de cada persona) pueden solicitar una tarjeta de residencia permanente.

✪ Grupo 4: Ley de Desarrollo, Ayuda y Educación para Menores Extranjeros o DREAM por sus siglas en inglés:

- Menores de edad que ingresaron a los Estados Unidos antes de los 16 años

- Han residido en los Estados Unidos por lo menos cinco años

- Por lo menos se han graduado de la secundaria

- La persona se vuelve residente permanente condicional por seis años, y posteriormente puede solicitar la anulación de las condiciones inmigratorias.

Los lineamientos arriba descritos constituyen solamente los puntos más sobresalientes del proyecto de ley presentado por el senado estadounidense. Existen excepciones a muchos de estos requerimientos y requerimientos adicionales de menor importancia pero aún así demasiado cuantiosos para enumerar en este punto. Por ejemplo, aquellos que tienen ordenes pendientes de deportación o expulsión estarían impedidos de solicitar este beneficio. Sin embargo, puede ser posible reabrir el proceso de deportación o expulsión a fin de anular la orden pendiente y de esta manera volver a estar capacitado para solicitar dichos beneficios.

Más allá de los requerimientos principales arriba enumerados, aún es demasiado pronto dentro de este proceso político para ahondar en mayor profundidad y entrar en detalles que, con seguridad, cambiarán, ya que no se sabe si esta norma será siquiera promulgada total o parcialmente y con qué cambios.

Mientras que el antedicho proyecto de ley es comúnmente considerado como una norma generalmente favorable a los extranjeros, también se debe tomar en cuenta que dicha norma es sumamente dura con aquellos que no califican para los beneficios ahí descritos. Por ejemplo, dicho proyecto de ley contempla una sanción de seis meses de cárcel por el incumplimiento en una oportunidad de la obligación de notificar al USCIS de un cambio de residencia y una sanción de deportación para un segundo caso de incumplimiento. Dicha norma sobrepasa las atribuciones de la Corte Suprema de Justicia de los Estados Unidos y autoriza las detenciones indefinidas. No solamente tipifica el ingreso ilegal a los Estados Unidos como una contravención criminal, sino que, además, la considera una ofensa o afronta continua a la seguridad interior de los Estados Unidos a fin de promover el cumplimiento de la ley a través de los organismos competentes. En general, este anteproyecto de ley del senado, aumenta en gran medida las sanciones para contravenciones criminales y violaciones de la ley de inmigración, otorga a muchas decisiones del Departamento de Seguridad Nacional, o DHS por sus siglas en inglés, un carácter discrecional y por ende inapelable, alienta de manera activa a las organizaciones encargadas de hacer cumplir la ley inmigratoria para que procesen las violaciones a las leyes federales de inmigración, y otorga recursos significativos a las facilidades de detención.

No hace falta decir que lo que está en juego no pudiese ser más valioso para los millones de inmigrantes ilegales en Estados Unidos, que quieren saber dónde se traza la línea divisoria de sus beneficios y si es que ellos están del lado correcto. Ya no habrá un terreno común dentro del verdadero campo de minas en que se ha convertido la legislación inmigratoria de los Estados Unidos.

La Suspensión Decenal del Proceso de Deportación

Una persona puede reunir los requisitos para la residencia permanente si ha vivido en los Estados Unidos durante los últimos diez años y cumple con otras normas pertinentes. Este recurso solamente beneficia a aquellas personas afectadas por el *proceso de deportación* ante un tribunal de inmigración. Esto puede ser sumamente frustrante para quien considera que dispone de una causa bien fundamentada y desea iniciar este tipo de procedimiento. Irónicamente, aquellas personas que solicitan este recurso pueden no recibir ayuda del Servicio de Inmigración y Ciudadanía de los Estados Unidos (USCIS por sus siglas en inglés).

Como se describe anteriormente, el proceso de deportación se inicia cuando el USCIS hace llegar un documento que se denomina *Notificación de Comparecencia*. Este documento detalla la relación de los hechos, que se conoce como los *fundamentos para la deportación*, así como la justificación jurídica de la deportación. Esta última se refiere a los artículos de la *Immigration and Nationality Act* (Ley de Inmigración y Nacionalidad, o INA por sus siglas en inglés), que tipifican las causales de deportación. A menudo, el fundamento se basa en que la estadía de la persona en los Estados Unidos ha excedido el tiempo permitido por la visa de no inmigrante o ha ingresado a los Estados Unidos sin una inspección adecuada.

REQUISITOS

A fin de reunir los requisitos para la suspensión del proceso de deportación, la persona debe probar los siguientes fundamentos ante un juez de inmigración:

- ✪ residencia o permanencia en los Estados Unidos por diez años antes de haber recibido la *Notificación de Comparecencia*;

- ✪ ser una persona de buena solvencia moral durante ese periodo de tiempo;

- ✪ no tener una sentencia penal o criminal ejecutoriada por alguno de los delitos comprendidos en los artículos 212 (a)(2); 237(a)(2); 237(a)(3) de la Ley de Inmigración y Nacionalidad (INA por sus siglas en inglés). Estos delitos son parte de una larga lista de delitos que incluye una serie de delitos menores tales como hurto en tiendas y posesión de drogas, así como la mayoría de los delitos mayores; y,

- ✪ demostrar que dicha deportación pudiese resultar en vejaciones o sufrimientos extremos, tanto para un ciudadano estadounidense como para el cónyuge, pariente o hijo de un residente permanente legal.

Es muy difícil ganar estos casos. Un juez de inmigración declaró recientemente que en toda su trayectoria profesional solamente ha fallado favorablemente en tres de cada cincuenta casos de deportación presentados ante su juzgados. (Es más, cada uno de estos casos favorables contempla a un niño estadounidense que tiene un defecto de nacimiento que requiere de un tipo de tratamiento o terapia que únicamente se ofrece en los Estados Unidos). Últimamente, estas exigencias han bajado considerablemente.

Estadía Ininterrumpida en los Estados Unidos

La primera etapa de la causa consiste en comprobar que la persona ingresó a los Estados Unidos, por lo menos hace diez años y que ha residido ininterrumpidamente por ese periodo de tiempo en el país. La persona puede haber salido del país, pero por un periodo no mayor de tres meses en cada ocasión o seis meses en total. La comprobación de la presencia continua en los Estados Unidos puede ser difícil, si la persona no posee un número de seguro social y no puede abrir cuentas a su nombre. Asimismo, la mayoría de las personas no mantienen registros personales por más de de diez años, especialmente cuando las mismas se mudan frecuentemente o porque viven con otras personas.

El cuarto motivo en particular, *penurias extraordinarias y extremas poco comunes* es el elemento sobre el cual se basará el litigio. Como es de esperar, es difícil demostrar que uno ha experimentado penurias hasta tal extremo.

Varias opiniones recientes de la *Board of Immigration Appeals* (Junta de Apelaciones de Inmigración) sirven como referencia para que usted pueda evaluar su propio caso. Los casos que sustentan tales opiniones comprenden la opinión jurídica o jurisprudencia vigente más importante para guiar al juez en su decisión de otorgar o no la cancelación de deportación. Dichas opiniones y casos pueden consultarse a través de la Biblioteca Virtual de Derecho de la Oficina Ejecutiva para Revisión de Inmigración (EOIR por sus siglas en inglés). Visite la pagina Web **www.usdoj.gov/eoir**, y después haga clic en *Virtual Law Library*. Los casos son los siguientes:

- *Matter of Andazola*, 23 I&N Dec.319 (BIA 2002) (no otorgada);

- *Matter of Monreal*, 23 I&N Dec.805 (BIA 2001) (no otorgada); y,

- *Matter of Recinas*, 23 I&N Dec.467 (BIA 2002) (otorgada).

A fin de demostrar penuria, a continuación se presentan los factores que los jueces consideran:

- la edad de los familiares que cumplen con los requisitos;

- los vínculos familiares en los Estados Unidos y en el exterior;

- tiempo de residencia en los Estados Unidos;

- las condiciones de salud que requieren de tratamiento en los Estados Unidos;

- la situación económica;

✪   la adaptación a la cultura nacional o local; y,

✪   el saldo de los bienes de su propiedad.

Básicamente, las personas que se establecen y hacen su vida en los Estados Unidos ya sea al contraer matrimonio, tener hijos o comenzar un negocio son aquellos que tienen mas probabilidades de ganar este tipo de caso. Las personas que fueron cautelosas y esperaron a obtener un estatus inmigratorio no dispondrán de muchos argumentos al intentar demostrar una necesidad real para la suspensión del proceso de deportación.

A fin de comprobar la presencia física continua en este país se deben presentar:

✪   contratos de arrendamiento o títulos de propiedad;

✪   registros de hipotecas;

✪   facturas de servicios o una carta de su proveedor de servicios;

✪   licencias de conducir y otros tipos de licencia;

✪   recibos de compras o cartas de compañías;

✪   su correspondencia;

✪   documentos expedidos por oficinas gubernamentales u otras autoridades competentes;

✪   certificados de nacimiento de niños nacidos en Estados Unidos;

✪   expedientes o registros del hospital o historial medico;

✪   documentos de su iglesia;

✪   expedientes escolares propios y de sus hijos;

✪   registro laboral;

- carta del empleador;

- formularios W-2;

- declaraciones de impuestos;

- registros bancarios;

- cheques personales con endosos o sellos de cancelación;

- estados de cuenta de tarjetas de crédito;

- documentos expedidos por el USCIS tales como permisos de trabajo; o,

- pólizas de seguro.

A fin de demostrar buena solvencia moral se debe presentar lo siguiente:

- informes, registros o antecedentes policiales de cada jurisdicción donde el solicitante haya fijado su domicilio en el transcurso de los últimos diez años;

- declaraciones juradas por escrito de dos ciudadanos estadounidenses mediante la cual dan fe de la buena solvencia moral del solicitante;

- declaración jurada por escrito o carta de su actual empleador; o,

- documentos que muestren el pago de impuestos.

A fin de probar penuria se debe proporcionar lo siguiente:

- declaración jurada pericial, por escrito;

- historiales médicos, si fuesen pertinentes;

- expedientes escolares de los hijos;

✪ documentos que comprueben la participación en organizaciones comunitarias o en su iglesia (o carta de un sacerdote, pastor o director de una organización comunitaria o de beneficencia);

✪ informes de trabajo voluntario; o,

✪ en caso de trabajar de forma independiente, la documentación pertinente que muestre el numero de empleados que usted emplea.

A fin de comprobar cuándo la persona ingresó a los Estados Unidos:

✪ pasaporte con un sello de entrada;

✪ *formulario I-94* (documento de llegada y salida);

✪ visa de no inmigrante expedida;

✪ *formulario I-20* (certificado que demuestra que se reúnen los requisitos para la condición migratoria de estudiante); o,

✪ *formulario IAP-66* (certificado que demuestra que se reúnen los requisitos para la condición de estudiante en visita de intercambio).

Otros documentos útiles son los expedientes judiciales de sentencias penales o criminales, así como los que demuestran el pago de las pensiones o manutención infantil o familiar.

MIEMBROS DE LA FAMILIA

Es importante tener en cuenta que, debido a la dificultad inherente a este tipo de casos, la residencia permanente se le otorgara únicamente al solicitante. El juez no concederá la residencia al cónyuge o a los hijos extranjeros del solicitante, a menos que estos hayan iniciado su propio trámite. La persona que sea residente permanente legal deberá solicitarlo, lo cual puede durar alrededor de cinco años, siempre y cuando los beneficiarios cumplan los requisitos para modificar su condición migratoria conforme al artículo 245(i).

Cónyuge o Hijos Víctimas de Agresión Física

Existe una norma especial que procede en los casos de cónyuges de o hijos víctimas de golpes u otro tipo de agresión física. El juez de inmigración puede otorgar la suspensión del proceso de deportación, si una persona ha sido golpeada o sometida a extrema crueldad en los Estados Unidos por un cónyuge o pariente que es ciudadano estadounidense o residente permanente legal, además de haber residido en el país un mínimo de tres años y demostrar buena solvencia moral.

capítulo 12

Categorías Varias

Por lo general, las categorías incluidas en este capítulo no caen bajo ninguna de las clasificaciones anteriores y presentan características y circunstancias únicas. La forma de presentación y tramitación de las mismas van más allá del alcance de este libro, por lo cual se debe consultar a un abogado para recibir la asesoría correspondiente.

ABUELOS QUE POSEEN LA CIUDADANÍA ESTADOUNIDENSE: CÓMO OBTENER LA CIUDADANÍA A TRAVÉS DE ESTE VÍNCULO FAMILIAR

Si una persona tiene un abuclo(a) que posee la ciudadanía estadounidense, es muy posible que aquella persona obtenga la ciudadanía a través de dicho pariente quien, tal vez no esté informado de su condición de ciudadano de los Estados Unidos. Esta normatividad, prevista en el artículo 301 de la Ley de Inmigración y Naturalización, o INA por sus siglas en inglés, es sumamente compleja y varía de acuerdo a la fecha de nacimiento de los padres.

NOTA: *Consulte con un abogado inmigratorio a fin de confirmar su situación particular.*

PROYECTOS DE LEY DE INICIATIVA PRIVADA

Un proyecto de ley de iniciativa privada constituye un recurso de última instancia, puesto que implica que un congresista estadounidense patrocina a una persona para que la misma se convierta en un residente permanente. De otra manera, desde un punto de vista más realista, un proyecto de ley de iniciativa privada es una manera de tramontar un obstáculo a la residencia permanente tal como un registro de antecedentes criminales. Una ley de iniciativa privada tiene efectos jurídicos solamente sobre un individuo o grupo pequeño de personas (una ley pública afecta al público en general).

En una sesión reciente del congreso estadounidense se presentaron catorce iniciativas de ley privadas de las cuales solamente se aprobaron o sancionaron dos. Por tanto, esta no es una opción realista en la mayoría de los casos. Sin embargo, si usted cuenta con los contactos correctos, una relación de hechos sólida, y una capacidad de promoción adecuada, puede valer la pena intentar esta opción.

Una iniciativa de ley privada debe ser aprobada por el Subcomité de Asuntos Inmigratorios y Peticiones perteneciente al Comité de la Judicatura de la Cámara de Representantes así como por el Subcomité de Asuntos Inmigratorios y Peticiones perteneciente al Comité de la Judicatura del Senado antes de ser sometido a *votación ante cada una de las cámaras del congreso*. Es claro que el proceso de aprobación de una ley de iniciativa privada constituye un camino largo, difícil y tortuoso en el mejor de los casos.

Recientemente, el Subcomité de Asuntos Inmigratorios y Peticiones perteneciente al Comité de la Judicatura de la Cámara de Representantes ha elaborado una guía sumamente útil a la ley de iniciativa privada la cual se encuentra en su página Web en la siguiente dirección: **www.house.gov.judiciary**.

Esta guía describe el criterio utilizado por el subcomité para aprobar una iniciativa privada. Por su parte, el senado publicó una serie de regulaciones en 1993, las cuales no están disponibles en el Internet pero que pueden ser ordenadas a través de la página Web del senado en la siguiente dirección: **www.senate.gov**.

CUBANOS

Cualquier persona de origen cubano a quién se le permitió el ingreso libre o condicional a los Estados Unidos en una fecha posterior a 1958, puede solicitar la modificación o ajuste de su estatus inmigratorio. La persona deberá haber residido en los Estados Unidos por un mínimo de un año.

VISAS S O DE "SOPLÓN"

La categoría de Visa S permite que aquellas personas que colaboran al USCIS en una investigación sean otorgadas un estatus de no inmigrante, en base al cual, ellas pueden, más adelante, solicitar un ajuste de estatus inmigratorio. A pesar que esta visa es a menudo prometida por los agentes del Departamento de Seguridad Interior, raramente se la otorga. La visa S es también conocida como la visa de soplón.

NOTA: *Toda promesa de efectuar una petición por parte de un funcionario del Departamento de Seguridad Interior deberá formularse por escrito.*

VISAS T Y U

Las categorías establecidas para las nuevas visas de no inmigrante T y U se conceden a las víctimas del tráfico ilícito de extranjeros que puedan demostrar que sufrirían grandes penurias si fuesen expulsadas de los Estados Unidos. Luego de tres años en esta condición, dichas personas pueden solicitar la modificación de su condición migratoria.

BENEFICIO DE LA FECHA DE REGISTRO

Hoy en día, debido a que la fecha límite es de data muy antigua, rara vez se usa la *fecha de registro* como base del ajuste de estatus. A fin de calificar a este beneficio un individuo debe haber ingresado a los Estados Unidos en una fecha previa al año 1972 y residido en ese país ininterrumpidamente desde entonces. Por lo general, cualquier persona que califica para acogerse a este beneficio legal, también calificaría bajo otras categorías tales como la amnistía de 1986. Es concebible, que alguien que no pudo acceder al beneficio de la amnistía debido a una sentencia criminal ejecutoriada pueda satisfacer el requisito más suave del beneficio en base a la fecha de registro que requiere que se demuestre que el solicitante es una persona de buen carácter moral, en el momento de la solicitud.

Actualmente, se habla en el congreso de los Estados Unidos de modificar la fecha límite de registro y actualizarla a una fecha más realista tal como el año 1986.

MENORES DECLARADOS COMO DEPENDIENTES POR UN TRIBUNAL JUVENIL

Un menor de edad puede cumplir los requisitos para obtener una tarjeta de residente permanente en calidad de inmigrante especial, si es que dicho menor ha sido declarado un menor dependiente en una corte juvenil ubicada en los Estados Unidos, se ha determinado que dicha corte tiene la potestad de administrar dicho cuidado a largo plazo a los niños y menores de edad, y se encuentra dentro del mejor interés del menor no retornar a su país de origen. Un niño que adquiere la residencia permanente por este método no está imposibilitado, a futuro, de solicitar la residencia tanto para sus padres biológicos como para sus padres adoptivos.

TRADUCTORES MILITARES

A partir de 2006, una persona de procedencia afgana o iraquí quien haya sido empleado como traductor o intérprete por el ejército de los Estados Unidos por un periodo de tiempo no menor a los doce meses, puede solicitar la residencia permanente. Aquellos individuos a los que se aplique este beneficio y que, al momento, se encuentren en los Estados Unidos, pueden llenar el **FORMULARIO I-360** con el Centro de Servicio de Nebraska, mientras que aquellos individuos a los que se aplique este beneficio pero que se encuentren en Afganistán o Irak pueden aplicar ente la embajada estadounidense ubicada en Islamabad, Pakistán o Roma, Italia de acuerdo a lo que corresponda.

Formularios e Instrucciones Requeridas

Cada categoría de elegibilidad tiene sus propios formularios y documentos específicos. Tenga en consideración que los formularios son solamente el punto de partida. Los documentos de apoyo son los más críticos para obtener un procesamiento a tiempo de su caso, que culmine en que le otorguen el mismo. Lea cuidadosamente la sección en este capítulo que aplique a su caso para poder comenzar con los requerimientos adecuados.

Los siguientes formularios se cubren en detalle en este capítulo:

SOLICITUDES DE PARIENTES INMEDIATOS

Si el pariente extranjero ya se encuentra en los Estados Unidos y es elegible para un ajuste de estatus, entonces la solicitud normalmente se presenta como un *paquete de un solo paso*—es decir, junto con la solicitud para ajuste de estatus. Sin embargo, cuando un beneficiario reside fuera de los Estados Unidos o cuando dicho beneficiario ajustará su estatus fuera de los Estados Unidos, muchas veces el caso es que se presentará una solicitud I-130 por separado con el centro de servicios apropiado.

Solicitando por un Hijo Menor de Edad

Los documentos requeridos para un ciudadano estadounidense que solicita por un hijo menor de edad, son los que siguen:

✪   Solicitud de Pariente Extranjero, Formulario I-130;

- ✪ tarifa de presentación de $130;

- ✪ prueba de la ciudadanía estadounidense del solicitante (certificado de nacimiento si éste nació en los Estados Unidos, certificado de naturalización, certificado de ciudadanía, o página de identificación de pasaporte estadounidense si la persona no nació en los Estados Unidos);

- ✪ certificado de nacimiento demostrando los nombres del solicitante y del menor de edad (y si el padre del menor lleva a cabo la solicitud, su certificado de matrimonio);

- ✪ anulación legal de cualquier matrimonio previo del padre o padrastro, si él es el solicitante;

- ✪ evidencia de cambio legal de nombre, si fuese necesario (certificado de matrimonio, decreto de adopción, u orden de la corte); y,

- ✪ si el menor fue adoptado, copia certificada del decreto de adopción demostrando la adopción anterior a los 16 años de edad del menor, y una declaración listando las fechas y lugares donde los padres vivieron con el menor adoptado (debe ser por más de dos años).

La lista en las páginas 101 a 102 representa el paquete I-130 entero que será presentado.

El formulario I-130 deberá ser llenado cuidadosamente (véase la página 103) y firmado. Este formulario debe ser apoyado por varios documentos. Primero, el ciudadano estadounidense debe establecer su ciudadanía por uno de los documentos indicados previamente. El certificado de nacimiento del hijo menor de edad debe ser presentado para establecer la relación calificadora. Este certificado de nacimiento debe mostrar el nombre del padre o madre que está presentando la solicitud. Si el padre es el solicitante, entonces se debe también proporcionar su certificado de matrimonio. Por último, si cualquier nombre en un documento de apoyo se cambia, se requiere de un documento legal para evidenciar este cambio de nombre.

Los siguientes puntos se aplican a cualquier documento requerido. Proporcione solamente fotocopias de todos los documentos. Todos los certificados de nacimiento y matrimonio deberán haber sido emitidos por o registrados con la autoridad civil pertinente en el país extranjero. Si un documento no está en inglés, el mismo debe ser presentado junto con una traducción certificada en idioma inglés (véase la página 172). Si cualquier documento no está disponible, véase la página 173 para mayor información.

Luego de que se concluye el formulario I-130 y se ha reunido los documentos mencionados anteriormente, refiérase a la página 105 para una descripción de cómo y dónde presentar el paquete de solicitud I-130.

Solicitando por un Padre o Madre

Los documentos requeridos para un ciudadano estadounidense solicitando para su padre o madre son como siguen:

✪ Solicitud de Pariente Extranjero, Formulario I-130;

✪ tarifa de presentación de $130;

✪ prueba de la ciudadanía estadounidense del solicitante (certificado de nacimiento si éste nació en los Estados Unidos, certificado de naturalización, certificado de ciudadanía, o página de identificación de pasaporte estadounidense si la persona no nació en los Estados Unidos);

✪ certificado de nacimiento demostrando los nombres del solicitante y del padre o madre (y si el padre o el padrastro es el beneficiario, su certificado de matrimonio);

✪ anulación legal de cualquier matrimonio previo del padre o padrastro, si él es el solicitante; y,

✪ evidencia de cambio legal de nombre, si fuese necesario (certificado de matrimonio, decreto de adopción, u orden de la corte).

La lista en la página anterior representa el paquete I-130 entero que será presentado. El formulario I-130 deberá ser llenado cuidadosamente (véase la siguiente sección) y firmado.

Este formulario debe ser apoyado por varios documentos. Primero, el ciudadano estadounidense debe establecer su ciudadanía por uno de los documentos indicados previamente. El certificado de nacimiento del solicitante debe ser presentado para establecer la relación calificadora. Este certificado de nacimiento debe mostrar el nombre del solicitante y del padre o madre por el que se presenta la solicitud. Si se presenta la solicitud para el padre, entonces se debe también proporcionar el certificado de matrimonio. Por último, si cualquier nombre en un documento de apoyo se cambia, se requiere de un documento legal para evidenciar este cambio de nombre.

Los siguientes puntos se aplican a cualquier documento requerido. Proporcione solamente fotocopias de todos los documentos. Todos los certificados de nacimiento y matrimonio deberán haber sido emitidos por o registrados con la autoridad civil pertinente en el país extranjero. Si un documento no está en inglés, el mismo debe ser presentado junto con una traducción certificada en idioma inglés (véase la página 172). Si cualquier documento no está disponible, véase la página 173 para mayor información.

Luego de que se concluye el formulario I-130 y se ha reunido los documentos mencionados anteriormente, refiérase a la siguiente sección para una descripción de cómo y dónde presentar el paquete de solicitud I-130.

CÓNYUGES

Un ciudadano estadounidense podrá solicitar por un cónyuge extranjero, quién no tendrá que esperar para un número de visa. La primera etapa es la solicitud I-130, la cual, dependiendo de ciertas circunstancias podría o no ser presentada con el paquete de ajuste de estatus. Esta primera sección explica cómo preparar la solicitud I-130.

Solicitud I-130   La presentación de una solicitud I-130 requiere los artículos listados en la página 113. Los artículos listados comprenden todo el formulario I-130 que será presentado. El formulario I-130 en sí deberá ser llenado cuidadosamente. La página 113 contiene instrucciones detalladas de cómo hacerlo.

La presentación de una solicitud I-130 requiere de los siguiente:

✪ **Formulario I-130;**

✪ tarifa de presentación de $130;

✪ **Formulario G-325A** para el marido;

✪ **Formulario G-325A** para la esposa;

✪ una fotografía de tipo pasaporte tanto para el marido como la esposa;

✪ prueba de la ciudadanía estadounidense del solicitante (certificado de nacimiento si éste nació en los Estados Unidos, certificado de naturalización, certificado de ciudadanía, o página de identificación de pasaporte estadounidense si la persona no nació en los Estados Unidos);

✪ certificado de matrimonio;

✪ documentación de la anulación legal de cualquier matrimonio previo; y,

✪ evidencia de cambio legal de nombre en un documento de apoyo (certificado de matrimonio, decreto de adopción, u orden de la corte).

G-325A   El otro formulario requerido es el formulario G-325A de información biográfica. Este formulario debe ser llenado tanto por el marido como la esposa.

Los documentos listados bajo el capítulo 4 para probar un *matrimonio de buena fe* no necesitan ser presentado con el formulario I-130 si el mismo es presentado localmente. Estos documentos pueden ser reunidos mientras la solicitud se encuentre pendiente y posteriormente llevados a la entrevista. Sin embargo, si el formulario I-130 es presentado ante un centro de servicios, entonces probablemente no habrá una entrevista. Soló en este caso, usted deberá reunir suficiente evidencia y presentarla junto con la solicitud I-130.

Si ambos cónyuges no se encuentran presentes en la entrevista, la solicitud será denegada. Es mejor pedir que se vuelva a fijar la entrevista para darse un tiempo para solucionar este problema. Esta solicitud de una nueva fecha para la entrevista deberá presentarse con la debida anticipación y por escrito. Cualquier carta solicitando un cambio de fecha deberá ser enviada por correo certificado con un recibo de devolución. De esta manera, si su caso se cierra por el USCIS, usted tendrá prueba del franqueo por correo.

Si el cónyuge estadounidense muere antes de la entrevista, entonces podría ser posible que usted presente una auto solicitud. Existe un requisito de que el matrimonio deberá haber durado más de dos años antes de la fecha de deceso del cónyuge. (El Formulario *I-360* deberá ser presentado primero con el centro de servicios, pero esta presentación va más allá de los objetivos de este libro.) Véase los capítulos 17 y 21 para mayor información acerca de la entrevista.

Condiciones de Expulsion, I-751

El residente condicional deberá presentar el *Formulario I-751* para retirar las condiciones de deportación, dentro del periodo de 90 días anterior a la fecha de vencimiento de la tarjeta de residente permanente condicional.

Lo siguiente constituye una presentación completa del formulario I-751:

- Formulario I-751;

- tarifa de presentación de $145;

- dos fotografías de tipo pasaporte;

- una copia de la tarjeta de residente permanente condicional;

- formularios de declaraciones de impuestos conjuntos;

✪   un contrato de alquiler de departamento conjunto, o una escritura de propiedad conjunta;

✪   evidencia sustancial de un matrimonio de buen fe (véase la página 23); y,

✪   cualquier provisión de la corte si la persona es arrestada luego del ajuste condicional.

La tarifa de presentación de $145, a través de un giro postal, debería ser ajuntada al formulario llenado I-751, junto con dos fotografías de tipo pasaporte. En el reverso de las fotografías, se deberá escribir el nombre y número de la persona en lápiz o con un marcador suave. Se debe presentar una fotocopia de la tarjeta de residente permanente. La parte más importante de la presentación es la evidencia de que el matrimonio fue de buena fe. Se deberá adjuntar el mayor número posible de los documentos listados bajo las páginas 24–25, para establecer, fuera de toda duda, que el matrimonio es real.

Si se presentan suficientes documentos para probar que el matrimonio es de buena fe, entonces la solicitud será aprobada por el centro de servicios. De otra manera, la solicitud será enviada a la oficina local del USCIS para una entrevista.

Dónde presentar. El paquete I-751 se presenta ante el centro de servicios responsable por su jurisdicción. Usted recibirá una notificación de recepción dentro de varias semanas, la cual servirá para ampliar su estatus de residencia permanente y proporcionará evidencia de su autorización de empleo.

A pesar que el sello de tarjeta de residente permanente condicional en su pasaporte podría haberse vencido, usted no necesita conseguir un sello de renovación colocado en su pasaporte. Usted simplemente podrá viajar con su tarjeta de residente permanente condicional vencida, su pasaporte, y su notificación de recepción original.

NOTA: *Si usted se divorcia luego de ser otorgado un ajuste de estatus, pero antes de presentar un formulario I-751, no existe una fecha límite para la presentación de este formulario I-751. Sin embargo, su caso será de hecho transferido a la oficina local del USCIS para una entrevista.*

Razones para presentar el I-751. Existen dos razones principales para presentar el I-751. La primera es que el matrimonio fue comenzado en buena fe y la segunda es penuria extrema. Sin embargo, es aparentemente muy raro el poder proceder bajo la segunda razón solamente. El funcionario de USCIS podría no saber siquiera cómo proceder. Esté preparado para demostrar que esta segunda razón existe si usted desea basar su solicitud en la misma.

En este caso, es importante prepararse cuidadosamente para la entrevista. Usted necesitará una documentación bastante extensa para evidenciar un matrimonio de buena fe. Estos casos son cuidadosamente inspeccionados por el USCIS. No es inusual que el funcionario haga llamar a su cónyuge para oír su versión de los hechos. Esto es problemático ya que su ex cónyuge podría resentir que el extranjero haya recibido su estatus a través de él o ella.

NOTA: *Si su solicitud I-751 se encuentra pendiente y han sido por lo menos dos años y nueve meses desde que usted se convirtió en residente permanente legal, usted podría todavía presentar una solicitud de ciudadanía. El USCIS le fijará una entrevista con un funcionario quién esté familiarizado con adjudicar tanto la ciudadanía y las solicitudes I-751. En el momento de la entrevista en el N-400, vaya acompañado de su cónyuge ciudadano estadounidense y lleve todos los documentos necesarios para completar su entrevista I-751.*

Si su solicitud es denegada, la solicitud I-751 podrá ser revisada en la corte de inmigración por un juez de inmigración. Podría haber un atraso sustancial antes de que su caso sea colocado en este proceso. Varias oficinas de USCIS tienen un espacio grande lleno de solicitudes a ser procesadas por una corte de inmigración. Sin embargo, una vez en la corte, el juez revisará toda su solicitud y tomará testimonios del extranjero y cualquier testigo disponible. De muchas maneras, este podría ser un proceso mucho más justo que la entrevista en el USCIS. Como en todo procedimiento ante la corte de inmigración, el mismo requerirá de los servicios de un abogado de inmigración.

PARIENTES INMEDIATOS—TRAMITACIÓN "DOS EN UNO"

Usted podrá presentar la **Solicitud para un Pariente Extranjero I-130** con una oficina local de USCIS *junto con* la **Solicitud de Ajuste de Estatus I-485**, si el pariente ya se encuentra en los Estados Unidos y es elegible para ajustar su estatus en los Estados Unidos. El presentar ambos formularios juntos se llama una *solicitud de un solo paso.*

Los diferentes propósitos de la solicitud I-130 y del formulario I-485 son importantes y se deben comprender bien. La solicitud I-130 establece la relación del solicitante al pariente extranjero. No es una solicitud para una tarjeta de residente permanente por sí sola, pero sí es el primer paso para obtener la misma. Por otra parte, el formulario I-485 es presentado por el pariente extranjero en su propio beneficio y se relaciona solamente a su elegibilidad para la residencia permanente.

Aquellos parientes extranjeros quienes no caen en la categoría de preferencia, tales como los hijos casados, primero presentará solamente la solicitud I-130 en un centro de servicios. Luego de recibir un número de visa, entonces presentarán la solicitud de ajuste de estatus I-485 junto con la notificación de aprobación del I-130, en la oficina local del USCIS. Estos procedimientos se explican con mayor detalle en este capítulo.

Un paquete de solicitud de ajuste de estatus "dos en uno" consiste de varios formularios y documentos de apoyo. Sin embargo, los formularios y documentos requeridos varían un poco para cada caso en particular. El siguiente esquema es una lista útil de todos los posibles formularios y documentos. Una explicación detallada sigue luego del esquema.

Ajuste "dos en uno"

Los siguientes son requeridos para presentar el ajuste de un solo paso:

✪ **Formulario I-130, Solicitud de Pariente Extranjero** y documentación de apoyo (véase la página 113) o notificación de aprobación;

✪ tarifa de presentación para el formulario I-130 de $130;

✪ **Formulario I-485 de Solicitud de Ajuste de Estatus** (véase la página 117);

✪ tarifa de presentación para el formulario I-485, depende de la edad del solicitante (véase la tabla en el Apéndice D);

✪ tarifa de huellas digitales de $50;

✪ **Formulario G-325A** de información biográfica para el solicitante (véases página 105–106 para mayor información sobre este formulario);

✪ dos fotografías de tipo pasaporte;

✪ **Suplemento del Formulario I-485** O prueba de ingreso legal al país, tale como copias de la página de la visa del pasaporte del solicitante, formularios I-94 o notificaciones relevantes de aprobación, o una copia de ciudadanía canadiense;

✪ una copia del certificado de nacimiento del solicitante y su traducción;

✪ el *Formulario Médico I-693* y la hoja de vacunas en sobres sellados;

✪ el *Formulario de Declaración Jurada de Sustento Económico I-864* (los formularios de declaración de impuestos más recientes del solicitante y los formularios W-2 podrán ser incluidos o llevados a la entrevista); y,

✪ una carta de empleo.

Lo siguiente podría ser requerido en algunos casos:

✪ evidencia de elegibilidad bajo el Artículo 245(i);

✪ presencia física en los Estados Unidos el 20 de diciembre de 2000;

✪ el *Formulario I-601, Renuncia de Inadmisibilidad* y documentos de apoyo;

✪ solicitud enviada por cable para los dependientes en el extranjero;

✪ certificado de matrimonio;

✪ sentencias de divorcio o documentación de terminación de cualquier matrimonio previo;

✪ certificados de nacimiento de los hijos de los beneficiarios; y,

✪ documentos relacionados a las convicciones criminarles u otras circunstancias especiales.

Cómo Presentar Para presentar una solicitud "dos en uno" de manera adecuada, siga las siguientes sugerencias:

✪ haga una fotocopia de todos sus documentos y guárdelos en un lugar seguro;

✪ escriba el nombre y el *numeral A* (el número de ocho dígitos designado por el USCIS que aparece en su permiso de trabajo, su huellas dactilares y notificaciones de entrevistas) o la fecha de su nacimiento escrita en lápiz en la parte de atrás de sus fotografías;

✪ adjunte una giro postal a nombre del USCIS;

✪ asegúrese que el nombre del solicitante se encuentre en el cheque;

✪ si el caso requiere de un procesamiento especial, tal como un procesamiento expedito, coloque una hoja de papel de color encima de la solicitud y declare claramente la razón;

✪   envíe el paquete por correo a:

U.S. Citizenship and Immigration Services
PO Box 805887
Chicago, IL 60680

✪   o, para las entregas por el Servicio Postal de los Estados
Unidos (USPS por sus siglas en inglés) (por ejemplo, servicios
de courier privados):

U.S. Citizenship and Immigration Services
Attn: FBASI
10 West Jackson Boulevard
Chicago, IL 60604

✪   si es necesario cumplir con una fecha límite, presente su solicitud utilizando solamente correo expreso a través de la
Oficina de Correos de los Estados Unidos. Ellos llevan a cabo
entregas a las casillas postales, no como FedEx. Si no tiene una
fecha límite, presente su solicitud a través de correo regular; y,

✪   cualquier cambio de dirección debe ser enviado por correo
regular, con pedido de recibo de recepción, debido a que dichos
pedidos podrían no ser procesados por el USCIS y podrían
resultar en un caso cerrado.

Solicitud I-130   La presentación de una solicitud I-130 requiere de lo siguiente:

✪   **FORMULARIO I-130**;

✪   tarifa de presentación de $130;

✪   prueba de la ciudadanía estadounidense del solicitante (certificado de nacimiento si éste nació en los Estados Unidos,
certificado de naturalización, certificado de ciudadanía, o
página de identificación de pasaporte estadounidense si la persona no nació en los Estados Unidos);

✪   documentación de anulación legal de cualquier matrimonio
previo; y,

✪ documentación de cambio legal de nombre en un documento de apoyo (certificado de matrimonio, decreto de adopción, u orden de la corte).

La lista anterior comprende todo el paquete I-130 que será presentado con la oficina local del USCIS. El formulario I-130 en sí deberá ser llenado cuidadosamente. Llénelo como sigue:

⟡ Parte A. Relación: Llene la categoría correcta del pariente extranjero para el cual usted está solicitando. Si usted ha llenado el recuadro equivocado, la notificación de aprobación podría reflejar una relación errónea.

⟡ Parte B. Información sobre su persona: Esto quiere decir la información personal del solicitante. Ingrese su nombre como se lo utiliza en este momento. Si un nombre diferente se encuentra en un documento oficial tal como en el certificado de naturalización o en el certificado de nacimiento, ingrese este nombre en respuesta a la Pregunta 7. También incluya en la Pregunta 7 todos los otros nombres utilizados, tales como nombres de casada o de soltera.

⟡ La Pregunta 10 pide el número de registro de extranjero. El mismo se puede encontrar en el certificado de naturalización, justo debajo del número de certificado o en la tarjeta de residencia permanente si el solicitante es un residente permanente.

⟡ La Pregunta 13 puede ser algo confusa. Un solicitante que obtuvo la ciudadanía estadounidense a través de la naturalización marcará el recuadro de "Naturalización" e ingresará su número de certificado, y la fecha y lugar de emisión. El recuadro de "Padres" es para aquellas personas que tienen un certificado de ciudadanía en vez de un certificado de naturalización. Dichas personas nunca fueron residentes permanentes pero luego fueron determinados ser ciudadanos estadounidenses en el momento de su nacimiento.

⟡ Parte C. Información acerca de su pariente extranjero: Esto quiere decir la persona para la cual se solicita y su información personal. Si el pariente extranjero reside en el extranjero, ingrese su dirección de correo en vez de su dirección de su domicilio físico.

⬥ La pregunta 13 estipula si el pariente extranjero se encuentra en este momento en los Estados Unidos. Si la respuesta es afirmativa, la Pregunta 14 se refiere al estatus del pariente a su ingreso al país. Típicamente, este estatus será como de un visitante B-2, o como estudiante F-1. Si el pariente ingresó al país de manera ilegal cruzando la frontera, entonces la respuesta correcta es EW1. El número I-94 se encuentra en la tarjeta blanca I-94 emitida en el punto de ingreso. Si esta tarjeta se ha perdido, debe indicar este hecho en este espacio.

⬥ La Pregunta 15 pide información de empleo. Tenga cuidado— el trabajar sin la autorización del USCIS podría prevenir que se ajuste el estatus a futuro.

⬥ La Pregunta 16 pide si el pariente se encuentra en medio de un procedimiento de deportación. Si la respuesta es afirmativa, el centro de servicios requerirá documentos acerca del tipo de procedimiento y su resultado.

⬥ La Pregunta 17 también pide que el cónyuge o hijos del pariente extranjero se mencionen en una lista. Es particularmente importante listar a cualquier hijo o hija del pariente, especialmente si ellos luego solicitarán el estatus de residente permanente.

⬥ Es importante responder cuidadosamente a la Pregunta 22. Si una persona tiene la intención de presentar la solicitud en los Estados Unidos, entonces marque el segundo recuadro. Si se marca el primer recuadro, la solicitud será transferida a una embajada o consulado, y dicha oficina continuará con el procesamiento del caso. La embajada o consulado cancelará la petición de visa si el beneficiario no continúa con el proceso para solicitar la residencia permanente dentro de un año calendario. El marcar el segundo recuadro le permitirá al beneficiario el esperar el tiempo que fuese necesario en los Estados Unidos antes de presentar la solicitud. Por ejemplo, una persona podría tener que esperar para una ampliación del Artículo 245(i) antes de presentar su solicitud. (Usted siempre puede presentar esta solicitud más adelante en la embajada al presentar el formulario *I-824* con el centro de servicios apropiado, a pesar que esto podría causar un retraso de varios meses.)

◈ Parte D. Otra Información: La Pregunta 1 requiere saber si se están presentando otras solicitudes I-130 para otros parientes en ese momento. Por ejemplo, ¿se solicita para ambos padres o por más de un hijo menor de edad? Si es así, escriba sus nombres y relación familiar.

◈ La Pregunta 2 requiere saber si el solicitante previamente presentó una solicitud para cualquier otro pariente. Si este fuese el caso, escriba esta información. Por ejemplo, usted podría anotar: *John Smith; hijo, solicitud presentada el 15 de marzo de 1990 en el Centro de Servicios de Nebraska; solicitud aprobada el 15 de octubre de 1990.*

◈ Por último, el pariente solicitante firma donde se le indica, al pie de la segunda página.

Luego de que la solicitud I-130 ha sido llenada y que los documentos descritos anteriormente han sido reunidos, refiérase a las páginas 113–115 para una descripción de cómo y dónde presentar la solicitud I-130.

Ajuste de Estatus I-485   El otro formulario importante es el I-485. Esta es la solicitud de ajuste de estatus en sí. Deberá ser llenada cuidadosamente como sigue:

◈ Parte 1. Información acerca de su persona: Esto quiere decir el solicitante y sus datos personales. Llene toda la información requerida. Muchos solicitantes pueden no tener un número de seguro social o número de registro de extranjero, en cuyo caso deberán responder a estas preguntas con la siglas "N/A" ("no disponible" en inglés).

El número I-94 se encuentra en la tarjeta I-94 emitida en el punto de ingreso. Si usted ha perdido esta tarjeta, indique este hecho. Si el extranjero cruzó la frontera de manera ilegal, marque "N/A."

◈ Las últimas preguntas requieren saber el estatus actual del solicitante. Típicamente éste será B-2 como visitante, o F-1 como estudiante. Si el pariente ingresó ilegalmente al cruzar la frontera, entonces la respuesta correcta es EW1. Si la persona se ha quedado en el país luego de que su visa B-2 hubiese vencido, entonces escriba "sobre permanencia B-2."

◈ Parte 2. Tipo de Solicitud: Verifique el recuadro que corresponde al tipo de caso de visa. Por ejemplo, si el solicitante es solicitado por un pariente inmediato, llene el recuadro (a). Si el solicitante fue seleccionado en la lotería de visas de diversidad, llene el recuadro (h) y escriba "Selección 2004 de Visa de Diversidad."

◈ Parte 3. Datos de Procesamiento: Ingrese los datos específicos de fondo que se requieren. Si el solicitante no ingresó legalmente, no existe una inspección I-94 de frontera, ni una visa. Por tanto, escriba "N/A" en respuesta a estas preguntas.

◈ La Sección B pide los nombres de todos los parientes. El solicitante deberá llenar los nombres de cualquier cónyuge y de todos los hijos, sin importar su estatus.

◈ La Sección C pide los nombres de las organizaciones en las cuales el solicitante ha sido miembro. El servicio militar en los Estados Unidos o en un país extranjero es probablemente la organización más importante y debería mencionarse. Los solicitantes de asilo deberán también mantener sus respuestas consistentes con aquellas de su solicitud de asilo.

◈ La Página 3 tiene una lista de preguntas que deben ser contestadas como "sí" o "no." Si cualquier recuadro es marcado como "sí," podría ser necesario que usted consulte con un abogado de inmigración.

La más importante es la Pregunta 1, en relación a los antecedentes criminales del solicitante. Si el solicitante ha sido arrestado alguna vez, sin importar si fue encontrado culpable o convicto, este hecho debe ser declarado aquí. Llene el recuadro que dice "sí" y escriba algo como: *Arrestado el 20 de febrero de 2002 en Chicago, Illinois, por robo de mercadería; cargos declarados sin lugar por la Corte de Circuito del Condado de Cook el 15 de abril de 2002.*

⬦ Parte 4. Firma: El solicitante firma donde se le indica.

La tarifa de presentación es de $255 si el solicitante tiene 14 años de edad o más, y es de $160 si el solicitante cs menor de 14 años. Asimismo, se requiere tomar las huellas digitales de aquellos mayores de 14 años, y los mismos deben pagar la tarifa de $50 por la toma de estas huellas. Se requiere un formulario G-325A debidamente llenado para todos los solicitantes de 14 años de edad o mayores.

Incluya dos fotografías de tipo pasaporte, sin importar la edad del solicitante.

I-485 Suplemento A

Si un pariente inmediato beneficiario ingresó a los Estados Unidos sin una visa, entonces él o ella deberá presentar la solicitud **I-485 SUPLEMENTO A** y pagar la tarifa de presentación de $1.000. Se debe tener cuidado de asegurarse que el solicitante tiene la debida elegibilidad para llenar este formulario. Aquellos que no son elegibles para presentar este formulario son aquellos quienes presentaron un formulario I-130 antes del 30 de abril de 2001, o quienes fueron el beneficiario de otro formulario I-130 o de una autorización de empleo presentado antes de dicha fecha. (Véase la página 115 para mayores detalles.)

Llene el **SUPLEMENTO A** como sigue:

⬦ Parte A. Información acerca del solicitante: Esto quiere decir el solicitante y sus datos personales. Llene toda la información requerida como en la solicitud I-485.

⬦ Parte B. Elegibilidad: La Pregunta 1 en realidad pregunta cuándo se presentó la solicitud I-130 y la autorización de empleo más temprana en su beneficio. La Pregunta 2 se refiere al modo de su ingreso al país. Muchas personas solamente llenan el recuadro (c).

⬦ La Parte C pregunta si el solicitante pertenece a una lista de categorías especiales de ajuste. Aquellos que buscan su ajuste de estatus en base a la relación con un pariente no llenarán ninguno de estos recuadros.

⟡   Parte D. Firma: El solicitante firma donde se indica.

Esta lista describe los documentos mínimos requeridos para presentar el paquete de ajuste de estatus. Los demás artículos pueden ser entregados en la entrevista de ajuste de estatus o presentados en el paquete inicial.

Dónde presentar   Ahora que el formulario I-130 ha sido llenado y se han obtenido los documentos de apoyo correctos (véase el capítulo 14), el mismo puede ser presentado. La pregunta ahora es dónde presentarlo. Si el padre o hijo menor de edad buscando inmigrar es elegible para ajustar su estatus en los Estados Unidos, como mencionado anteriormente, entonces presente el I-130 junto con el I-485 en la oficina local del USCIS.

Las siguientes personas pueden presentar el I-130 ante un centro de servicios, en vez de en la oficina local del USCIS:

✪   parientes de categoría de preferencia;

✪   parientes inmediatos que residen fuera de los Estados Unidos;

✪   parientes inmediatos en los Estados Unidos, quienes no son elegibles para solicitar para un ajuste de estatus; o,

✪   parientes inmediatos que se encuentran en medio de un proceso de deportación.

Asegúrese de hacer una copia de la solicitud y los documentos de apoyo y manténgalos en un lugar seguro. También adjunte la tarifa de presentación correcta de $130 a través de un giro postal a nombre de "USCIS." Asegúrese que el nombre del solicitante se muestre en el cheque, y confirme la dirección correcta del centro de servicios.

NOTA: *Típicamente existe una casilla postal de correos específica para todas las solicitudes I-130. Si usted está cerca de la fecha límite, utilice el correo expreso a la dirección de domicilio del centro de servicios y coloque el número de casilla postal en la dirección.*

Una vez que la solicitud es aprobada, la misma se enviará al Centro Nacional de Visas, donde se archivará hasta que un número de visa se encuentre disponible. Entonces este centro enviará el archivo a la embajada o consulado adecuado.

NOTA: *La mayor parte de las veces, los formularios I-130 e I-485 se presentan simultáneamente como una solicitud de un sólo paso.*

CATEGORÍAS DE PREFERENCIA BASADAS EN VÍNCULOS FAMILIARES

Si el pariente por el cual se solicita se encuentra en una *categoría de preferencia de visa*, entonces el I-130 se presenta con el centro de servicios adecuado, se espera el tiempo necesario, y entonces el I485 se presenta en la oficina local del USCIS. Una copia de la notificación de aprobación del I-130 será incluida con la presentación del I-485.

Primera Preferencia

Los documentos requeridos para una solicitud de *primera preferencia* son similares a aquellos para parientes inmediatos:

✪ **Formulario I-130 Solicitud para un Pariente Extranjero;**

✪ tarifa de presentación de $130;

✪ prueba de la ciudadanía estadounidense del solicitante (certificado de nacimiento si éste nació en los Estados Unidos, certificado de naturalización, certificado de ciudadanía, o página de identificación de pasaporte estadounidense si la persona no nació en los Estados Unidos);

✪ certificado de nacimiento del hijo mayor de edad (y si el padre lleva a cabo la solicitud, su certificado de matrimonio);

✪ anulación legal de cualquier matrimonio previo del padre, si él es el solicitante; y,

✪ evidencia de cambio legal de nombre, si fuese necesario (certificado de matrimonio, decreto de adopción, u orden de la corte).

La lista anterior comprende todo el paquete I-130 que será presentado. La solicitud I-130 deberá ser llenada cuidadosamente (véase la página 113) y firmado. Este formulario debe ser apoyado por varios documentos. Primero, el ciudadano estadounidense debe establecer su ciudadanía por uno de los documentos indicados previamente. El certificado de nacimiento del hijo debe ser presentado para establecer la relación calificadora. Este certificado de nacimiento debe mostrar el nombre del padre o madre que está presentando la solicitud. Si el padre es el solicitante, entonces se debe también proporcionar su certificado de matrimonio. Por último, si cualquier nombre en un documento de apoyo se cambia, se requiere de un documento legal para evidenciar este cambio de nombre.

Las páginas 113–115 contienen instrucciones detalladas acerca de cómo completar la solicitud I-130. Este formulario deberá ser llenado y firmado cuidadosamente. Luego de que se completa la solicitud I-130 y se reúnen los documentos, refiérase a la página 113 para una descripción de cómo y dónde presentar el paquete de solicitud I-130.

Segunda Preferencia

Para los tres tipos de beneficiarios dentro de la categoría de segunda preferencia, prepare el **Formulario I-130** como sigue.

✪ Si presenta para un cónyuge, entonces la solicitud I-130 se prepara en una manera similar como la descrita previamente, para un cónyuge de un ciudadano estadounidense.

✪ Si presenta para un hijo menor de edad o mayor de edad, entonces la solicitud I-130 es preparada en una manera similar de la que se describió para una categoría de primera preferencia.

Para estas solicitudes de segunda preferencia, por supuesto, se presenta prueba del estatus del solicitante como residente permanente (es decir, copia de la tarjeta de residencia permanente) en vez de prueba de ciudadanía estadounidense.

La solicitud I-130 se presenta con un centro de servicio, así como las solicitudes de preferencia. Véase las páginas 113–115 para instrucciones detalladas de cómo llenar la solicitud I-130. Este formulario deberá ser llenado y firmado cuidadosamente.

Luego de completar la solicitud I-130 y reunir los documentos, refiérase a la página 113 para una descripción de cómo y dónde presentar el paquete de solicitud I-130. Asegúrese de tener todos los documentos listados bajo el capítulo 4 incluidos en el paquete.

Tercera Preferencia

Una solicitud de tercera preferencia se prepara de manera similar, como se describió anteriormente, para una solicitud de primera preferencia. (véase la página 119.)

En esta página usted encontrará también instrucciones detalladas sobre cómo llenar la solicitud I-130. Este formulario deberá ser llenado y firmado cuidadosamente. Asegúrese de incluir los nombres del cónyuge e hijos del beneficiario donde se lo solicita en la parte superior de la página 2 del formulario.

Luego de que se completa la solicitud I-130 y se reúnen los documentos, refiérase a la página 113 para una descripción de cómo y dónde presentar el paquete de solicitud I-130.

Cuarta Preferencia

Un paquete I-130 similar al presentado para las otras tres preferencias debe ser presentado para la cuarta preferencia.

✪ **Formulario I-130 Solicitud para un Pariente Extranjero**;

✪ tarifa de presentación de $130;

✪ prueba de la ciudadanía estadounidense del solicitante (certificado de nacimiento si éste nació en los Estados Unidos, certificado de naturalización, certificado de ciudadanía, o página de identificación de pasaporte estadounidense si la persona no nació en los Estados Unidos);

- ✪ certificado de nacimiento del solicitante y del hermano o hermana, mostrando los nombres de ambos padres;

- ✪ certificado de nacimiento del hermano o hermana mostrando los nombres de ambos padres (si tienen diferentes madres, entonces proporcione un certificado de matrimonio del padre a ambas madres y también la anulación legal de cualquier matrimonio previo del padre); y,

- ✪ evidencia de cambio legal de nombre, si fuese necesario (certificado de matrimonio, decreto de adopción, u orden de la corte).

La solicitud I-130 debe ser llenada (véase la página 113.) Asegúrese de incluir los nombres del cónyuge e hijos del beneficiario donde se lo solicita en la parte superior de la página 2 del formulario. Esta solicitud entonces deberá ser apoyada por vario documentos descritos en el esquema anterior. Primero, el hermano o hermana ciudadano estadounidense deberá establecer su ciudadanía por uno de los documentos indicados. El certificado de nacimiento del ciudadano estadounidense solicitante y el del hermano o hermana deben ser presentados para establecer la relación calificadora a un padre o madre idéntico. Estos certificados de nacimiento deben demostrar que los hermanos tienen una madre o padre en común. Si solamente tienen al padre en común, entonces se requieren también los certificados de matrimonio del padre a ambas madres. Por último, si cualquier nombre en un documento de apoyo a cambiado, se requiere un documento legal para probar el cambio de nombre. Véase las páginas 113–115 para instrucciones detalladas sobre cómo presentar la solicitud I-130.

Cómo presentar. Las personas que solicitan en base a las categorías de preferencia presentan el I-130 ante el centro de servicios. Asegúrese de tener su solicitud I-130 completamente llenada. Adjunte la tarifa de presentación de $130 a través de un giro postal. No se olvide de incluir los documentos de apoyo descritos anteriormente, dependiendo de qué categoría de preferencia se encuentren el solicitante y el beneficiario.

Acuérdese de proporcionar solamente fotocopias de todos los documentos. Los documentos originales se llevarán a la entrevista (como discutido bajo el capítulo 17). Todos los certificados de nacimiento y matrimonio deberán haber sido emitidos por o registrados con la autoridad civil pertinente en el país extranjero. Si un documento no está en inglés, el mismo debe ser presentado junto con una traducción certificada en el idioma inglés (véase la página 172). Si cualquier documento no está disponible, véase la página 173 para mayor información.

Otros puntos a seguir al presentar la solicitud I-130:

✪ haga una copia de la solicitud y de los documentos de apoyo y manténgalos en un lugar seguro;

✪ adjunte un giro postal por el monto de $130 a nombre del "USCIS";

✪ asegúrese que el nombre del solicitante se muestre en el cheque; y,

✪ confirme la dirección correcta del centro de servicios. Típicamente existe una casilla postal de correos específica para la solicitud I-130. (Si usted está cerca de la fecha límite, utilice el correo expreso a la dirección de domicilio del centro de servicios y coloque el número de casilla postal en la dirección).

Verifique el Apéndice B para la dirección apropiada de su centro de servicios.

Estas solicitudes podrían tomar un periodo mayor de tiempo antes de llegar a una decisión, debido a las largas esperas para números de visa en la mayor parte de las categorías de preferencia. El centro de servicio enviará un pedido para presentar evidencia si se requiere de mayor información para aprobar el caso. Una vez que se aprueba la solicitud, la misma será enviada al Centro Nacional de Visas (NVC por sus siglas en inglés), el cual archivará la misma hasta que un número de visa se encuentre disponible.

Una vez que se dispone de un número de visa, el NVC comenzará el proceso de la visa de inmigrante. El NVC primera envía el *Formulario DS-3032*, Opción de Dirección y Agente, al solicitante. Luego de que este formulario es devuelto, el NVC manda una cuenta para un procesamiento de visa de inmigrante al agente nombrado. Al recibir la tarifa, entonces manda un paquete de instrucciones al solicitante o agente.

El NVC también manda una cuenta para el procesamiento de una Declaración Jurada de Sustento Económico (Formulario I-864) al solicitante. Luego de que el solicitante paga la tarifa, el NVC manda el Formulario I-864 al solicitante para que lo llene.

Todos los datos son verificados para revisar si son correctos técnicamente. Por último, el NVC manda el archivo a la embajada apropiada donde el solicitante solicitará la visa de inmigrante.

Preferencia en Base a Relación Familiar

Llene el paquete de ajuste de estatus como se describe en la página 117. Cualquier cónyuge del beneficiario también deberá incluir el certificado de matrimonio y prueba de que el matrimonio es de buena fe. Se deberá incluir una copia del *I-864, Declaración Jurada de Sustento Económico* y sus documentos de apoyo para el cónyuge e hijos del beneficiario.

Es de suma importancia que los solicitantes de ajuste de estatus en una solicitud de preferencia, mantengan una autorización de empleo válida mientras la solicitud se encuentre pendiente. De otra manera, su solicitud podría ser denegada.

VIUDOS Y VIUDAS

Una presentación para un viudo o viuda comprende lo siguiente:

- ✪ **Formulario I-360**;

- ✪ tarifa de presentación de $130;

- ✪ ciudadanía estadounidense del cónyuge;

- ✪ certificado de matrimonio;

✪ certificado de defunción del cónyuge ciudadano estadounidense;

✪ sentencias de divorcio o anulaciones de matrimonios si fuesen
aplicables para cualquiera de los cónyuges;

✪ certificados de nacimiento de hijos del extranjero; y,

✪ evidencia de la validez de la relación (podría requerirse).

Estas solicitudes se presentan con el centro de servicios apropiado. Vea
la lista de documentos incluida en el capítulo 4 y comience a reunir evidencia de que su relación era de buena fe. Esta evidencia podría
requerirse si su caso contempla una entrevista. La solicitud I-360 puede
ser obtenida de la página Web del USCIS en **www.uscis.gov/
grahics/formsfee/forms**. Las instrucciones sobre cómo llenar este formulario también se encuentran en esta dirección de la Web.

Una vez que la solicitud I-360 ha sido aprobada, se podrá presentar
una solicitud de ajuste de estatus con la oficina local del USCIS.

CÓNYUGES VÍCTIMAS DE VIOLENCIA DOMÉSTICA

Las auto solicitudes de cónyuges víctimas de abuso se presentan en el
Centro de Servicios de Vermont e incluyen:

✪ **Formulario I-360**;

✪ tarifa de presentación de $130;

✪ ciudadanía estadounidense o estatus como residente permanente legal (LPR por sus siglas en inglés) del cónyuge;

✪ certificado de matrimonio;

✪ evidencia de que el extranjero residía con el cónyuge;

✪ evidencia de que el matrimonio fue comenzado de buena fe;

✪ evidencia del abuso del cónyuge extranjero:

- informes médicos;

- informes policiales;

- declaraciones juradas;

- orden de protección;

- fotografías;

✪ evidencia del buen carácter moral del cónyuge víctima de abuso;

✪ declaraciones juradas y certificados policiales;

✪ sentencias de divorcio o anulaciones de matrimonios si fuesen aplicables para cualquiera de los cónyuges; y,

✪ certificados de nacimiento de hijos del extranjero.

Una vez que la solicitud I-360 es aprobada por el Centro de Servicios de Vermont, la persona entonces presenta una solicitud para ajuste de estatus con la oficina local. (véase el capítulo 4.) No se requiere de un formulario de declaración jurada de sustento económico para una solicitud de ajuste de estatus de un cónyuge o hijo víctima de abuso.

NOTA: *Usted deberá leer la sección en la página 117 titulada "Ajuste de Estatus" para el resto del procedimiento para inmigrar a los Estados Unidos.*

VISAS DE NO INMIGRANTE BASADAS EN VÍNCULOS FAMILIARES

Vea el capítulo 5 para una explicación detallada de cuál es la visa para la que usted podría calificar.

Paquete de Visa K-1— Prometidos(as)

El primer paso en un paquete de visa K-1 es la aprobación de la solicitud de visa del prometido(a) con el centro de servicio en la jurisdicción del solicitante. Se deben presentar los siguientes documentos:

✪ *Formulario I-129F;*

✪ una fotografía de tipo pasaporte del solicitante y una del beneficiario;

✪ tarifa de presentación de $110;

✪ **FORMULARIO G-325A** para el solicitante;

✪ **FORMULARIO G-325A** para el beneficiario;

✪ el certificado de naturalización o certificado de nacimiento del solicitante;

✪ la declaración del solicitante acerca de la historia de la relación;

✪ evidencia de la relación;

✪ cuenta de teléfono mostrando llamadas al beneficiario;

✪ fotografías de vacaciones juntos;

✪ copia de boletos de avión demostrando reuniones recientes;

✪ copias de cartas, tarjetas o correos electrónicos enviados entre la pareja;

✪ evidencia de regalos;

✪ cualquier otro documento que verifique la validez de la relación; y,

✪ fotografía del solicitante y el beneficiario.

La lista anterior comprende todo el paquete que será presentado. Todos los hijos derivados del extranjero se incluyen en la misma solicitud. No todos los documentos de apoyo son requeridos necesariamente. El Formulario I-129 en sí deberá ser llenado cuidadosamente. Este formulario es similar al formulario I-130. Consulte las instrucciones del I-130 en las páginas 113–115.

El otro formulario requerido es el **Formulario de Información Biográfica G-325A.** Este formulario es completado tanto por el ciudadano estadounidense como por el prometido(a).

Seguidamente la solicitud I-129 debe ser respaldoda por documentos que demuestren que la relación es de buena fe.

Requerimientos de la embajada. Luego de la aprobación de la I-129F, el centro de servicios transmitirá el archivo a la embajada o consulado designado. Podría tomar un mes o más que se transmita esta solicitud. El consulado emitirá una notificación para la entrevista.

Los documentos requeridos por la embajada para completar el proceso son:

✪ formulario de solicitud *DS-156;*

✪ un pasaporte válido por seis meses luego de la fecha en que se pretende ingresar a los Estados Unidos (el K-4 podría ser incluido en el pasaporte del K-3);

✪ documentos para evidenciar que la relación es de buena fe;

✪ certificados de nacimiento;

✪ certificados policiales;

✪ registros de la corte;

✪ sentencias de divorcio o certificados de defunción para cualquier matrimonio anterior;

✪   examen médico IV menos las vacunas en un formulario *DS-2053*; y,

✪   tres fotografías estilo pasaporte.

NOTA: *No se requiere de una declaración jurada de apoyo, pero usted podría ser interrogado para asegurarse que usted no se volverá una carga pública para el estado. En dichos casos, se podría requerir un Formulario I-134.*

Visas K-3 y K-4— Cónyuges e Hijos Menores de Edad de Ciudadanos Estadounidenses

El primer paso para una visa K-3 es el asegurar que se presentó previamente un paquete I-130 con el centro de servicio que tienen la jurisdicción sobre el solicitante que es ciudadano estadounidense. Sin embargo, el I-130 solamente debe estar *pendiente*. Cualquier hijo menor de edad de un cónyuge ciudadano estadounidense podrá ser incluido en el I-130 del cónyuge. (Véase la página 113 para mayores datos sobre cómo presentar un solicitud I-130 para un familiar inmediato).

Entonces el solicitante ciudadano estadounidense deberá presentar una segunda solicitud, la I-129F, con el Centro de Servicios de Missouri. Esta solicitud deberá ser aprobada por el USCIS antes de que el extranjero pueda continuar tramitando su visa K en la embajada. El I-129F nuevamente incluirá los hijastros del solicitante.

El Paquete I-129F. Lo siguiente constituye una presentación I-129F:

✪   *Formulario I-129F*;

✪   tarifa de presentación por $110;

✪   G-325A para el beneficiario;

✪   dos fotografías tipo pasaporte;

✪   notificación de recibo o notificación de aprobación del I-130 u otra prueba de una solicitud pendiente o aprobada;

✪   certificado de naturalización del solicitante o certificado de nacimiento; y,

✪   una copia del certificado de matrimonio (si el I-130 está pendiente).

Esta lista comprende todo el paquete que debe ser presentado. El Formulario I-129F en sí debe ser llenado cuidadosamente. Claramente marque "K-3/LIFE" en el margen superior. Este formulario es similar al formulario I-130. Consulte las instrucciones del I-130 en las páginas 113–115.

El otro formulario requerido es el formulario de información biográfica G-325A. Este formulario es llenado por el beneficiario. También incluye dos fotografías de tipo pasaporte.

Un recibo o notificación de aprobación del I-130 debe ser adjunto al Formulario I-129F. Si la solicitud I-130 está pendiente, se requiere de un certificado de matrimonio.

Todos los documentos I-129 son enviados por correo a la siguiente dirección:

United States Citizenship and Immigration Services
PO Box 7218
Chicago, IL 60680

Estas solicitudes serán enviadas al Centro de Servicios de Misuri para su procesamiento. Una vez que la solicitud sea aprobada, el Centro de Servicios de Missouri mandará el caso presentado al Centro Nacional de Visas. El Centro Nacional de Visas escaneará el formulario I-129F y llevará a cabo una verificación de antecedentes criminales. El Centro Nacional de Visas entonces mandará el caso por correo electrónico a la embajada en el país del matrimonio, o al país de residencia del cónyuge si la pareja se casó en los Estados Unidos.

La embajada entonces enviará una carta al beneficiario describiendo los documentos requeridos para la emisión de la K-3 y K-4:

✪   solicitud de visa de no inmigrante *DS-156* (dos copias);

✪   solicitud de visa de prometido(a) no inmigrante DS-156;

✪ un pasaporte válido por seis meses luego de la fecha en que se pretende ingresar a los Estados Unidos (el K-4 podría ser incluido en el pasaporte del K-3);

✪ documentos para evidenciar que la relación es de buena fe;

✪ certificados de nacimiento;

✪ certificado de matrimonio;

✪ certificados policiales de todos los lugares donde se residió desde la edad de 16 años;

✪ prueba de apoyo financiero (se podría requerir el formulario I-134, declaración jurada de sustento económico);

✪ sentencias de divorcio o certificados de defunción para cualquier matrimonio anterior;

✪ examen médico IV, menos las vacunas en un formulario DS-2053; y,

✪ dos fotografías estilo pasaporte.

NOTA: *No se requiere de una declaración jurada de sustento económico, pero usted podría ser interrogado para asegurarse que usted no se volverá una carga pública para el estado.*

Una vez en los Estados Unidos, la persona con estatus K-3 ó K-4 podrá solicitar una autorización de empleo con el Centro de Servicios de Missouri al presentar lo siguiente:

✪ **FORMULARIO I-765**;

✪ tarifa de presentación de $120;

✪ una copia de la visa K en el pasaporte o copia del I-94;

✪ una tarjeta con su firma; y,

✪   dos fotografías de tipo pasaporte.

La persona beneficiaria de la K-3 ó K-4 podrá entonces presentar un paquete de solicitud de ajuste de estatus con su oficina local del USCIS. Si la solicitud I-130 no es aprobada, se podría esperar la aprobación o se podría presentar una solicitud duplicada. Adjunte la notificación de recibo del formulario I-130 como prueba de pago.

SOLICITUD DE AUTORIZACIÓN DE EMPLEO

Antes de presentar una solicitud para autorización de empleo, se debe llevar a cabo el reclutamiento laboral adecuado. El tipo específico de reclutamiento depende de si el puesto es clasificado como profesional o no profesional. Como mínimo, se deben colocar dos anuncios en la edición dominical de un periódico de amplia circulación y se debe colocar un requerimiento de personal con la agencia estatal de empleos. Los puestos profesionales requieren de reclutamiento adicional. El empleador debe categorizar las razones legales relacionadas con el empleo para el rechazo de personas que aplican para este puesto de ciudadanía estadounidense, así como proporcionar el número de estadounidenses rechazados en cada categoría.

Una vez que se concluye el reclutamiento y se presenta un informe, la solicitud podrá ser concluida. En la solicitud, el empleador describe en detalle las tareas del empleo, los requisitos de educación, capacitación, experiencia y otras capacidades especiales que el empleado debe poseer para llevar a cabo el trabajo, y una declaración de las calificaciones del inmigrante propuesto.

El empleador tiene la opción de presentar una solicitud electrónicamente o por correo. Sin embargo, el Departamento de Trabajo de los Estados Unidos recomienda que los empleadores presenten esta solicitud electrónicamente. No solamente es este tipo de presentación más fácil, sino que también asegura que el empleador ha proporcionado la información requerida, debido a que una solicitud electrónica no puede ser presentada si los campos requeridos no han sido completados. El empleador ingresa a la página Web **www.plc.doleta.gov** y luego de registrarse y establecer una cuenta, electrónicamente llena y presenta una **Solicitud para Autorización de Empleo Permanente, Formulario ETA 9089**. Si presenta la solicitud por correo, la misma solicitud es franqueada al Centro de Procesamiento Nacional de Atlanta o de Chicago, dependiendo de la jurisdicción para el estado donde se encuentra la oportunidad de empleo.

Antes de llenar el **Formulario ETA 9089**, el empleador debe requerir una determinación de salario predominante de la *State Workforce Agency* (Agencia Estatal de la Fuerza Laboral, SWA por sus siglas en inglés) que tenga jurisdicción sobre el área donde se propone ejercer el empleo solicitado.

Si el Centro Nacional de Procesamiento adecuado aprueba la solicitud, el Formulario ETA 9089 es *certificado* (sellado) por el Funcionario de Certificación y devuelto al empleador / agente quien presentó la solicitud.

El propósito de la solicitud I-140 consiste en probar la elegibilidad para la categoría de preferencia específica, de que el extranjero cumple con los requisitos, y que el empleador tiene la habilidad de pagar el salario requerido. Ante la aprobación de la autorización de empleo, el formulario I-140 podrá ser llenado con el centro de servicios apropiado, adjuntando lo siguiente:

✪ tarifa de presentación de $135;

✪ autorización de empleo aprobada (o el *Formulario ETA 9089, Partes A* y *B* con evidencia de respaldo, califica como una ocupación con escasez de oferta o como una excepción aprobada por interés nacional);

✪ carta del empleador;

✪ prueba de la habilidad del empleador para pagar el salario;

   • informes anuales;

   • formularios de declaración de impuestos;

   • balances financieros revisados por un auditor; o,

- cualquier otra evidencia (por ejemplo cuentas bancarias, estados de ganancias y pérdidas, registros de planillas de pago de personal);

✪ documentación para probar la elegibilidad para una categoría de preferencia; y,

✪ documentación para probar que el extranjero satisface los requisitos de educación, capacitación y experiencia del *Formulario ETA 9089*.

Se deben adjuntar varios documentos al formulario I-140. Estos son la certificación de autorización de empleo aprobada original, obtenida del Departamento de Trabajo de los Estados Unidos. Una carta del empleador en el papel membretado de la compañía debería ser preparada, renovando la oferta de empleo de empleador incluyendo el sueldo o salario requerido. Se requiere de documentación sobre la educación y experiencia del extranjero para probar que él o ella cumple con los requisitos educativos, de capacitación y experiencia de aquel puesto específico. (Por ejemplo, las notas oficiales de universidad o certificados de capacitación deberían incluirse.) Por último, el tema de la capacidad del empleador de poder pagar el salario es crítica. El nivel neto de ingresos en base a las declaraciones de impuestos corporativas son el factor más importante. Este paquete puede ser entonces presentado ante el centro de servicios apropiado. (Véase el Apéndice B para la dirección correcta.)

La decisión para las solicitudes I-140 son ahora típicamente tomadas por el centro de servicios, dentro de un periodo de un par de meses. El centro de servicios mandará un requerimiento de mayor evidencia si es que necesitase mayores datos para aprobar el caso. Una vez que se aprueba la I-140, entonces el beneficiario podrá solicitar el ajuste de su estatus.

Presentación Conjunta

El USCIS ahora permite que se presenten el Formulario I-140 y el paquete para el ajuste de estatus al mismo tiempo, si así lo desea. En las situaciones donde es seguro que el I-140 será aprobado o donde la autorización de empleo se busca lo antes posible, entonces es aconsejable llevar a cabo una presentación simultánea. De otra manera, el I-140 puede ser presentado primero, y luego de su aprobación se presenta el ajuste de estatus.

Presentación para Solicitar Ajuste de Estatus, I-145

Luego de que la solicitud I-140 es aprobada, el solicitante podrá solicitar un ajuste de estatus. A diferencia de la presentación de ajuste con una oficina local del USCIS, donde solamente ciertos formularios y documentos se requieren inicialmente, se debe presentar un paquete completo de ajuste de empleo para un caso en base a empleo, al centro de servicios. De esta manera, se reducen las probabilidades de que el caso sea referido nuevamente a la oficina local del USCIS para una entrevista.

NOTA: *La transferencia de una solicitud a la oficina local del USCIS ocasionará un retraso considerable.*

La solicitud de ajuste consiste de numerosos formularios y documentos de apoyo. El siguiente esquema es una lista útil de todos los formularios y documentos posibles. Se presenta una explicación más detallada luego del esquema.

El siguiente paquete deberá ser presentado al centro de servicios:

- **FORMULARIO DE AJUSTE DE ESTATUS, I-485**;
- tarifa de presentación de $255;
- tarifa para huellas digitales de $50;
- **FORMULARIO DE NOTIFICACIÓN DE APROBACIÓN, I-140**;
- dos fotografías de tipo pasaporte;
- hoja del **FORMULARIO DE INFORMACIÓN BIOGRÁFICA, G-325A**;

✪ **SUPLEMENTO DEL FORMULARIO I-485** o prueba de ingreso legal a los Estados Unidos y mantenimiento de estatus;

- copias de la página de visa en su pasaporte;

- I-94s y notificaciones relevantes de aprobación; o,

- una copia de ciudadanía canadiense (si la tuviese).

✪ Formulario I-693 de examen médico y suplemento de vacunas llenado por un médico en un sobre sellado;

✪ carta de empleo reciente confirmando la oferta de empleo;

✪ certificado de nacimiento del solicitante;

✪ certificado de matrimonio;

✪ solicitud enviada por cable para los dependientes en el extranjero;

✪ documentos relacionados a las convicciones criminarles;

✪ Formulario I-864, declaración jurada de sustento económico (solamente si un pariente es dueño de más del 5% de la compañía que solicita la visa);

✪ Formulario I-601, renuncia de inadmisibilidad (si fuese requerido) con documentos de apoyo; y,

✪ *Formulario I-824* para los familiares en el extranjero.

Si usted presenta su solicitud bajo la Ley LIFE, usted probablemente necesitará proporcionar prueba adicional de su presencia física en el país el 20 de diciembre de 2000. (Esto no es necesario para los dependientes.) Asimismo, si su autorización de empleo fue presentada luego del 30 de abril de 2001, entonces se debe demostrar evidencia de haber presentado una solicitud de autorización de empleo I-130 anterior a esta fecha.

Autorización de Empleo

Si usted desea comenzar a trabajar lo antes posible, deberá presentar lo siguiente para una autorización de empleo:

❂ **Formulario I-765 de Autorización de Empleo;**

❂ tarifa de presentación de $120;

❂ dos fotografías de tipo pasaporte; y,

❂ una copia de una identificación emitida por el estado.

Permiso de Viaje

Para poder viajar mientras su solicitud está pendiente, presente lo siguiente:

❂ **Formulario I-131** de permiso de viaje (si fuese elegible);

❂ tarifa de presentación de $110;

❂ dos fotografías de tipo pasaporte; y,

❂ una copia clara de un documento de identificación.

El formulario principal es el formulario de ajuste de estatus I-485. El mismo deberá ser llenado cuidadosamente. Vea la página 135 para instrucciones detalladas para su llenado. La tarifa de presentación es de $255 si el solicitante tiene 14 años de edad o más, y es de $160 si el solicitante es menor de 14 años. Asimismo, se requiere que todos aquellos solicitantes de 14 años de edad o mayores presenten sus huellas dactilares, lo cual implica que paguen también la tarifa de huellas dactilares de $50. Asimismo, se requiere también un formulario G-325A completado, de todos los solicitantes de 14 años de edad o mayores. Cada solicitante debe incluir también dos fotografías de tipo pasaporte.

Elegibilidad. El siguiente aspecto que es crítico para el proceso de residencia permanente es la *elegibilidad*. Si el solicitante tiene un estatus vigente de no inmigrante en el momento de la presentación de la solicitud, entonces él o ella es elegible para solicitar un ajuste. Si el solicitante se encuentra fuera de estatus, entonces él o ella debe calificar bajo el Artículo 245(i) (véase el capítulo 3 para una discusión detallada.) Básicamente, si la autorización de empleo fue presentada antes del 30 de abril de 2001, entonces el solicitante es elegible para poder solicitar un ajuste de estatus. Sin embargo, el solicitante deberá entonces presentar el **Suplemento I-485** y pagar la multa de $1.000.

Se debe presentar el formulario de examen médico (capítulo 14). Los solicitantes que requieren su ajuste de estatus en base a su empleo, típicamente no requieren de una declaración jurada de sustento económico (capítulo 14) debido a que tienen una oferta de empleo pendiente. Solamente si un pariente es dueño de 5% o más de la compañía solicitante, entonces se debe presentar la declaración jurada de sustento económico por el mismo pariente. Sin embargo, se debe presentar una carta de oferta de empleo actual estipulando que el puesto se ofrece al extranjero con el salario requerido.

Si existiese una *condición de inadmisibilidad* (véase el capítulo 15), tal como por un antecedente criminal o ingreso al país bajo un pasaporte falso, la excepción I-601 deberá ser presentada y se deberá pagar la tarifa. Para cualquier antecedente criminal, se deben obtener los registros judiciales o actuados originales del secretario de la corte, e incluirse los mismos con la presentación.

Debido a que usted no estará presente en la entrevista para llenar posibles vacíos y proporcionar documentos, estas solicitudes deben ser lo más completas posibles. Si usted desea facilitar el trabajo del examinador, prepare una carta complementaria que cubra los siguientes puntos:

✪ Si el suplemento I-485 no se presento, usted debe documentar todo su historial de no inmigrante: presente una guía completa que indique, claramente, todo el tiempo que usted ha estado en los Estados Unidos y no solamente, desde su más reciente ingreso. Incluya toda la documentación disponible tal como copias de I-94s, visas en pasaportes, notificaciones de aprobación *I-797, I-20s, IAP-66s*, etcétera.

✪ Aclare que usted no ha trabajado sin autorización (en mingún momento—incluyendo cualquier estadía de no inmigrante) y sustente esta aseveración con copias de autorizaciones de empleo, notificaciones de aprobación I-797, visas de pasaportes y similares.

✪ Proporcione un juego de documentos completo para las solicitudes de dependientes a fin establecer una relación con el extranjero principal (un certificado de nacimiento, y si el solicitante principal es el padre, una copia de su certificado de matrimonio. Si fuese aplicable, proporcione evidencia de la anulación de matrimonios previos). Si el matrimonio se llevó a cabo menos de dos años antes de la solicitud, proporcione evidencia de que el matrimonio fue de buena fe.

✪ Presente una copia de la lista actualizada de cirujanos civiles la oficina local del USCIS médico y resalte el nombre del médico que realizó su examen médico. Usted deberá hacer recuerdo a su doctor que el formulario será revisado para su elegibilidad. Por tanto, su doctor deberá imprimir su nombre claramente y asegurar que el formulario haya sido llenado por completo, incluyendo los exámenes de TB y vacunas.

✪ Presente cualquier documentación que demuestre haber comparecido ante un juzgado de inmigración, incluyendo la sentencia final.

✪ Si son muchos los documentos, usted puede colocar lengüetas (para los centros de servicio, coloque las lengüetas en la parte inferior de los documentos, y no a los lados).

Notificación de recibo. Varias semanas después de la presentación de su solicitud, usted recibirá una *notificación de recibo.* Este recibo incluye su número de caso y debería ser guardado en un lugar seguro. Dependiendo del retraso en base a la acumulación de solicitudes, se tomará una decisión sobre su solicitud llegado el momento. Si faltase cualquier dato o cualquier documento estuviese incompleto, entonces se podría emitir una *Request for Evidence* (Solicitud de Evidencia o Información Adicional, o RFE por sus siglas en inglés). Usted entonces tendrá un término de 84 días para proporcionar la información requerida.

NOTA: *Esta es una fecha límite muy estricta. Cualquier respuesta debe ser devuelta al USCIS por correo expreso para que la prueba de este franqueo esté disponible si el USCIS alguna vez niege haber recibido su respuesta.*

Usted por lo general soló tendrá una oportunidad para cumplir con la RFE, así que asegúrese de haber incluido todos los datos necesarios. Si alguna información no estuviese disponible, proporcione una explicación detallada de las razones para esta falta de disponibilidad.

El proceso de ajuste varía por centro de servicio. Usted necesitará visitar la página Web del centro de servicios para confirmar el tiempo de procesamiento antes de tomar cualquier acción adicional.

Si el tiempo de procesamiento es mayor que el tiempo indicado en el recibo de notificación, espera una o dos semanas más. Si nada sucede, usted debe llamar al número ubicado en la parte inferior de la notificación de recepción. Es posible llamar a un centro de servicio tarde en la noche, cuando las líneas telefónicas se encuentran libres. Eventualmente, se le pedirá ingresar su número de caso, incluyendo la designación de tres letras del centro de servicio como un número. Por ejemplo, "LIN" para el centro de servicio de Lincoln es "546" en el teclado del aparato telefónico. Usted podría recibir datos útiles sobre su caso. Por ejemplo, la grabación podría indicar que una notificación de aprobación o un pedido para información adicional ya había sido enviada.

Ahora existe un sistema de información sobre el estatus de los casos en línea, para los casos pendientes en un centro de servicios. Ingrese a la página Web del USCIS en **www.uscis.gov** y haga clic en *"Case Status & Processing Dates"* en el lado derecho de la página Web.

Problemas de procesamiento y negación. Para aclarar los problemas de procesamiento, es posible llamar al centro de servicios y hablar con un funcionario de información. Este no es el funcionario al que se le adjudicará su solicitud. El funcionario de información no tendrá acceso a su solicitud y podría solamente tener la información disponible en el sistema automatizado.

La pregunta que surge a menudo es si el solicitante debe trabajar para la compañía solicitante mientras se encuentra pendiente su solicitud de ajuste de estatus y si el solicitante tiene una autorización de empleo. Las regulaciones no requieren que el solicitante trabaje para el empleador en sí, simplemente que sea la intención del empleador ofrecer un puesto permanente para el trabajador extranjero a la recepción de su estatus de residente permanente. Sin embargo, el hecho de que el solicitante no esté trabajando para el empleador podría evidenciar que esta no es una oferta de trabajo legítima.

Si la solicitud de ajuste de estatus se encuentra pendiente por más de 180 días, un empleado podría *cambiar* o *ser transferido* a un nuevo empleador siempre y cuando la descripción del nuevo empleo sea sustancialmente la misma.

Un caso no será negado sin antes tener la oportunidad de subssonar el problema causante de la negación. Usted puede volver a solicitar este beneficio si el obstaculo la negación ha sido remontado. Usted, sin embargo, deberá tener un estatus vigente para realizar la solicitud, a menos que su solicitud se ampare bajo el *principio retroactivo de condición más beneficiosa* en virtud al Artículo 245(i).

Si el caso es otorgado, se enviará por correo una *notificación de aprobación* al solicitante. Se requerirá que el solicitante comparezca en su oficina local del USCIS para su procesamiento con el sistema de procesamiento *Alien Documentation, Identification and Telecommunication System* (Sistema de Documentación, Identificación y Telecomunicación, ADIT por sus siglas en inglés).

Entrevista   La mayoría de las solicitudes presentadas ante un centro de servicios no serán entrevistadas. Un solicitante podría ser entrevistado si:

- ✪ la identidad del solicitante, su estatus legal, admisibilidad, y/o calificaciones son dudosas;

- ✪ el matrimonio reciente a un dependiente sugiere que el matrimonio podría ser falso (especialmente cuando no se incluyó con la solicitud evidencia de un matrimonio de buena fe);

- ✪ el solicitante no admite arrestos o convicciones y el centro de servicio se anoticia de los mismos a través de una verificación de huellas digitales;

- ✪ el solicitante admite a una convicción por uno o más *crímenes con seria contravención de las obligaciones morales y éticas, o CIMT por sus siglas en inglés,* y se requiere de una excepción I-601;

- ✪ el solicitante ingresó a los Estados Unidos sin una inspección;

- ✪ el solicitante no está en este momento empleado por su solicitante; o,

- ✪ la solicitud fue seleccionada como parte de una muestra al azar para propósitos de verificación de calidad.

Si el caso requiere de una entrevista, el solicitante recibirá una notificación de transferencia indicando que la solicitud ha sido transferida a la oficina local del USCIS. Una entrevista deberá ser fijada de acuerdo con su fecha de presentación con el centro de servicios y no la fecha de transferencia a la oficina local. Todas las demás preguntas deberán ser dirigidas a la oficina local.

Este sería un buen momento para buscar la asesoría de un abogado de inmigración para revisar su solicitud, si uno no ha sido consultado previamente. Será crítico el poder identificar el problema y proporcionar documentación para subsanar el mismo. Véase el capítulo 17 para mayores datos sobre el proceso de entrevista.

Si se fija una entrevista, usted necesitará llevar una carta de empleo y una copia de su declaración de impuestos más reciente para poder verificar su empleo con la compañía solicitante.

LOTERÍA DE VISAS DE DIVERSIDAD

Un ganador de la lotería de visa de diversidad podría solicitar este beneficio en los Estados Unidos o en el extranjero en una embajada. No importa si la carta de selección se recibe en una dirección en los Estados

Unidos o en el extranjero—usted podrá solicitar su tarjeta de residencia permanente si usted es elegible, donde le sea más conveniente.

Si usted está solicitando a través de la embajada, entonces siga las instrucciones incluidas en el paquete de aceptación con mucho cuidado. Recientemente, el proceso y los formularios han cambiado para procesar la solicitud de visa de diversidad. El paquete debe ser revisado y las instrucciones se deben seguir cuidadosamente. Uno de los formularios debe ser llenado y devuelto de inmediato al nuevo centro de procesamiento en Kentucky. Desde ese punto, el Departamento de Estado enviará el paquete de procesamiento de visa de inmigrante a la dirección indicada. El procedimiento variará dependiendo de la embajada.

Si el ganador de la visa de diversidad está en los Estados Unidos, entonces él o ella deberá poner en vigencia su estatus de no inmigrante (con algunas excepciones). Si una persona está fuera de estatus y desea solicitar este beneficio en los Estados Unidos, él o ella debe ser elegible bajo la ley de inmigración (Artículo 245(i)). Los criterios para la elegibilidad en los Estados Unidos son los mismos que para cualquiera que solicita para su ajuste de estatus desde cualquier otra categoría.

El siguiente es un esquema del paquete de ajuste que debe a ser presentado en la oficina local del USCIS:

- ✪ **FORMULARIO DE AJUSTE DE ESTATUS, I-485** (véase la página 135);

- ✪ tarifa de presentación, la cual depende de la edad (vea el cuadro en el Apéndice D);

- ✪ tarifa para huellas digitales de $50;

- ✪ una copia de la carta de aceptación de la visa de diversidad del Departamento de Estado;

- ✪ **FORMULARIO DE INFORMACIÓN BIOGRÁFICA, G-325A** para el solicitante;

- ✪ dos fotografías de tipo pasaporte;

✪ **Suplemento del Formulario I-485** O prueba de ingreso legal a los Estados Unidos tales como copias de la página de visa en su pasaporte, I-94s y notificaciones relevantes de aprobación, o una copia de ciudadanía canadiense;

✪ una copia del certificado de nacimiento del solicitante y su traducción;

✪ prueba de graduación de la secundaria o de dos años de experiencia en un oficio que requiere de dos años de experiencia;

✪ Formulario Médico I-693 y hoja suplementaria de vacunas en un sobre sellado; y,

✪ una carta de empleo.

Lo siguiente es a veces requerido en algunos casos:

✪ prueba de elegibilidad bajo el Artículo 245(i);

✪ presencia física en los Estados Unidos el 20 de diciembre de 2000;

✪ Formulario I-601, Renuncia de Inadmisibilidad con documentos de apoyo;

✪ solicitud enviada por cable para los dependientes en el extranjero;

✪ certificado de matrimonio;

✪ sentencias de divorcio o prueba de terminación de anteriores matrimonios;

✪ certificados de nacimiento de los hijos del beneficiario; y,

✪ documentos relacionados a las convicciones criminales u otras circunstancias especiales.

El formulario principal es el I-485. Esta es la solicitud en si de ajuste de estatus. La misma debe ser cuidadosamente llenada. Véase la página 135 para instrucciones detalladas de llenado. La tarifa de presentación es de $255 si el solicitante tiene 14 años de edad o más, y es de $160 si el solicitante es menor de 14 años. Asimismo, aquellos de 14 años de edad o mayores deben presentar sus huellas digitales y pagarán la tarifa de $50 para huellas dactilares.

Se requiere de un formulario G-325A llenado para todos los solicitantes de 14 años de edad o mayores. Cada solicitante también requiere que se incluyan dos fotografías de tipo pasaporte.

El esquema anterior describe los documentos mínimos requeridos para presentar el paquete de ajuste de estatus. Los demás artículos podrán ser llevados a la entrevista de ajuste de estatus, o presentados inicialmente.

Se deberá presentar el formulario de examen médico (capítulo 14) y la declaración jurada de sustento económico (capítulo 14). Este es el formulario corto I-134 que requiere de solamente un año de declaraciones de impuestos o una oferta de empleo. Si existe una condición de inadmisibilidad (vea el capítulo 15), tal como un antecedente criminal o el ingreso con un pasaporte falso, se debe presentar la excepción I-601 y se debe pagar la tarifa correspondiente. Para cualquier antecedente criminal, se deben obtener las disposiciones y registros originales certificados del secretario de la corte y se los debe incluir con la presentación.

Para poder presentar la solicitud de ajuste de estatus de manera correcta, siga las siguientes sugerencias:

◈ haga una copia de la solicitud y de los documentos respaldatorios y manténgalos en un lugar seguro;

◈ escriba su nombre y numeral A o su fecha de nacimiento en lápiz en el reverso de las fotografías;

◈ adjunte un giro postal por el monto correcto de su tarifa de presentación, a nombre de "USCIS";

◈   asegúrese que el nombre del solicitante figure en el cheque;

◈   confirme la dirección correcta. No es la misma dirección que la oficina del USCIS. Típicamente existe una casilla postal de correos específica para la solicitud de ajuste de estatus. A pesar que una solicitud enviada a la dirección local podría ser reenviada a la dirección correcta, este es un riesgo muy elevado; y,

◈   mande cualquier cambio de dirección por correo certificado pidiendo un recibo de entrega, debido a que dichas peticiones pueden no ser procesadas por el USCIS, resultando en el cierre de su caso.

El momento de la presentación es muy importante en un caso de visa de diversidad. Si un solicitante busca ajustar su estatus en los Estados Unidos, entonces es crítico esperar hasta luego del 1° de octubre para presentar la solicitud de ajuste de estatus. Puede ser difícil esperara seis meses desde la fecha en que reciba su carta de aceptación para solicitar el ajuste, especialmente cuando existe un apuro para completar el procesamiento y obtener un número de visa que se otorga por orden de llegada. Pero una solicitud de ajuste de estatus presentada antes del 1° de octubre podría ser denegada debido a la falta de un número de visa. SI el USCIS no tiene la consideración de devolverle su solicitud por correo, podrían negar su solicitud y luego procesarla por medio de una corte de inmigración.

Es también de vital importancia que marque el exterior de su sobre de envío por correo con la leyenda: "Urgente—presentación de solicitud de visa de diversidad." Esto también podría ser marcado en el pedazo de papel de color encima del paquete de solicitud. Debido a que el retraso por la acumulación de solicitudes en muchas de las oficinas de USCIS es cerca de un año, no hay tiempo para que la solicitud corra su curso por la vía normal. La misma debe ser tratada como una solicitud expedita para que pueda ser entrevistada a tiempo.

Qué esperar   Como con cualquier presentación de solicitud de ajuste de estatus, una notificación de recibo deberá ser recibida en el correo dentro del lapso de varias semanas. Entonces, se recibirá una notificación para huellas digitales. Se deberán tomar las huellas digitales lo antes posible.

El siguiente paso es esperar para la notificación de entrevista. En algunas jurisdicciones, la entrevista podría ser retrasada hasta que exista un número de visa disponible. Puede ser algo confuso que hubiese una espera para un número de visa de diversidad cuando el solicitante ya hubiese ganado la lotería y esté intentando completar el proceso antes del cierre del año fiscal del gobierno de los Estados Unidos.

A pesar que 50.000 visas de diversidad se ponen a disponibilidad del público cada año, podría, aún así, haber una espera, dependiendo del número de selección de la persona. Si la persona tiene un número de selección en los miles, es probable que reciba un número casi de inmediato. Un número sobre los 5.000 para Europa o África podría no tener disponibilidad por varios meses. Aquellos con un número de selección por encima de los 10.000 podría esperar hasta el verano para un número de visa. Verifique el Boletín de Visas en la página Web del Departamento de Estado para la fecha límite (*cutoff number*). Solía ser riesgoso incluso solo presentar la solicitud de ajuste de estatus cuando no tenía un número vigente. Ahora la política es de aceptar la solicitud y archivarla hasta que el número de visa se vuelva disponible.

Entrevista   Bajo muchas jurisdicciones, la entrevista de ajuste de estatus está fijada para enero, ya sea que haya o no un número de visa. Es crítico que los documentos restantes y las solicitudes sean llevados a la entrevista. Si el caso no es completado, entonces podría ser extremadamente difícil el hacer el seguimiento con el funcionario en una fecha posterior. Al final de la entrevista, pregúntele al funcionario como hacer el seguimiento de su caso. El mejor de los casos sería que el funcionario archive su solicitud y continúe siendo responsable por la misma. Asegúrese de pedirle al funcionario su nombre y número de teléfono cosa de poder contactarlo o contactarla. Pregunte al funcionario cuándo sería apropiado que usted lleve a cabo el seguimiento.

Sello 1-551   El solicitante de ajuste de estatus basado en los Estados Unidos querrá el sello *1-551* en su pasaporte como prueba de que su caso ha sido aprobado. Es a veces riesgoso el depender solamente de que el funcionario o su supervisor simplemente le diga que el caso ha sido aprobado.

> **NOTA:** *Si usted tiene dependientes que esperan su proceso en el extranjero, entonces tome nota que ellos deben no solo completar su procesamiento en la embajada, sino también, ingresar a los Estados Unidos antes del 30 de septiembre.*

EL ASILO

Existe actualmente una fecha límite de un año para solicitar el asilo que se cuenta desde la última vez que usted llegó a los Estados Unidos. Si estuvo en los Estados Unidos por más de un año, y luego se fue y volvió a entrar, el plazo se cuenta desde la fecha posterior de entrada. Además, si usted se encuentra dentro de estatus –digamos, con una visa de estudiante– se le permite solicitar el asilo siempre que cuente con un estatus válido, aunque haya pasado más de un año. Existen excepciones a esta regla, como por ejemplo, para menores de edad o si cambian las condiciones en su país natal.

El proceso de solicitar asilo tiene dos pasos. La solicitud se presenta primero al centro de servicios apropiado a través del **FORMULARIO I-589** junto con todos los documentos necesarios:

- ✪ **FORMULARIO I-589**, completamente llenado;

- ✪ dos fotos estilo pasaporte para cada familiar;

- ✪ una declaración detallada adicional acerca de las circunstancias adversas o persecución que sufre el solicitante;

- ✪ copias de todos los documentos de identificación, certificados de matrimonio y de nacimiento de todos los solicitantes;

- ✪ cualquier documentación, tal como informes o artículos periodísticos, acerca de los problemas; y,

✪ declaraciones juradas de testigos.

NOTA: *No se cobra ningún pago de tramitación.*

El centro de servicio entonces envía el archivo a una de las nueve oficinas de asilo para una entrevista. Debido al declive en la cantidad de solicitudes de asilo, la entrevista ocurrirá aproximadamente seis semanas después de que la solicitud se presenta.

HOJA DE PREGUNTAS DE LA OFICINA DE ASILO

Los siguientes consejos, que se les ofrecen a los funcionarios de asilo, demuestran la clase de preguntas que podrían darse en una entrevista de asilo.

ESQUEMA DE LA TOMA DE DECISIONES RESPECTO AL ASILO

I. ¿Quién es el solicitante?

✪ ¿Cuál es su nombre? ¿fecha de nacimiento? ¿lugar de nacimiento? ¿último lugar de residencia?

✪ ¿Cuál fue la fecha y la manera de la entrada del solicitante a los Estados Unidos?

✪ ¿Cuánto tiempo pasó y por cuáles países viajó en ruta a los Estados Unidos?

✪ Familiares: ¿están en los Estados Unidos? ¿todavía se encuentran en el país de origen?

II. ¿Por qué abandonó el solicitante su país de origen? [Reclamación]

✪ ¿Tiene el solicitante miedo respecto a volver a su país? En caso afirmativo, ¿por qué?

✪ ¿Qué específicamente teme el solicitante? (Resúmalo en la evaluación.)

✪ ¿Quién piensa el solicitante que llevará a cabo tales actos temidos?

✪ ¿Por qué se llevaron a cabo los actos dañinos en el pasado, o por qué se teme que se llevarán a cabo en un futuro?

✪ Hasta la fecha, ¿se le ha hecho algo específico al solicitante? (por ej., amenazas, perjuicio, palizas, arrestos, detenciones). Resúmalo en la evaluación.

✪ Si algo ha ocurrido, ¿qué? ¿cuándo? ¿dónde? ¿cómo? ¿por qué? ¿quién?

✪ Hasta la fecha, ¿se le ha hecho algo específico a uno a quien el solicitante conoce, o del que ha averiguado? (por ej., amenazas, perjuicio, palizas, arrestos, detenciones). Resúmalo en la evaluación. Si algo ha ocurrido, ¿qué? ¿cuándo? ¿dónde? ¿cómo?

✪ ¿Existe una conexión razonable entre el perjuicio experimentado por aquella persona y el solicitante?

III. ¿Es creíble el testimonio del solicitante?

✪ ¿Es detallada y específica la evidencia (sea directa o circunstancial) y/o el testimonio?

✪ ¿Es consecuente la evidencia y/o el testimonio?

✪ ¿Es plausible la evidencia y/o el testimonio en vista de las condiciones de su país?

✪ ¿Existe alguna información específica de las condiciones de su país que refute específicamente su reclamación?

IV. ¿Es el solicitante un refugiado? [Análisis]

✪ ¿Es "persecución" el perjuicio que se ha experimentado o se teme, o va a "ascender hasta el nivel de persecución" con el paso del tiempo (en sentido cumulativo; en la totalidad de las circunstancias)?

✪ ¿Fue el solicitante el único recipiente del perjuicio, o está situado similarmente como otras personas?

✪ ¿Se basa la reclamación en persecución pasada o futura?

✪ Si la persecución se realizó en el pasado, ¿establece la mayoría de la evidencia que las condiciones de aquel país han cambiado hasta tal grado que un temor de sufrir perjuicios en el futuro no es una posibilidad razonable?

✪ En caso afirmativo, ¿ha presentado el solicitante evidencia convincente que demuestre que él o ella no debe volver, con motivo del carácter atroz y severo de su persecución ya pasada? (Análisis del caso *Chen*).

✪ Si la persecución se teme para el futuro, ¿es el temor bien fundado? (Utilice Mogharrabi/Acosta)

✪ ¿Es el temor razonable, para todo el país, o localizado?

✪ ¿Es el perseguidor (o la persona que se teme se convierta en perseguidor) el gobierno, o alguien que el gobierno no puede o no quiere controlar?

✪ ¿Está relacionado el perjuicio, u obedece, a una de las cinco razones protegidas del estatuto? En caso afirmativo, ¿cuál?

✪ ¿Está dispuesto el solicitante a volver a su país?

V. ¿Existen motivos para negar la solicitud?

✪ Obligatorios: ¿persecución de otras personas? ¿relocalización definitiva?

✪ ¿Tiene nacionalidad múltiple? ¿Fue hallado culpable de un delito especialmente grave en los Estados Unidos? ¿Representa un peligro a la seguridad nacional?

✪ Motivos discrecionales: ¿incurrió en un delito fuera de los Estados Unidos? ¿Evitó el procesamiento como refugiado en

> otro país? ¿Entró de manera fraudulenta a los Estados Unidos
> (en conexión con su fuga del perjuicio o debido al temor del
> mismo? ¿Presentó la solicitud menos de un año después de
> entrar a los Estados Unidos?
>
> VI. Decisión. (Conclusión respecto a la elegibilidad)

El Tribunal de Inmigración y las apelaciones

El procedimiento ante un juez de inmigración realmente es un procedimiento de deportación. En la breve primera audiencia maestro, una vez que el extranjero admite que él o ella puede ser deportado, el juez de inmigración le preguntará que recurso plantea ante el tribunal. El extranjero debe decir que procura renovar la solicitud de asilo. En la audiencia maestro, el solicitante de asilo también debe rehusarse a designar un país de deportación.

El juez de inmigración entonces programará una fecha para la audiencia individual, en la cual el solicitante puede volver a intentar dar prueba de su caso de asilo. Se trata de una audiencia completamente nueva que brinda la oportunidad de presentar evidencia, testimonio y testigos ante el tribunal.

Testigos peritos. Se recomienda enfáticamente que, en todos los casos excepto los más contundentes, se consiga la ayuda de un testigo perito para testificar a favor dentro del caso. En vista de lo que está en juego en un caso de asilo ante el juez de inmigración, se necesita hacer lo imposible por lograr el éxito. Esta es la última oportunidad, realistamente hablando, de ganar el caso.

Se decide un caso de asilo según la capacidad del solicitante de convencer al juez de inmigración respecto a las condiciones del país en relación con ese solicitante en particular. Un testigo perito obliga al fiscal del gobierno a demostrar la falsedad de su testimonio, lo cual es sumamente difícil. El fiscal se encuentra en un camino peligroso si intenta hacerle frente al perito. Esto puede terminar dándole otra oportunidad, al solicitante, de presentar su punto de vista y discutir la evidencia que la sustenta. Sea como fuere, un solicitante no puede perjudicar su caso si consigue la ayuda de un perito. En un caso dudoso, esto ciertamente fortalecerá el argumento del extranjero.

Además, simplemente es imposible predecir el punto en el que un juez de inmigración se fijará respecto a su caso. Un perito puede ayudar el tribunal con cualquier pregunta singular que surja del caso y puede ofrecer información esencial de fondo. El perito también podrá ayudar al ofrecer informes y artículos que apoyen el caso. (Véase el Capítulo 19 para más información acerca de comparecer ante el tribunal de inmigración.)

Probabilidades de Éxito

El éxito de una solicitud de asilo ante el tribunal de inmigración depende de muchos factores, siendo el más importante de estos el país de origen y el tipo de demandas o reclamos interpuestos dentro de ese país. Por lo tanto, una cifra general de aprobaciones tal vez tenga poco significado. No obstante, es interesante que la tasa general de aprobación para una solicitud de asilo que se presenta afirmativamente (es decir, se presenta la solicitud antes de ser asignado a un proceso de deportación) es el 37%. En el caso de las solicitudes defensivas, la tasa de aprobación es el 26%.

Otro factor principal es el tribunal mismo de inmigración. Desafortunadamente, la tasa de aprobación varía ampliamente entre los jueces de inmigración. Durante el plazo de nueve meses que acabó en junio de 2004, las tasas de aprobación de casos de asilo variaban entre el 66% en Honolulu y el 4% en Atlanta. Otras ciudades grandes tenían las siguientes tasas: el 43% en New York, el 26% en San Francisco y el 10% en Chicago.

La Concesión del Asilo

Si la solicitud de asilo es aprobada por la oficina de asilo, la carta inicial de concesión de asilo indicará que se trata de una concesión temporal dependiendo de una investigación de antecedentes. Esto casi siempre se trata de una mera formalidad. Se debe recibir una aprobación final después de aproximadamente un mes si no se traba la investigación de las huellas digitales ni el proceso burocrático. Una concesión de asilo por el juez de inmigración constituye una aprobación final.

El estatus de asilado es un estatus indefinido ya que no tiene ninguna fecha de vencimiento. No obstante, puede ser determinado por la Oficina de Asilo que los asilados de cierto país ya no necesitan el asilo si las condiciones en dicho país se mejoran espectacularmente. Es una buena idea solicitar el ajuste en el primer momento posible, a saber, un año después de la concesión de asilo.

Un asilado tiene que solicitar la autorización de trabajo cada año por medio del Centro de Servicios de Nebraska. Es una buena idea solicitarla con dos meses de antelación.

Los viajes A fin de volver a entrar a los Estados Unidos, el solicitante tiene que obtener el permiso de viajar del USCIS. Tales permisos de viajar pueden tomar dos formas. Primero, la autorización de viajar puede obtenerse por medio del Centro de Servicios de Nebraska en la forma de un *permiso de viajes de refugiado* (*refugee travel permit* en inglés). Este permiso es un libro blanco pequeño que puede servir de sustituto de un pasaporte. También permite volver a entrar a los Estados Unidos dentro de un año. Típicamente, se requiere aproximadamente dos o tres meses para obtener este permiso de viajar del USCIS.

Si usted necesita viajar con poca antelación, puede solicitar un *permiso de reingreso anticipado* (*advance parole* en inglés) en el **Formulario I-131** con su oficina local. Las varias oficinas tienen procedimientos diferentes para obtener este permiso. Para solicitarlo, se presenta el **Formulario I-131**. Se necesitan los siguientes documentos:

- ✪ el **Formulario I-131**;

- ✪ una cuota de solicitud de $110;

- ✪ dos fotos estilo tarjeta de residencia permanente;

- ✪ una carta que describe los motivos del viaje;

- ✪ evidencia de la identidad, como por ejemplo, una licencia de conducir o la aprobación del asilo en el pasaporte; y,

- ✪ una copia del formulario I-94.

Se puede esperar pasar varias horas en la oficina del USCIS a fin de obtener el permiso de ingreso condicional de anticipado. A diferencia del documento de viajes, usted necesitará el pasaporte para viajar. La concesión de un permiso de ingreso condicional anticipado parece limitarse a sesenta días cuando es obtenida a través de la oficina local del USCIS. Por lo tanto, si usted tiene suficiente tiempo, es mucho más fácil solicitar el permiso en el Centro de Servicios de Nebraska.

No se permite que un asilado vuelva a su país de origen bajo ninguna circunstancia. (Usualmente los poseedores de la tarjeta de residencia permanente tampoco pueden viajar a sus países de origen.)

Los asilados y refugiados tienen el derecho de recibir ciertos beneficios a través de la *Office of Refugee Resettlement* (Oficina de Relocalización de Refugiados), la cual administra varios programas federales y estatales. Estos incluyen la asistencia económica y médica, preparación para el empleo, ayuda para encontrar un empleo e instrucción del idioma inglés. Llame al 1-800-354-0365 o visite el sitio de Internet en **www.acf.hhs.gov/programs/orr**.

Para obtener ayuda con una búsqueda de trabajos y capacitación, llame al 1-877-US2-JOBS o vaya a **www.servicelocator.org**.

Familiares   Una persona a quien se le otorga el asilo puede solicitarlo a favor de parientes inmediatos dentro de dos años de la concesión de asilo. La solicitud incluye lo siguiente:

- *Formulario I-730*;

- evidencia del estatus de asilado o refugiado;

- evidencia de la relación familiar, tal como una partida de nacimiento;

- una foto clara del familiar; y,

- una copia del formulario I-94 si el beneficiario se encuentra en los Estados Unidos con otro estatus inmigratorio.

NOTA: *No se cobra ningún pago de tramitación.*

Si la solicitud se presenta a favor de un cónyuge, también deben incluirse:

❂   el certificado de matrimonio y

❂   evidencia de la terminación legal de cualquier matrimonio anterior, si es que este existió.

Si la madre solicita a favor de un hijo, también debe incluirse un certificado de nacimiento del niño que demuestre los nombres de tanto la madre como el hijo. Si un padre solicita a favor de un hijo, también debe incluirse un certificado de nacimiento del niño que demuestre los nombres de tanto el padre como el hijo.

Si el padre es casado con la madre del niño, él también debe incluir el certificado de matrimonio y evidencia de la conclusión legale de cualquier matrimonio anterior del padre y de la madre, si es que estos existieron. Si el padre no es casado con la madre del niño, también debe incluir evidencia que el hijo fue legitimado por las autoridades civiles.

Si el hijo no fue legitimado, también debe incluirse evidencia de una relación paterna de buena fe; por ejemplo, el padre tiene vínculos afectivos o económicos con el niño y ha demostrado una preocupación e interés general en el sustento, la educación y el bienestar general del niño. Tal evidencia puede incluir:

❂   recibos de giros o cheques cancelados que demuestren el apoyo financiero del niño;

❂   declaraciones del IRS que demuestren que se reclamó al niño como dependiente;

❂   archivos médicos u otros que presenten al niño como dependiente;

❂   archivos escolares del niño;

❂   correspondencia con el niño;

❂   declaraciones juradas de personas conocedoras de la relación; o,

✪ evidencia de un cambio legal del nombre del beneficiario, si fuera necesario.

La antedicha solicitud se presenta en el Centro de Servicios de Nebraska. Si la persona se encuentra en los Estados Unidos, puede solicitar un permiso de trabajo una vez que se apruebe su estatus. Un año después de la aprobación, puede solicitar la residencia permanente. Quienes se encuentran en otro país tienen que ir a una embajada o consulado y recibir una visa para entrar a los Estados Unidos.

La solicitud de un ajuste de estatus basado en un asilado consta de lo siguiente:

✪ el **FORMULARIO I-485** solicitud de ajuste (véase la página 135);

✪ una cuota de tramitación de $255;

✪ una cuota de la toma de huellas digitales, de $50;

✪ el **FORMULARIO G-325A,** hoja de información biográfica;

✪ evidencia del estatus de asilado (carta de concesión de asilo, u orden del tribunal de inmigración);

✪ copias de todas las páginas del pasaporte y de los formularios I-94;

✪ certificado de nacimiento;

✪ dos fotos estilo pasaporte;

✪ evidencia mínima de residencia en los Estados Unidos durante el año pasado: un contrato de arrendamiento de un apartamento, declaraciones tributarias, etc.;

✪ fechas y evidencia de cualquier viaje fuera de los Estados Unidos, tal como copias de sellos en los documentos de viajes del asilado;

✪ si es necesario, evidencia de cualquier cambio de nombre;

✪ documentos relacionados con cualquier sentencia criminal, si es aplicable; y,

✪ el *Formulario I-602,* exención de inadmisibilidad con documentos de respaldo (si es necesario para sentencias criminales o si la última entrada a los Estados Unidos se realizó sin inspección o con un pasaporte falso).

Para un cónyuge derivado: Todos los susodichos documentos, además de la certificado de matrimonio.

NOTA: *El formulario G-28 es el formulario de comparecencia del abogado y se incluye únicamente si el solicitante cuenta con dicha asesoría. Se incluiría con todas las solicitudes.*

Se pueden solicitar beneficios opcionales, tales como un permiso de trabajo o un permiso de viajes. (véase el Capítulo 9.)

Para solicitar un permiso de trabajo, **FORMULARIO I-765**;

✪ **FORMULARIO I-765** (utilice la categoría (a)(5));

✪ una cuota de tramitación de $120;

✪ dos fotos estilo pasaporte;

✪ una copia de la cédula identificación emitida por el estado, o el pasaporte;

✪ la carta de concesión de asilo o la decisión del tribunal de inmigración;

✪ una copia del último permiso de trabajo; y,

✪ una copia del formulario I-94, anverso y reverso, si está disponible.

Para solicitar el **Formulario I-131**, documento de viajes de refugiado o libertad condicional de antemano, si es elegible:

✪ el **Formulario I-131**;

✪ una cuota de tramitación de $110;

✪ dos fotos estilo pasaporte;

✪ una copia de la cédula identificación emitida por el estado, o el pasaporte;

✪ la carta de concesión de asilo o la decisión del tribunal de inmigración;

✪ una copia del documento previo de viajes o de permiso de ingreso anticipado; y,

✪ una copia del formulario I-94, anverso y reverso si está disponible.

Formulario I-485

El formulario principal es el I-485. Este es la solicitud real de ajuste de estatus. Hay que completarla cuidadosamente. (Véase la página 135 para instrucciones detalladas.) La cuota de tramitación es de $255 si el solicitante tiene 14 o más años de edad o de $160 si el solicitante es menor de 14 años. Asimismo, las personas con 14 años y mayores requieren las huellas digitales y deben pagar la cuota de $50.

Formulario G-325A

Se requiere un formulario G-325A para todos los solicitantes de 14 años de edad y mayores. Se requiere que se incluyan dos fotos estilo pasaporte en cada solicitud. El formulario de revisión médica y la vacuna mentaria tienen que obtenerse. (véase el Capítulo 14.)

Formulario I-864

No se requiere el Formulario I-864, *Affidavit of Support* (declaración jurada de sustento económico), lo cual acompaña normalmente una solicitud de ajuste. Además, el USCIS ha declarado que los refugiados y asilados pueden valerse de cualquier beneficio público, incluyendo asistencia económica, cuidados médicos, programas de alimentación y otros programas que no ofrecen asistencia económica, sin perjudicar sus posibilidades de obtener la residencia permanente.

Formulario I-602

Si existe cualquier condición de inadmisibilidad, solamente en los casos de antecedentes criminales, es necesario presentar el formulario de exención I-602 y pagar la cuota. (Véase el Capítulo 15.) En el caso de cualquier antecedente criminal, incluyendo arrestos, se necesita obtener los archivos de disposición original certificados del secretario del tribunal (*clerk of the court* en inglés) e incluirlos con el paquete de la solicitud de ajuste.

Solicitud de Ajuste

Para presentar apropiadamente la solicitud de ajuste, acate las siguientes sugerencias:

✪ Haga copias de todos los documentos y guárdelas en un lugar seguro.

✪ Escriba con un lápiz fácil de borrar su nombre y su *numeral A* (el numeral de ocho dígitos que le asignó el USCIS y que aparece en su permiso de trabajo, notificación de cita para procesamiento de huellas digitales y de entrevista) o su fecha de nacimiento al dorso de las fotos.

✪ Fije la cuota correcta de tramitación –un giro postal hecho a "USCIS" puede utilizarse para todas las cuotas.

✪ El nombre del solicitante debe aparecer en el cheque.

✪ Confirme la dirección postal correcta del centro de servicios.

✪ Notifique cualquier cambio en su dirección postal por correo certificado, y pida a la Oficina Postal la opción *return receipt requested* para recibir la prueba de su recepción, ya que, caso contrario el USCIS, tal vez, no procese dichas peticiones; lo cual resultaría en un caso cerrado.

El solicitante recibirá una notificación de recibo dentro de unas semanas después de presentar la solicitud. Aunque la notificación de recibo tal vez indique que el período de adjudicación será un período de tiempo razonablemente breve, la espera actual de adjudicación se extiende durante varios años. Ya que no estarán disponibles ningunos números de visa para varios años más, el Centro de Servicios de Nebraska no se apresurará para adjudicar la solicitud.

El solicitante necesitará presentar sus huellas dactilares antes de la compleción del caso. Ya que las huellas dactilares se vencen después de 15 meses, el solicitante se encontrará en una carrera contra el reloj para lograr la conclusión del caso antes de que las huellas digitales se venzan.

NOTA: *La fecha oficial del ajuste de estatus se cambiará a un año antes que el ajuste fue otorgado.*

TRABAJADORES RELIGIOSOS

A continuación se presenta una descripción del paquete completo de documentarios a presentar en el centro de servicios apropiado para trabajadores religiosos:

- ✪ El **FORMULARIO I-360**;

- ✪ una cuota de tramitación de $130;

- ✪ una carta detallada de un funcionario autorizado de la entidad religiosa, la cual establezca que los servicios propuestos y el extranjero califican para los beneficios;

- ✪ una carta detallada del funcionario autorizado de la entidad religiosa, la cual confirma la membresía del extranjero en la confesión religiosa y explica detalladamente el trabajo religioso del mismo, todos sus empleos durante los últimos dos años, y el empleo propuesto;

- ✪ una copia del certificado de la capacitación religiosa o la ordenación del solicitante;

- ✪ evidencia que establezca que la entidad religiosa, y cualquier entidad afiliada que empleará a la persona, es una entidad religiosa de buena fe y sin fines de lucro en los Estados Unidos y que está exenta de impuestos bajo la Sección 501(c)(3) del Código de Impuestos Internos (*Internal Revenue Code*);

- ✪ un a copia de los estados financieros de la entidad religiosa;

✪   documentos constitutivos de la entidad religiosa;

✪   evidencia de empleo como trabajador religioso durante los últimos dos años, emitida por una entidad oficial;

✪   fotos que demuestran el empleo previo como trabajador religioso; y,

✪   antecedentes de la entidad religiosa.

Petición I-360

La petición I-360 tiene el propósito de evidenciar la elegibilidad como
trabajador religioso. Junto con la petición I-360, se necesita adjuntar los
antedichos documentos para respaldarla. Específicamente, un funcionario autorizado de la iglesia tiene que explicar en detalle la necesidad de
los servicios del extranjero y las credenciales del mismo que lo califican.
Una copia del documento de la capacitación religiosa del extranjero
tiene que incluirse. Finalmente, se necesita adjuntar una carta de
acuerdo a lo previsto por el artículo 501(c)(3) que evidencie que la entidad religiosa está exenta de pagar impuestos y no tiene fines de lucro.
(Este paquete entonces puede presentarse al centro de servicios adecuado. Véase el Apéndice B para encontrar la dirección postal correcta.)

Ajustes

Una vez que se apruebe la petición I-360, se puede presentar una solicitud de ajuste (I-485) a la oficinal local del USCIS. Esta solicitud
puede presentarse de la misma manera que una en base de vínculos
familiares, excepto que se sustituye una petición I-360 aprobada por
la petición I-130. Además, no se requiere ninguna declaración jurada
de sustento económico con este paquete de ajuste.

Aunque no se requiere la declaración jurada de sustento económico
con esta solicitud de ajuste, puede surgir un problema de *carga
pública* debido a los sueldos bajos que reciben los trabajadores religiosos. Se requerirá que el trabajador religioso demuestre que él o ella
está empleada con la entidad religiosa a tiempo completo y no necesitará el apoyo financiero.

Si un trabajador religioso tiene una solicitud de ajuste pendiente, es
elegible para solicitar el permiso de trabajo. Sin embargo, el USCIS
tal vez tenga sospechas si el solicitante está empleado en un ámbito
no religioso.

INVERSORES

Todas las peticiones de inversores se presentan en los centros de servicio de Texas o de California. Aquellas personas que se hallan en la jurisdicción del Centro de Servicios de Nebraska presentarán su petición en el Centro de Servicios de California, mientras que aquellas personas que normalmente presentarían su solicitud en el Centro de Servicios de Vermont, la presentarán en el Centro de Servicios de Texas.

Una solicitud de visa de inversor normalmente es tan compleja que puede manejarse solamente con la ayuda de un abogado de inmigración, pero es útil saber que tipo de documentación se requiere. Una solicitud de visa de inversor puede incluir lo siguiente:

- *Formulario I-526, Petición de Inmigración por Empresario Extranjero (Immigrant Petition by Alien Entrepreneur);*

- cuota de tramitación de $400;

- carta que detalla la elegibilidad; y,

- documentación de respaldo:

    - el establecimiento de un negocio (por ej., escritura de constitución de sociedad o "articles of incorporation" en inglés);

    - contrato de sociedad, contrato de empresa común, arrendamiento, o evidencia de posesión de propiedad;

    - establecimiento en una zona rural o con tasas altas de desempleo;

    - evidencia de inversión (por ej., estados de cuenta bancaria, informes financieros certificados, transferencias de propiedad o bienes, préstamos o hipotecas, u otro bien prestado y asegurado con los bienes del inversor);

    - capital obtenido por medios lícitos (por ej., declaraciones de impuestos, evidencia de la fuente del capital);

- la creación de empleos (por ej., archivos tributarios, Formularios I-9);

- evidencia de la participación del inversor en la gerencia (por ej., el título de su puesto, descripción de sus deberes);

- certificado que evidencia la autoridad para negociar en un estado o municipalidad; y,

- un plan financiero que evidencia la creación de empleos.

Lo anterior describe la solicitud inicial de una visa de inversor. El formulario principal es la petición I-526. Este formulario pide información común biográfica y del estatus inmigratorio del inversor, e información básica sobre la corporación. La parte principal de la solicitud consta de una carta detallada que describa la empresa y trata específicamente cada uno de los criterios particulares descritos más arriba. Se precisa documentación de que se satisface cada criterio.

Para reducir el riesgo de negación de la visa respecto a una inversión financiera considerable, se puede utilizar una *cuenta fiduciaria* (*escrow account* en inglés), de modo que los fondos se entreguen a la empresa únicamente si la visa es aprobada y se le devuelven al inversor si esta es negada. El contrato de la cuenta fiduciaria tiene que declarar que la contribución requerida de capital inicial se entregará inmediata e irrevocablemente a la nueva empresa al momento de la aprobación de la petición. El contrato tiene que desembolsar los fondos inequívocamente para las operaciones de la empresa al momento de aprobación de la petición. Estos documentos tienen que prepararse cuidadosamente para satisfacer los requisitos técnicos del USCIS.

Si el centro de servicios requiere información adicional, enviará una solicitud de evidencia adicional (*request for evidence* en inglés). También puede enviar el archivo a la oficina local del distrito para una entrevista.

Una vez que se apruebe la petición I-526, el solicitante y su cónyuge e hijos pueden solicitar la residencia permanente condicional (véase el Capítulo 4). El proceso de ajuste es igual que el de una petición basada en vínculos familiares, excepto que se entrega una I-526 aprobada en vez de una petición I-130. Esta solicitud de ajuste se entrega con la oficina local de USCIS.

Concesión Condicional

La visa se concede inicialmente sobre una base condicional, similar a la residencia condicional que se le otorga mediante el matrimonio con un ciudadano estadounidense. Después de dos años, el inversor tiene que solicitar para que se quite la condición, al demostrar que se estableció la inversión y queda en operación continua durante el periodo de dos años. La solicitud de quitar la condición se presenta dentro del plazo de 90 días antes del vencimiento de la tarjeta de residencia permanente condicional.

Una solicitud para quitar las condiciones incluye lo siguiente:

✪ el *Formulario I-829;*

✪ una cuota de tramitación de $395;

✪ una copia de la tarjeta de residencia permanente condicional; y,

✪ documentación respaldatoria:

- documentos constitutivos de la empresa (por ej., declaraciones de impuestos);

- el monto requerido de la inversión (por ej., estado financiero auditado);

- evidencia que el inversor sostuvo inversiones durante todo el periodo condicional;

- estados bancarios;

- facturas;

- contratos;

- licencias de negocios;

- declaraciones de impuestos de la corporación, anuales o trimestrales;

- archivos de la nómina; y,

- *formularios I-9.*

El Formulario I-829 debe completarse, y se le deben fijar cuantos documentos de respaldo como sea posible. Es necesario dar evidencia de los tres puntos mencionados arriba: a saber, que la empresa fue establecida, se realizó la inversión del monto requerido, y se sostuvo la inversión durante el periodo condicional de dos años. Esta solicitud se presenta al mismo centro de servicios como la petición I-526 original.

Una vez que el Formulario I-829 es aprobado y las condiciones se han quitado, la inversión se puede vender. No obstante, es aconsejable esperar hasta que la tarjeta verde realmente llegue por correo antes de venderla.

REVOCACIÓN DE EXPULSIÓN

En la audiencia de calendario maestro, el juez de inmigración le preguntará que recursos planteara. Si lleva más de 10 años en los Estados Unidos, se le permite solicitar una *revocación de expulsión* (*cancellation of removal* en inglés). El juez de inmigración le instruirá respecto a la fecha límite y el procedimiento preciso para presentar las solicitudes. Usted deberá escuchar atentamente al juez de inmigración y apuntar todo cuando él o ella dice. Normalmente, se requiere lo siguiente:

✪ **FORMULARIO EOIR-42B**;

✪ evidencia de haber pagado la cuota de tramitación de $100;

✪ la cuota de la toma de huellas digitales de $50;

✪ el **FORMULARIO G325A** (el original se le da al abogado de USCIS, la copia se le da al tribunal);

✪   certificado de servicio o notificación;

✪   evidencia del estatus inmigratorio del pariente calificado; y,

✪   una foto estilo pasaporte.

La lista de documentos del Capítulo 11 es una lista completa que se puede utilizar para dar evidencia en un caso de revocación de expulción. El formulario principal que se necesita completar es el **EOIR-42B**. Este formulario detallado de siete páginas hace cada pregunta posible acerca del historial personal. Antes de presentar esta solicitud ante la corte, hay que pagar la cuota de su tramitación en la oficina local de USCIS. El tribunal de inmigración no acepta ninguna cuota de tramitación. A fin de pagar la cuota de una solicitud al cajero del USCIS y recibir la misma de vuelta, usted necesitará completar una hoja de ruta (*routing slip* en inglés) y colocarla encima de la solicitud. Después que esta se ha presentado, el tribunal necesitará recibir los documentos de apoyo catorce días antes de la fecha de la audiencia. Repase la lista de documentos y compile tantos como sea posible para presentarlos.

Reglas del Tribunal

Tenga muy presentes las reglas locales que se necesita seguir, especialmente las relacionadas con la presentación de documentos. El tribunal de inmigración le informará de estas reglas. Si usted tiene un abogado, como es debido en los casos ante el tribunal de inmigración, él o ella estará al tanto de estas reglas. No obstante, si usted no tiene un abogado, necesitará leer y entender las reglas del tribunal.

Ejemplo:

Todos los documentos tienen que estar perforados con dos huecos a la cabeza de la página y contener un índice de los contenidos. Muchos tribunales tienen una regla de diez días o de catorce días, que requiere que todos los documentos se presenten tantos días antes de la audiencia. Si los documentos no se han presentado para esta fecha, el juez puede rehusar su admisión.

La solicitud original y los documentos de respaldo se presentan ante el tribunal después de pagarse la cuota.

Copias de todos los documentos presentados al EOIR tienen que ser enviadas a los abogados del juicio en su oficina, la cual usualmente se llama *Office of District Counsel*. Todos los documentos presentados al tribunal de inmigración tienen que incluir un *certificado de servicio* (*certificate of service* en inglés). El secretario del tribunal de inmigración puede darle la dirección. Es imperativo que usted pida al secretario que copia selle su como evidencia que el documento fue presentado oportunamente.

Evidencia   En vista de la gran dificultad de ganar tales casos de expulsión, es esencial que se compile tanta evidencia como sea posible y se presente ante el tribunal de inmigración. No obstante, cuídese de incluir solamente aquellos documentos que verdaderamente respaldarán su caso. No agregue documentos con el único fin de crear un archivo impresionante por su grosor. Los documentos deben organizarse de una manera que ayude la comprensión y aumente el impacto.

El uso de un testigo perito es provechoso para ayudar a ganar su caso. Los casos que dependen de las condiciones del país natal requieren la ayuda de un perito para describirle convincentemente las condiciones al juez de inmigración. A los abogados del juicio les corresponde refutar el testimonio del perito, y es muy difícil que una persona que no es perita intente hacerlo. Si el abogado del juicio intenta hacerle frente al perito, encontrará grandes dificultades. Tal vez lo único que se logra sea dar al perito otra oportunidad de presentar su punto de vista y discutir la evidencia que la sustenta. En un caso dudoso, esto ciertamente favorecerá sus posibilidades de éxito.

Lo que Puede Esperarse   Estos casos son difíciles de ganar. La norma legal de *penuria excepcional y extremadamente insólita* es tan difícil de demostrar como las experiencias son angustiosas. Se necesitará la ayuda de un abogado de inmigración para ayudar a desarrollar la evidencia y llevar a cabo la audiencia. El Capítulo 19 describe en detalle las maneras de manejar un caso ante el tribunal de inmigración.

Si su caso recibe un juicio favorable, a fin de recibir una tarjeta de residencia permanente usted deberá completar el procesamiento ADIT por medio de la oficina local de USCIS. El procesamiento del Sistema de Documentación, Identificación y Telecomunicación (*Alien Documentation, Identification, and Telecommunication,* o ADIT) tiene que ver con la compleción de la tarjeta que será convertida en su tarjeta de residencia permanente (tarjeta verde) por el centro de servicio. Hasta que este proceso sea completado, la persona no tiene el estatus de residente permanente.

Documentos Respaldatorios

Los capítulos anteriores explican los *requisitos de elegibilidad* específicos para cada una de las *categorías de elegibilidad*. En este capitulo se describen las características comunes a todas las solicitudes de cambio de estatus o condición migratoria.

FOTOGRAFÍAS ESTILO PASAPORTE

Un solicitante de cambio de condición migratoria debe presentar dos fotografías estilo pasaporte. Una de ellas se utilizara en su tarjeta de residente. La otra se conservara en su expediente y se utilizara con fines de identificación. Aunque a estas fotos se las denomina fotografías estilo pasaporte, se utilizan para todo tipo de documento de inmigración que usted procure obtener, incluyendo el certificado de naturalización.

Existen ciertos requisitos para dichas fotografías. Si el estudio fotográfico que usted utiliza no sabe en qué consisten las *fotografías estilo pasaporte* le sugerimos buscar otro lugar para que le saquen las fotos. Numerosos negocios y establecimientos toman estas fotos incluyendo imprentas y cadenas de farmacias.

NOTA: *Evite a toda costa los estudios fotográficos ubicados en las cercanías de las oficinas del USCIS. A menudo cobran $30 por dos fotografías que en cualquier otro lugar se las tomarían por $7.*

Siempre que entregue fotografías al USCIS, escriba su nombre y el numeral *A* en el reverso de cada foto, con lápiz o pluma de fieltro. El numeral *A* es el numero de ocho cifras que le asigna el USCIS y aparece en el permiso de trabajo, las huellas digitales y las notificaciones para las entrevistas.

HUELLAS DIGITALES

Antes de que el solicitante pueda cambiar su condición migratoria, le deberán tomar las huellas digitales para que las autoridades migratorias puedan cotejar estos datos con las bases de datos que contemplan los registros criminales de la Oficina Federal de Investigación o FBI por sus siglas en inglés. Para la gran mayoría de solicitantes, este tramite no constituye ningún problema.

No solo debe registrar sus huellas digitales con el USCIS, sino que estas deben ser validas en el momento de su entrevista. Es decir, las huellas digitales deberían haberse procesado quince meses antes del momento en que se hace efectivo el cambio de estatus.

Si la validez de sus huellas digitales ha caducado o todavía esta esperando que se tramite su entrevista, le sugerimos que escriba a la oficina local del USCIS, pidiéndoles que le proporcionen una citación para procesamiento de huellas digitales (notificación para comparecer en un lugar especifico a fin de que le tomen las huellas digitales).

En dicha carta le pedirán que acuda a que le tomen las huellas digitales en el Centro de Huellas Digitales o ACS por sus siglas en inglés mas cercano a su domicilio. Si usted se muda y se entera de un centro que le quede mas cerca simplemente preséntese allí con la notificación original.

TRADUCCIONES

Todo documento en un idioma que no sea el inglés, requiere de una traducción al ingles. Si usted vive en una zona en la cual exista una gran cantidad de extranjeros, le puede ser más fácil encontrar un lugar donde puedan traducirle documentos a un costo razonable. Por traducir un certificado de nacimiento, por ejemplo, no deberían cobrarle mas de $10 o $15. Si usted paga para que le hagan una traducción, conserve el original de dicha traducción a fin de utilizarlo mas adelante. El USCIS solamente requiere una copia de la traducción.

También puede traducir los documentos usted mismo. En el Apéndice E se proporciona un modelo de formato de traducción, y un formulario para traducciones. Se estila colocar la traducción en la parte superior, seguida del formulario de certificación y de una copia del documento en el idioma original.

Traducir no es tan difícil como parece. No se preocupe demasiado por traducir el lenguaje legal que aparece en los certificados de nacimiento y otros documentos similares. La parte mas importante de una traducción consiste en el lugar y fecha de nacimiento y el nombre de los padres.

DOCUMENTOS NO DISPONIBLES

Si no se dispone de una partida de matrimonio, certificado de nacimiento o certificado de defunción, se podrán utilizar como reemplazo los siguientes:

- ✪ registro de una iglesia o partida de bautismo (certificado emitido por una iglesia en el cual se da fe del nacimiento o de la ceremonia religiosa pertinente);

- ✪ registro escolar (cualquier registro de una escuela en el cual aparezca la fecha de nacimiento del hijo y el nombre del padre y de la madre);

- ✪ registros del censo en los que aparezcan el nombre, el lugar y la fecha de nacimiento; y,

✪ declaraciones juradas (declaraciones juradas de dos personas que han estado vivas en la fecha de su nacimiento o matrimonio). La declaración deberá contener el nombre del declarante, su dirección, lugar y fecha de nacimiento su relación con el solicitante del cambio de condición migratoria, información completa respecto al evento (matrimonio o nacimiento) y de que manera se entero sobre el particular.

A fin de reemplazar los citados documentos, se podrá requerir un certificado de no disponibilidad expedido por las autoridades gubernamentales competentes del país de origen. Algunas veces es posible obtener dichos documentos a través de la embajada de dicho país en los Estados Unidos. Sin embargo, la oficina del USCIS no siempre acepta certificados de este tipo, a diferencia del Tribunal de Inmigración donde suelen utilizar documentos sustitutivos.

EXAMEN MÉDICO

El *examen médico* consiste en una revisión exhaustiva para verificar que el solicitante no padezca de enfermedades infecto-contagiosas. Se efectúan pruebas para detectar el VIH-SIDA, la tuberculosis, la lepra y las enfermedades venéreas. Usted no puede ingresar a los Estados Unidos si padece de alguna enfermedad contagiosas al menos que cuente con una dispensa (cuando es posible obtenerla), como en el caso de la tuberculosis y el VIH, por ejemplo.

El examen médico deberá practicarse por un médico, hospital o clínica certificado. Cada ciudad cuenta con su propia lista de clínicas medicas. Dicha lista no figura en el sitio Web del USCIS. La manera mas fácil de obtenerla es llamando a la línea de formularios o a través de la oficina local del USCIS. También se puede llamar al 800-375-5283, donde, con solo ingresar su código postal, podrá obtener el nombre del medico mas cercano.

Llame para obtener una cotización. El examen medico para asuntos de inmigración debería costar aproximadamente $70, sin incluir las vacunas. Es posible que los resultados de laboratorio tomen hasta una semana en ser procesados. Si tiene prisa, pregunte en distintas clínicas; algunas son mas rápidas que otras.

Hoy en día, se requiere que al solicitante le hayan administrado todas las vacunas correspondientes. Si posee cualquier tipo de ficha o registro de vacunación, llévelo al examen, con el cual podría ahorrarse la administración de vacunas bastante costosas y, tal vez, innecesarias. El costo de una serie completa de vacunas puede ascender a varios cientos de dólares. Es posible obtener vacunas subsidiadas a muy bajos costos contactándose con su centro o departamento de salud local.

El Problema del Formulario Incompleto

El mayor problema que pudiese surgir en relación al examen medico es que el medico no llene completamente los datos que el debe llenar. Le sugerimos recordar al doctor de su obligación de llenar el formulario I-693 y el formulario de vacunaciones en su integridad. El solicitante debería, también, verificar que no falten datos en su copia verde del formulario del examen. Los rayos-X recibidos junto con el sobre sellado no se remiten al USCIS.

Periodo de Validez

El examen médico es válido solamente un año. Si los resultados del examen medico se adjuntan a la solicitud de cambio de condición migratoria, estos serán validos independientemente de la fecha para la cual se fije la entrevista y no vencerán ni caducaran. Por otra parte, si se lleva el formulario del examen medico a la entrevista, el examen debe haber sido practicado dentro del ultimo año transcurrido. Por lo cual, es aconsejable esperar hasta que se fije una fecha para la entrevista antes de que le efectúen el examen medico.

DECLARACIÓN JURADA DE SUSTENTO ECONÓMICO

Mediante la Declaración Jurada de Sustento Económico (Formulario I-864), el USCIS procura asegurarse de que el inmigrante potencial cuente con suficientes recursos económicos y que no se convierta en una carga publica. Este aspecto a menudo se traduce en una tardanza o negación de las solicitudes de cambio de condición inmigratoria. Esta por demás decir que el formulario I-864 es sumamente importante para el tramite de solicitud de la tarjeta de residente y que, por lo tanto, se deberá preparar y respaldar con el debido cuidado.

El USCIS fiscaliza el cumplimiento de la normativa que regula las Declaraciones Juradas de Sustento Económico. Los dos aspectos importantes a los cuales conviene prestar atención especial son que el requisito ingreso suficiente haya sido satisfecho y que toda la documentación respaldatoria se adjunte a los formularios.

La suscripción del formulario Declaración Jurada de Sustento Económico importa la aceptación, por parte del solicitante, de la obligación de hacerse cargo del mantenimiento del inmigrante, si fuese necesario, y que este reembolsara al gobierno u agencia estatal correspondiente cualquier monto de dinero que el inmigrante incurra en caso de que dicho inmigrante recurra a prestaciones publicas (ayuda publica) en el ámbito federal, estatal o local.

El USCIS procura que ningún inmigrante se convierta en una carga publica. El articulo 212(a)(4) estipula que será inadmisible todo extranjero sospechoso de poder convertirse en una carga publica. Por si fuera poco, el articulo 237(a)(5) establece que se considerara deportable a todo extranjero que se convierta en una carga publica dentro de los primeros cinco años a partir de su ingreso en el país.

Es posible que el requisito de ingreso suficiente del solicitante o patrocinador del extranjero se cuenten entre los mas difíciles de satisfacer al tramitar un caso de cambio de condición migratoria. A fin de obtener una tarjeta de residente se deberá demostrar que el extranjero cuenta con suficientes ingresos como para evitar convertirse en una carga publica.

Es necesario establecer cierto limite concreto para asegurar el cumplimiento de dicha disposición. A este fin, se ha estipulado que a efectos de acceder al cambio de condición migratoria se debe contar con un ingreso equivalente o superior al 125% del limite de pobreza (poverty line). Para el 2006, las cifras establecidas para determinar los niveles de pobreza son las siguientes:

PATROCINADORES 125% POR SOBRE EL LÍMITE DE POBREZA

Número de personas en el hogar	48 estados	Alaska	Hawaii
2	$16.500	$20.625	$18.975
3	20.750	25.937	23.862
4	25.000	31.250	28.750
5	29.250	36.562	33.637
6	33.500	41.875	38.525
7	37.750	41.187	43.412
8	42.000	52.500	48.300
personas adicionales	+4.250 por persona	+5.312 por persona	+4.887 por persona

NOTA: *A los integrantes de las Fuerzas Armadas que patrocinen a su cónyuge o a un(a) hijo(a) solo se les exige contar con ingresos equivalentes al 100% por encima del limite de pobreza. A fin de obtener las cifras correspondientes al nivel del 100% multiplique por 7,5 las cifras que figuran en el cuadro anterior.*

Se exigen otros requisitos, tales como que el patrocinador sea mayor de 18 años de edad, tenga su domicilio en los Estados Unidos, y sea ciudadano de Estados Unidos o residente permanente legal.

Ingresos Insuficientes

En primer lugar, recurra a su patrimonio a efecto de compensar su insuficiencia de ingresos. Usted deberá tener recursos en efectivo valorados en cinco veces más que la diferencia entre los ingresos requeridos y sus propios ingresos. Adjunte una copia de su extracto de cuenta de ahorros, propiedad de acciones, bonos o certificados de deposito, valor en efectivo de su póliza de seguro de vida o bienes raíces (propiedad inmobiliaria). Deberá, asimismo, incluir evidencia de gravámenes, hipotecas y otras obligaciones pendientes respecto a cada uno de los bienes declarados, También es posible añadir los ingresos y el patrimonio del inmigrante que usted patrocine.

Usted podrá agregar los ingresos de un familiar que viva con usted o conste como familiar dependiente en su declaración de impuestos más reciente. Ese integrante de la familia deberá también firmar el formulario I-864A. Añada dichos ingresos a la cifra que figura en la tercera página del formulario I-864.

Patrocinador Conjunto

También puede recurrir al concurso de un patrocinador conjunto. Se considera patrocinador conjunto a aquel patrocinador que no sea el propio solicitante. Es mejor que el patrocinador conjunto sea un familiar, pero puede serlo cualquier persona. En dicho caso, tanto el solicitante como el patrocinador conjunto deberán presentar el formulario I-864 original, debidamente documentado y notariado. El patrocinador conjunto deberá presentar constancia de que posee la ciudadanía estadounidense o de que es residente permanente legal.

Documentos Respaldatorios

Se requiere que la garantía de mantenimiento sea presentada acompañada de los siguientes documentos:

✪ formulario I-864 (firmado y notariado en los últimos seis meses);

✪ formulario suplementario I-864A, con las firmas notariadas (para los integrantes del núcleo familiar que viven en la misma casa, si fuese necesario);

✪ las declaraciones de impuestos de los tres últimos años incluidos todos los apéndices adjuntos y todos los formularios W-2 de cada año;

✪ una carta de trabajo del empleador;

✪ constancia de patrimonio (si se requiere para cumplir los requisitos de ingresos o ganancias); y,

✪ constancia de que el patrocinador conjunto posee la ciudadanía estadounidense o es residente permanente legal en los Estados Unidos.

Declaraciones de impuestos. Las declaraciones de impuestos de cada año deberán ser presentadas en orden y engrapadas. Los formularios W-2 son fundamentales y el funcionario del USCIS insistirá en verlos.

NOTA: *Se deberá remitir los formularios I-864 e I-864A (si fuese necesario) así como un legajo completo de documentos respaldatorios por cada uno de los solicitantes principales. A*

los demás familiares únicamente se les pedirá una fotocopia de la solicitud y no se les exigirá presentar fotocopias de los documentos respaldatorios.

Si no cuenta con las declaraciones de impuestos a la renta, podrá presentar en su lugar la carta 1722 (trascripción de impuestos). Usted podrá obtener la carta de impuestos llamando al 800-829-1040 y utilizando el sistema automatizado. Podría ser posible que le manden la misma por fax el mismo día, dependiendo del centro de servicios de IRS que tome su llamada, y si usted no está retrasado más de tres años. No existe ningún cobro por este servicio. La otra opción es de completar el *Formulario 4506, Request for Copy or Transcript of Tax Form* (Pedido para una Copia de Transcripción o Formulario de Impuestos), la cual está disponible en Internet en la dirección: **www.irs.gov**.

Franquee por correo esta carta a la dirección indicada en el formulario y usted debería recibir su transcripción dentro de un plazo de dos semanas.

La carta de impuestos 1722 puede también sustituir los formularios W-2 perdidos. Si usted de otra forma desea obtener copias duplicadas de sus formularios W-2, entonces presente el formulario 4056 y el 4056-T. Podría tomar sesenta días que su solicitud sea procesada.

Si usted no tenía obligación de presentar la declaración de impuestos, deberá adjuntar una explicación por escrito y una copia de las instrucciones de la versión en Internet de la publicación de la *Internal Revenue Service* (Dirección de Impuestos Internos, IRS), donde se indique que usted no estaba obligado a presentar una declaración. Consulte las primeras paginas del folleto de instrucciones para completar el formulario 1040 del IRS (en la dirección en la Web **www.irs.gov**), donde indican quiénes no están obligados a presentar declaraciones de impuestos.

Si usted no presentó una declaración de impuestos aunque debiera haberla presentado, deberá remitirla aunque sea tarde y pagar la multa correspondiente. Aquellos contribuyentes que viven fuera de los Estados Unidos deberán también presentar su declaración anual de impuestos a la renta. Si es necesario, a menudo resulta fácil rectificar la omisión limitándose a presentar las correspondientes declaraciones tardíamente. La multa no es tan elevada como suele suponerse.

NOTA: *No se pueden utilizar declaraciones de impuestos estatales en vez de las federales. No se requiere la presentación de fotocopias de las mismas.*

Carta de Trabajo

Si usted no puede obtener una carta de trabajo, usted puede sustituir la misma con una papeleta de pago. Si usted es su propio jefe, prepare una carta en su papel membretado que incluya una descripción de su salario.

Excepciones

Una excepción al requisito de la declaración jurada de sustento económico es que si usted ya tiene 40 horas de cobertura bajo la ley de seguridad social no necesita llenar el mismo.

El Solicitante

El solicitante debe estar plenamente consciente de que él o ella es legalmente responsable del sustento económico del inmigrante hasta que él o ella adquiera la ciudadanía estadounidense, pueda demostrar 40 horas de trabajo, se vaya de los Estados Unidos permanentemente, o muera.

NOTA: *Un divorcio no termina las obligaciones financieras del solicitante en relación al inmigrante y al USCIS.*

Al solicitante se le puede pedir que le reembolse el gobierno el dinero que el nuevo residente permanente legal pudiese recibir como beneficios federales públicos. La mayoría de los programas de ayuda estatal tales como el subsidio al ingreso o SSI por sus siglas en ingles, los cupones de comida y Medi Care constituyen dichos beneficios. Si usted no esta seguro usted puede simplemente preguntar a su asegurador cuáles beneficios califican en este sentido.

Cambio de Dirección

Se requiere que los cambios de dirección se reporten en el formulario I-865 dentro de los 30 días posteriores a la mudanza. Se aplicarán severas multas a quienes incumplen con dicha obligación. Sin embargo es difícil que le exijan el pago de la multa.

CARGA PÚBLICA Y EL USO DE LOS BENEFICIOS PÚBLICOS

Se considera inadmisible para el cambio de condición migratoria, a todo extranjero respecto a quien se considera probable que se convierta en una carga publica. El USCIS recurre a una prueba denominada prueba de la totalidad de las circunstancias a fin de tomar una decisión al respecto. El personal de la correspondiente oficina deberá tener en cuenta la edad, el estado de salud, la situación familiar, el patrimonio, los recursos, la situación económica financiera, la educación y los conocimientos y experiencia.

A un extranjero a quien le hayan otorgado ciertas prestaciones con cargo al erario público, es posible que se le considere una carga pública. Tal persona es inadmisible como residente permanente. Puede ser difícil determinar cuales de los tantos programas de asistencia pondrían a sus beneficiarios en la categoría de inadmisibles.

En 1999 el Departamento de Estado y el USCIS emitieron las pautas pertinentes a fin de regular esta área que anteriormente era bastante confusa, esta normatividad regula cuáles programas afectan negativamente a quienes presentan solicitudes de cambio de condición migratoria.

Los beneficiarios de los siguientes programas corren el riesgo de que se los considere una carga pública:

- ✪ ayuda pública monetaria como ser los ingresos del *Seguro Social Suplementario (SSI por sus siglas en inglés)*;

- ✪ *Ayuda Temporal para Personas Necesitadas*, OTANE por sus siglas en inglés;

- ✪ *asistencia estatal general* (el USCIS no considerará ayuda pública monetaria recibida por los hijos de un extranjero o por otros miembros de su familia para propósitos de cobro familiares, a menos que la ayuda pública monetaria sea el único ingreso y modo de sustento económico de la familia); e,

✪ *institucionalización para tratamiento de largo plazo.* (incluyendo la estadía en un hogar de reposo o un centro psiquiátrico con cargo al erario publico).

Los siguientes programas no tienen una influencia negativa:

✪ *prestaciones de asistencia médica* (incluyendo Medicaid, el Programa de Seguro Médico para Niños, u otros servicios de salud, a menos que se utilice Medicaid para el cuidado a largo plazo);

✪ *programa de alimentos* (incluyendo los cupones de alimentos, WIC (Programa de Nutrición Suplemental Especial para Mujeres, Infantes y Niños), comidas en escuelas, u otra asistencia alimenticia);

✪ *programas de ayuda en especie*; (incluyendo la vivienda pública, el cuidado de niños, la asistencia con los pagos de uso de energía, alivio en caso de desastres naturales, Head Start, capacitación laboral, o consejería); y,

✪ *prestaciones de beneficios de desempleo.*

Elegibilidad Para Ajustar su Estatus y Motivos Para Rechazar su Solicitud

Un individuo que se encuentra en los Estados Unidos debe contar con un estatus inmigratorio vigente y valido antes de solicitar un ajuste de estatus, con las siguientes excepciones:

- ✪ Si una persona es beneficiaria de cualquier petición I-130 o certificación laboral presentada antes del 18 de enero de 1998, podrá solicitar su cambio de condición migratoria en los Estados Unidos sobre la base de cualquiera de las modalidades disponibles, a pesar de estar fuera de estatus o, inclusive después de haber entrado ilegalmente en el país.

- ✪ Si una persona es beneficiaria de cualquier petición I-130 o certificación laboral presentada antes del 30 de abril de 2001 y hubiera estado físicamente presente en los Estados Unidos el 20 de diciembre de 2000, podría solicitar el cambio de su condición migratoria en base a cualquiera de las modalidades disponibles, a pesar de estar fuera de estatus o, incluso, a pesar de haber ingresado ilegalmente en el país.

- ✪ Si una persona hubiera ingresado legalmente a los Estados Unidos con visa de no inmigrante (que no fuera una visa k-1), la misma podrá solicitar un cambio de condición migratoria amparándose en una petición presentada por un familiar directo, a pesar de haber permanecido en el país después de caducar la visa, siempre que no hubiera trabajado sin autorización del USCIS.

Básicamente, las excepciones 1 y 2 le dan derecho a una persona a solicitar el cambio de condición migratoria de conformidad con el artículo 245(i). Dicho artículo permite que una persona carezca de condición migratoria o haya infringido las limitaciones de su condición migratoria, y simplemente pagando una multa de $1000 pueda solicitar cambio de condición migratoria. En otras palabras, una persona puede contar con una visa de turista valida y vigente, pero encontrarse trabajando sin permiso del USCIS. Si esta irregularidad fuese descubierta y las autoridades decidiesen tomar medidas para corregirla, a dicha persona se le prohibiría solicitar cambio de condición migratoria excepto en el caso de que pudiera hacerlo a través de esta nueva ley.

Aunque una persona no elegible para el cambio de condición migratoria en los Estados Unidos puede, teóricamente, retornar a su país de origen y solicitar el cambio en una embajada, dicho trámite ahora es mucho más difícil y complicado que antes. Bajo las leyes que entraron en vigencia en 1996, si a partir del 1 de abril de 1997 un extranjero está fuera de estatus en los Estados Unidos durante más de 180 días y sale de los Estados Unidos, no se le permitirá solicitar beneficios de inmigración durante tres años. Asimismo, si a partir del 1 de abril de 1997 un extranjero tiene, en total, un año de permanencia ilegal y se ausenta de los Estados Unidos, no se le permitirá cambiar su condición migratoria durante diez años. Existen dos importantes excepciones a esta disposición legal. La primera es que al extranjero no se le considerará fuera de estatus si fuera menor de 18 años de edad o si hubiera presentado de buena fe una solicitud de asilo ante el USCIS y dicha solicitud estuviera pendiente.

Existe la posibilidad de obtener una dispensa respecto a la permanencia ilegal anterior, pero es muy difícil de conseguir. A fin de tener derecho a esta dispensa, el cónyuge o uno de los padres del extranjero deberá ser ciudadano de los Estados Unidos o residente legal permanente y demostrar que si se aplican las mencionadas sanciones al extranjero, el familiar estadounidense o residente permanente se vería afectado por *penurias extremas*. Demostrar el riesgo de penurias extremas es muy difícil, especialmente en una embajada. *no* basta con demostrar las dificultades emocionales que se suscitarían por estar separado de su familia. Hará falta presentar constancias que acrediten que su cónyuge padre o madre requieren su asistencia en relación con una enfermedad u otro problema de salud, ayuda económica o, en su defecto, alguna otra razón muy seria. Necesitara documentar dichas circunstancias mediante una declaración jurada detallada o una carta o certificado medico.

Todas las causas de inadmisibilidad arriba mencionadas y descritas en este libro, figuran en el artículo 212(a) de la *Immigration and Nationality Act* (Ley de Inmigración y Nacionalidad). Puede que exista la posibilidad de solicitar una dispensa para algunas de estas causas. Sin embargo, uno debe tener presente que sólo porque existe una posibilidad, no significa que se le otorgará dicho beneficio automáticamente. Es fundamental consultar con un abogado especialista en asuntos de inmigración para poder determinar el proceder adecuado.

SENTENCIA PENAL EJECUTORIADA

El artículo 212 del *Immigration and Nationality Act* (Ley de Inmigración y Nacionalidad) establece las restricciones en relación a quien puede obtener una tarjeta de residente. Se recomienda a aquellas personas que han cometido cierto tipo de delitos verificar su elegibilidad consultando con un abogado especialista en casos de inmigración.

Si le rechazan la solicitud de cambio de condición migratoria por tener antecedentes penales, el solicitante podrá verse sometido al procedimiento de expulsión sin posibilidad alguna de que el Tribunal de Inmigración atienda sus demandas. Por lo cual no resulta lógico presentar una solicitud en tales circunstancias.

Las siguientes contravenciones le impiden a una persona obtener la tarjeta de residente:

✪ condena, con sentencia ejecutoriada, por un delito contra la moral (CIMIT) que conlleve una sanción de más de seis meses de privación de libertad;

✪ dos o mas condenas por delitos cometidos contra la moral o con seria contrarención de las obligaciones morales y éticas (CIMIT), independientemente de la sentencia (tal como una contravención por robo a comerciantes minoristas), condena por un delito mayor con agravantes (de acuerdo a lo dispuesto en el artículo 101 (a)(43) de la Ley Inmigratoria). Dentro de esta categoría se incluyen numerosos delitos menores tales como:

- condena por violación de las leyes de substancias controladas (excepto por posesión de menos de 28 gramos de marihuana);

- crimen violento que conlleva una sanción de más de un año de cárcel;

- delito de robo que conlleva una sentencia de mas de un año; y,

- delitos que impliquen un daño económico calificado para la víctima de más de 10.000 dólares, etc;

✪ condenas por múltiples delitos que impliquen una sentencia total de más de cinco años;

✪ otros delitos varios tales como uso ilegal de un arma de fuego; y,

✪ todo extranjero que constituya una amenaza para la seguridad de los Estados Unidos o participe en actos terroristas.

Existe la posibilidad de obtener una dispensa para algunos delitos, de acuerdo a lo dispuesto por el artículo 212(h). Para ser elegible en primera instancia se requiere tener un cónyuge, padre o hijo que fuera ciudadano de los Estados Unidos o residente legal permanente y, seguidamente, demostrar que si el solicitante fuera deportado, el familiar en cuestión sufriría penurias extremas, lo cual es bastante difícil de demostrar, especialmente en estos días.

CONDICIONES DE SALUD

El padecer ciertas enfermedades puede impedir que le otorguen la residencia permanente. Tales enfermedades serán detectadas a través del examen medico correspondiente. Si usted por desgracia hubiese contraído una de estas enfermedades, tal vez pueda solicitar una dispensa. Consulte con un abogado especializado en asuntos de inmigración.

CARGA PÚBLICA

Es sumamente importante llenar la *Declaración Jurada de Sustento Económico, formulario I-864* con mucho cuidado y tomar todas las medidas necesarias para cumplir con todos los requisitos económicas y financieros. De esta manera usted puede demostror que usted no se convertirá en una *carga pública* o un parásito que vive de los recursos del estado. Para mayor información y una lista de instrucciones al respecto, véase el capítulo 14 de este libro.

ORDEN DE DEPORTACIÓN O EXPULSIÓN PENDIENTE

Sin contar con los casos arriba mencionados, se considera inadmisible toda persona contra quien existe una orden pendiente de deportación o expulsión. En este caso, a usted no se le permitirá solicitar un cambio de condición migratoria hasta que hayan transcurridos cinco años desde la fecha de una orden de deportación definitiva o diez años desde la fecha de una orden de expulsión definitiva.

Es posible recibir una orden de *deportación* incluso si uno jamás ha sido notificado con la fecha de su audiencia en la corte. Si usted tiene alguna duda respecto a la existencia de dicha orden en su caso, llame por teléfono a la línea de la corte de inmigración a través de la cual se brinda información sobre condiciones migratorias. Posiblemente tenga que hacer el seguimiento de esta pesquisa a través de la corte de Inmigración donde se ventila dicho caso. Es mejor recibir los datos precisos antes de la entrevista y no esperar a que sea el propio funcionario del USCIS quien se lo diga durante su entrevista, corriendo el riesgo de ser detenido por el USCIS.

En algunos casos, es posible reiniciar los trámites de inmigración. Otra opción es solicitar una dispensa a través del *formulario I-212*, si el solicitante es elegible para ello. No obstante, incluso si le aprueban la dispensa, se requerirá que el extranjero efectué el tramite de cambio de condición migratoria en una embajada situada fuera de los Estados Unidos, lo cual podría derivar en un caso de presencia ilegal en los Estados Unidos.

Antes de decidirse por una u otra opción, es muy importante que usted consulte con un abogado de inmigración.

PERMANENCIA ILEGAL EN LOS EE.UU.

De conformidad al artículo 212(a)(9) de la *Immigration and Nationality Act* (Ley de Inmigración y Nacionalidad), no es posible obtener un cambio de condición migratoria si ha transcurrido un cierto periodo de tiempo en que usted vivió en una condición de ilegalidad. Ahora, más que nunca, el USCIS esta decidido a garantizar que ninguno de los solicitantes ha sido integrante de una organización terrorista ni ha sido condenado por haber cometido delitos que pudiesen tener alguna relación con el terrorismo.

Si un extranjero esta fuela de estatus durante más de seis meses a partir del 1 de abril de 1997 y sale de los Estados Unidos no podrá cambiar su condición migratoria durantes tres años. Asimismo, si un extranjero tiene en total un año de permanencia ilegal, no podrá cambiar su condición migratoria durante diez años. Aunque el extranjero reingrese de alguna manera a los Estados Unidos luego de su permanencia ilegal, el mismo podría ser excluido de la entrevista.

Existe la posibilidad de conseguir una *dispensa* en relación a la antedicha permanencia ilegal, pero es muy difícil de obtener. A fin de acceder a esta dispensa, el cónyuge o uno de los padres del extranjero deberá ser ciudadano o residente permanente legal de los Estados Unidos. Se exigirá también demostrar que si se aplican las mencionadas sanciones al extranjero, el familiar estadounidense o residente permanente se vería afectado por penurias extremas. Tales dispensas son muy difíciles de obtener en una embajada. Son un poco más fáciles de conseguir en los Estados Unidos dado que los funcionarios de inmigración pueden entrevistar al solicitante y al familiar que los ampara en persona. Asimismo, en los Estados Unidos los casos que se deniegan pueden ser revisados por un Juez de Inmigración.

NOTA: *Si la persona posee una visa de estudiante identificada como lapso de la condición (en inglés duration of status D/S), solamente un funcionario del USCIS o un juez de inmigración podrán determinar si dicha persona ha residido ilegalmente infringiendo su condición. Por lo tanto, para esas personas, el riesgo de haber incurrido en permanencia ilegal es mucho menos probable.*

OTRAS VIOLACIONES DE LA LEY INMIGRATORIA

Los solicitantes que cometan las siguientes infracciones serán considerados inadmisibles de acuerdo a lo dispuesto por el artículo 212(a)(6) de la *Immigration and Nationality Act* (Ley de Inmigración y Nacionalidad):

✪ permanecer en los Estados Unidos sin haber sido admitido, o haber sido admitido con un permiso de ingreso condicional (a menos que sea elegible en virtud al artículo 245 (i));

✪ no asistir a las audiencias fijadas dentro del proceso de expulsión;

✪ incurrir en declaraciones fraudulentas de mala fe;

✪ viajar como polizón (ingresando en el país ilegalmente viajando en un tren, autobús, barco u otro medio de transporte comercial en el cual debiera haberse pagado un pasaje);

✪ haber incurrido en el contrabando de extranjeros ilegales;

✪ falsificación o uso fraudulento de documentos de inmigración; o,

✪ infringir las disposiciones relativas a la visa de estudiante.

National Security Entry-Exit Registration System (Sistema de Registro de Entrada y Salida de Seguridad Nacional

En otoño de 2002, se anuncio la implementación del *National Security Entry-Exit Registration System* (Sistema de Registro de Entrada y Salida de Seguridad Nacional, NSEERS, por sus siglas en inglés) para los varones de 18 países, principalmente del Medio Oriente. Este programa requería que todas estas personas se inscriban en la oficina local del USCIS, a más tardar, en abril de 2003 con el riesgo de que se les prohibiera cambiar su condición migratoria en el futuro como sanción a su incumplimiento. Aquellos que carecían de condición migratoria valida fueron arrestados por el *Department of Homeland Security* (Departamento de Seguridad Nacional, DHS por sus siglas en inglés), notificándoles que debían comparecer ante la corte de inmigración. El requisito de la inscripción anual a través de este programa fue suspendido en diciembre de 2003.

De todos modos, quienes no se inscribieron cuando el programa todavía estaba vigente podrán aun ser afectados por la prohibición de cambiar su condición migratoria, a menos que puedan demostrar que no pudieron inscribirse por motivos justificados y suficientes. Hoy en día, varias oficinas del USCIS están abiertas a la posibilidad de un registro tardío. Si usted debe asistir a una entrevista de registro tardío, asegúrese de contar con los siguientes documentos:

- Pasaporte;

- Licencia de conducir o Identificación Estatal de un Estado de los Estados Unidos;

- Tarjetas de crédito; y,

- El **Formulario G-325A**, completamente llenado, incluyendo los nombres de sus padres, sus fechas de nacimiento, domicilios, y números telefónicos.

Cualquier no inmigrante, y en particular uno sujeto al *National Security Entry-Exit Registration System* (Sistema de Registro de Entrada y Salida de Seguridad Nacional, NSEERS, por sus siglas en inglés) debe asegurarse de notificar al USCIS de cualquier cambio de dirección a través del **Formulario AR-11**. El incumplimiento de esta disposición constituye una contravención criminal al menos que la persona sea un estudiante y el cambio fuese ingresado a través del sistema estudiantil SEVIS. Aunque la probabilidad de que este incumplimiento derive en su procesamiento o juzgamiento es muy leve, dicho incumplimiento puede ser usado en su contra si usted tiene algún problema en un aeropuerto u otro punto de salida.

NOTA: *Si el extranjero ha cometido alguna de estas infracciones se le recomienda consultar con un abogado.*

Viajes y Trabajo Mientras el Cambio de Estatus Migratorio Está en Trámite

Existen dos beneficios temporales importantes, para aquellas personas cuyo proceso de solicitud de ajuste o cambio de condición migratoria está pendiente. Estos beneficios se refieren a la obtención del permiso de trabajo y el permiso para reingresar a los Estados Unidos.

EL PERMISO DE TRABAJO

Un solicitante de cambio de condición migratoria o beneficio de asilo puede solicitar un permiso de trabajo mientras su proceso esté pendiente. Un *permiso de trabajo* faculta a un extranjero a recibir empleo de forma legal de la misma forma que lo haría un ciudadano estadounidense. De hecho, constituye una violación a la ley federal el que un empleador discrimine a un individuo sólo porque él o ella portan un permiso de trabajo en vez de una tarjeta de residencia permanente o certificado de naturalización.

Como llenar la Solicitud

Ya sea que el permiso de trabajo sea solicitado a través del Centro de Beneficios Nacional o NBC por sus siglas en inglés, o un centro de servicio depende de los fundamentos sobre los cuales se basa dicha solicitud de permiso de trabajo. Para los casos de cambio de condición migratoria en base a vínculos familiares o la lotería de visas, la solicitud se tramita a través del Centro Nacional de Beneficios o NBC por sus siglas en inglés. Para estas solicitudes, una aplicación completa consta de lo siguiente:

✪ **FORMULARIO I-765**;

✪ Tarifa de procesamiento de $120;

✪ Una copia de la nota o formulario de recepción de la solicitud de cambio migratorio;

✪ Dos fotos estilo pasaporte;

✪ Una copia del Formulario I-94 (anverso y reverso), si lo tuviese; y,

✪ Una copia de su último permiso de trabajo (anverso y reverso).

Envíe todos estos requisitos por correo a la siguiente dirección postal del Centro Nacional de Beneficios:

U.S. Citizenship and Inmigration Services
P.O. Box 805887
Chicago, Illinois 60680

Luego de cierto tiempo de haber mandado la solicitud, se le enviará al solicitante una carta en la cual se le fija una cita para que le tomen sus datos biométricos. Todo el proceso normalmente toma tres meses.

El Proceso de Tramitación ante un Centro de Servicio

Las siguientes categorías deben enviar su solicitud de permiso de trabajo al centro de servicio correspondiente:

✪ Solicitudes basadas en el empleo;

✪ Solicitudes basadas en una inversión o emprendimiento comercial;

✪ Solicitudes de personas que solicitan para recibir el beneficio del asilo, modificar su condición migratoria en base al asilo; y,

✪ Refugiados o personas que solicitan modificar su estatus migratorio en base a un estatus de refugiado.

Por un lado, las solicitudes basadas en el empleo y en las inversiones o emprendimientos comerciales deben ser enviadas al centro de servicio que tiene jurisdicción o tuición sobre el Estado objeto de la solicitud. Por otro lado, todos los permisos de trabajo basados en solicitudes de personas que solicitan para recibir el beneficio del asilo o de refugiado son enviadas al Centro de Servicio de Nebraska. Las solicitudes de permisos de trabajo basados en solicitudes de personas que solicitan para recibir el beneficio del asilo o de refugiado son gratuitas.

Procesamiento de Solicitudes

Para las categorías arriba mencionadas, una solicitud de permiso de trabajo incluye el **Formulario I-765, Application for Employment Authorization (Solicitud de permiso de trabajo)**, así como varios documentos respaldatorios. La siguiente lista contiene toda la documentación respaldatoria que se debe incluir con su permiso de trabajo:

✪ **Formulario I-765**;

✪ Tarifa o cobro de procesamiento de $120;

✪ Dos fotografías estilo pasaporte;

✪ Una copia del comprobante de recepción de la solicitud de modificación de estatus o solicitud de asilo (por ejemplo la citación para la entrevista o citación para la corte);

✪ Una copia clara y nítida de su permiso de trabajo vigente con fotografía; y,

✪ Una copia clara y nítida de su licencia de conducir emitida por el estado donde reside, o la tarjeta de identificación estatal del estado donde reside, o la página del pasaporte que tiene su fotografía.

Sin importar el lugar donde haya sido solicitado el permiso de trabajo, el USCIS tiene la obligación de procesarlo dentro de los primeros noventa días. Mientras tanto, una persona que posea el comprobante de recepción de la solicitud de permiso de trabajo y un número de seguro social valido esta facultada para trabajar durante esos noventa días.

Si uno no recibe su permiso de trabajo dentro de los primeros noventa días, existen excepciones reglamentarias que permiten que la persona obtenga un documento de trabajo provisional en la oficina local correspondiente del USCIS. Los individuos que califiquen en este sentido deben presentarse en su oficina local del USCIS con su comprobante de recepción de la solicitud de permiso de trabajo y el cheque de pago del cobro de procesamiento endosado mediante el cual se demuestra que dicho cobro al USCIS ha sido realizado, y una carta de su empleador en la cual esté declare que requiere evidencia por parte del solicitante de su capacidad de trabajar legalmente en los Estados Unidos.

CÓMO OBTENER UN NÚMERO DE SEGURIDAD SOCIAL

Además del permiso de trabajo, una persona requiere de un número de seguridad social a fin de ser contratado para un empleo. La *Social Security Administration* (Administración del Seguro Social), una entidad estatal completamente autónoma del USCIS, es la encargada de emitir los números de seguridad social.

Un extranjero con una solicitud de cambio de condición migratoria pendiente tiene derecho a un número de seguridad social, después de que se le otorgue el permiso de trabajo correspondiente. Es una buena idea esperar diez días hábiles antes de aplicar por un número de seguridad social, a fin de dar un poco de tiempo para que el USCIS actualice su base de datos. Después de que usted solicite una Tarjeta de Seguridad Social, tomará aproximadamente una semana para que esta tarjeta le llegue por correo. Dicha tarjeta estará designada "No Valida Para Empleo Excepto Con Autorización Expresa DEL USCIS". Después de su cambio de estatus a uno de residente permanente, usted puede obtener una nueva Tarjeta de Seguridad Social que no contenga esta advertencia.

PERMISO DE VIAJE—PERMISO DE REGRESO ANTICIPADO

Si usted desea salir de Estados Unidos mientras la tramitación de su solicitud de cambio de condición migratoria está pendiente, usted deberá obtener, previamente, un permiso de viaje del USCIS. Este documento es conocido como un *permiso de regreso anticipado*. En la actualidad, cualquier razón justificada para viajar es suficiente para obtener dicho permiso. La única restricción para obtener este permiso es que el solicitante haya residido ilegalmente en los Estados Unidos por más de seis meses antes de haber presentado su solicitud de cambio de condición migratoria. La permanencia ilegal se define como el tiempo de permanencia en los Estados Unidos en el que uno se encuentra fuera de estatus a partir del 1 de abril de 1997.

NOTA: *Inclusive si usted obtuviese el permiso de reingreso anticipado y reingresa a los Estados Unidos después de la permanencia ilegal, usted puede estar impedido en su entrevista de obtener el estatus de residente permanente.*

En el caso de solicitudes de permiso de ingreso anticipado una aplicación completa consta de lo siguiente:

- ✪ **Formulario I-131**;

- ✪ honorario o cobro de procesamiento de $110;

- ✪ dos fotografías estilo pasaporte;

- ✪ una copia clara y nítida de su licencia de conducir emitida por el estado donde reside, o la tarjeta de identificación estatal del estado donde reside, o la página del pasaporte que tiene su fotografía;

- ✪ **Notificación de Recibo, Formulario I-485**;

- ✪ *Formulario I-94*, documentos de ingreso/salida; y,

- ✪ evidencia que demuestra su estatus vigente en los Estados Unidos:

- *Formulario I-797 Notificación de Aprobación* que indica su estatus actual;

- pasaporte de último ingreso al país;

- *Formulario I-20*, si usted estuviese en los Estados Unidos con una visa de estudiante;

- *Formulario IAP-66*, si usted estuviese en los Estados Unidos con una visa J-1;

- permisos de reingreso previos; y,

- documentos respaldatorios, tales como datos de una emergencia médica, invitación a una boda, boletos aéreos, o itinerarios de viaje.

(Si desea obtener mayor información respecto a la documentos que se requieren, véase el capítulo 14. Mucha de esta documentación respaldatoria esta explicada el mismo.)

NOTA: *Si la persona posee una visa de estudiante identificada como lapso de la condición (en inglés duration of status D/S), solamente un funcionario del USCIS o un juez de inmigración podrán determinar si dicha persona ha residido ilegalmente infringiendo su condición. Por lo tanto, usted es elegible para solicitar el permiso de regreso anticipado cuando solicite el cambio de su condición migratoria.*

capítulo 17

La Entrevista en el USCIS

Después de presentar sus formularios, usted muy probablemente tendrá que enfrentar la entrevista con USCIS. Por lo general, se puede entrevistar a un solicitante únicamente en el distrito donde él o ella reside. Por lo tanto, si usted se muda fuera de la jurisdicción de la oficina del distrito, deberá presentar a la oficina local un formulario AR-11 y un formulario separado de cambio de dirección. Los solicitantes deberán pedir a la oficina del distrito de su residencia nueva que pida su archivo a la oficina anterior. El presente capítulo le dará una buena descripción de lo que puede esperarse y la manera de proceder.

CÓMO ABREVIAR LA ESPERA PARA LA ENTREVISTA

Por lo general, es difícil adelantar la fecha de la entrevista a menos que usted se encuentre en una de las siguientes circunstancias:

- ✪ el solicitante tiene una *enfermedad grave*;

- ✪ el beneficiario excederá el límite de edad (*age out* en inglés), es decir, cumplirá los 21 años de edad y perderá la elegibilidad bajo la petición, y no está cubierto bajo CSPA;

- ⊘ el caso es uno de los *casos de visas de diversidad* (los cuales tie-nen una fecha límite estricta del 30 de septiembre para su conclusión, y en caso contrario, la visa se vence); y,

- ⊘ otra *emergencia verificable* afecta la elegibilidad.

DOCUMENTOS NECESARIOS PARA LA ENTREVISTA

La notificación de la entrevista sirve como un billete que le permite entrar al edificio de USCIS, especialmente si la misma está concertada para las horas matutinas. Puede que hubiese una larga fila de personas que esperan fuera del edificio. Si usted tiene una entrevista, no tiene que esperar en esta fila. Deberá ir al principio de la fila y mostrarle su notificación de entrevista al guardia de seguridad que está permitiendo que las personas entren al edificio. Una vez que ingrese, usted pasará por el puesto de seguridad.

La clave para tener una entrevista exitosa es la preparación de los documentos correctos y copias, si fuese necesario. Se deberán llevar los siguientes documentos originales a la entrevista, aunque se hayan presentado copias junto con la solicitud:

- ⊘ licencia de conducir, cédula de identidad emitida por el estado, o pasaporte;

- ⊘ permiso de trabajo;

- ⊘ formulario I-94 (si es que ingresó a los Estados Unidos por medios lícitos);

- ⊘ certificados originales de nacimiento;

- ⊘ certificados originales de matrimonio;

- ⊘ notificaciones de aprobación;

- ✪ si es necesario, documentos que demuestran el mantenimiento del estatus legal hasta la fecha en que se presentó la solicitud de ajuste de estatus;

- ✪ certificados de naturalización o la tarjeta de residencia permanente del solicitante;

- ✪ notificaciones de recibo del ajuste de estatus, incluyendo evidencia del pago previsto en el artículo 245(i);

- ✪ tarjeta de Seguro Social;

- ✪ carta original de ofrecimiento de un puesto, en el papel de membrete de la compañía;

- ✪ las declaraciones de impuestos de tres años, con formularios W-2, del solicitante o su patrocinador; y,

- ✪ la sentencia de divorcio original.

Usted necesitará una copia de todos los documentos respaldatorios requeridos. Cualquier documento redactado en un idioma extranjero requerirá una traducción debidamente certificada al inglés.

Normalmente se requiere que el solicitante esté presente en la entrevista. Si el solicitante reside fuera de los Estados Unidos, se pueden hacer arreglos para que éste comparezca en su embajada o consulado en vez de presentarse para la entrevista. Si el solicitante está enfermo o es muy anciano, se pueden hacer varios arreglos.

Verifique que el archivo del USCIS contenga su dirección postal actual, para que su tarjeta de residencia permanente no se pierda en el correo. Usted querrá llevar su pasaporte a la entrevista para que se le pueda colocar un sello de residencia permanente una vez que se apruebe la solicitud de ajuste. Si usted no tiene pasaporte, vale la pena intentar conseguir uno antes de la entrevista, tanto por motivos de identificación como para que le coloquen el sello. Se permite que usted lleve la notificación de aprobación al USCIS para que se le coloque un sello después de la entrevista, pero esto puede requerir que se haga una cita por Internet y se espere por varias semanas.

LOS FUNCIONARIOS DEL USCIS

Mientras que el público suele tener una percepción estereotipada de los funcionarios del USCIS, la realidad es que estos varían mucho entre sí. Para ser justos, debemos reconocer que estos funcionarios tienen que lidiar con un ambiente laboral dificultoso, que incluye entrevistar a quince casos, más o menos, todos los días. Por lo general, usted puede esperar que la entrevista se lleve a cabo de una manera formal y seria.

No obstante, ciertos funcionarios tal vez parezcan excesivamente autoritarios. Si le parece a usted que un funcionario es innecesariamente descortés, es apropiado decírselo de una forma educada. Si tal comportamiento no cesa, se debe informar al supervisor del funcionario. Usted deberá preguntar le el nombre de su supervisor directo. Pida que el supervisor intervenga durante la entrevista, o pida hablar con el supervisor una vez que vuelva a la recepción. Un funcionario no querrá la intervención frecuente de un supervisor en las entrevistas. Esta tendencia puede reflejarse en las evaluaciones de rendimiento del funcionario.

Es fácil sentir que usted está a merced del funcionario. No obstante, esto no es cierto del todo. Un funcionario realmente no tiene la discreción ilimitada de negar un caso simplemente a su antojo. Existen demasiadas reglas, memorándums y supervisores para permitirle dicha libertad. Les preocupa a los funcionarios el comportarse de una manera inapropiada, tanto como a usted le preocupa que su caso sea retrasado o negado. Tenga en cuenta que si una persona quiere trabajar para el gobierno, estará dispuesta a obedecer la jerarquía y no estará inclinada a ocasionar un disturbio. Cualquier acción adversa tendrá que ser justificada ante el supervisor—especialmente si usted pide hablar con uno para explicarle su punto de vista. El único motivo de preocupación es que el procesamiento del caso se encuentre retrasado.

En la actualidad, el USCIS está pasando por una etapa de cambios. A medida que la agencia recibe cada vez más atención del público, está atrayendo a funcionarios más calificados. Los funcionarios anteriores están siendo reemplazados por otros más educados con una conducta más profesional.

¿Realmente son honrados justos los funcionarios del USCIS? La mayoría son increíblemente honestas y justos, especialmente en vista de lo que está en juego. Aunque se difunden siempre rumores acerca de ciertos funcionarios, yo creo que el fraude genuino realmente es muy raro.

En realidad, cualquier funcionario que llevara a cabo una acción inapropiada correría grandes riesgos de perder su puesto y de sufrir otros castigos. Simplemente no vale la pena perder el puesto a causa de una ganancia relativamente pequeña. Además, los funcionarios del USCIS actualmente forman parte del *Department of Homeland Security* (Departamento de Seguridad Nacional o DHS).

La mayor debilidad del sistema puede encontrarse cuando los casos se le asignan al funcionario el día antes de la entrevista. Además, al menos en algunas oficinas, los casos no se asignan al azar sino se distribuyen a quien los quiera.

LA ENTREVISTA

La mayoría de la entrevistas del ajuste de estatus toman la siguiente forma: después que usted entra a la oficina del funcionario del USCIS, se le pedirá que siga de pie mientras da un juramento. Se le pedirá presentar su pasaporte, licencia de conducir, tarjetas de autorización de trabajo, y formulario I-94. El funcionario primero repasará el Formulario I-485 y pedirá que usted confirme toda la información. Se le harán a usted algunas de las preguntas en la página 3 de la solicitud, usualmente las de si usted alguna vez fue arrestado, utilizó beneficios públicos, fue deportado o perteneció a una organización terrorista. Se pedirá que los solicitantes vuelvan a firmar la página 4, lo cual servirá para indicar su presencia en la entrevista. Entonces, el funcionario pasará a examinar el fundamento de la solicitud de ajuste, como por ejemplo, si el matrimonio es auténtico.

Se espera que su caso sea aprobado en la entrevista. Si el caso es aprobado, el funcionario deberá colocar el sello en su pasaporte durante la entrevista.

Si su caso no es aprobado en la entrevista, se emitirá una *Request for Evidence* (Solicitud de Información Adicional o RFE por sus siglas en inglés), la cual requerirá que ciertos documentos se entreguen dentro de cierto período de tiempo. A veces la RFE se utiliza para evitar la toma de una decisión durante la entrevista.

Es necesario tomar precauciones durante la entrevista para asegurar que el caso sea manejado sin demoras por el funcionario. A continuación se presentan unos consejos para ayudarle a proteger sus intereses.

✪ pregunte por el nombre del funcionario;

✪ informe al funcionario cuánto tiempo será necesario para presentar documentos;

✪ pregúntele cuánto tiempo se necesitará después de la presentación de los documentos para obtener una decisión. Aunque el funcionario no cumpla con su palabra, es útil poder recordarle más tarde al funcionario o a su supervisor la promesa del plazo de tiempo;

✪ si los documentos no se pueden obtener, pregunte qué pasará con el caso;

✪ pregunte al funcionario qué hacer a manera de seguimiento y cuándo hacerlo si usted no recibe ninguna comunicación después de treinta o sesenta días (pídale su número telefónico y extensión);

✪ si usted cree que ha presentado la suficiente información y el funcionario todavía no le informa específicamente por qué el caso no se aprobó, pida hablar con el supervisor; y,

✪ tome apuntes detallados después de la entrevista acerca de las preguntas y las respuestas.

Preguntas Especiales durante la Entrevista

Se presentan circunstancias especiales en la entrevista de un caso basado en un matrimonio. Si el funcionario del USCIS no está seguro si el matrimonio es de buena fe, él o ella puede hacerles preguntas personales a la pareja. El funcionario tal vez hasta separe a los dos, les haga las mismas preguntas por separado , y luego compare las respuestas. A continuación se presenta una lista de preguntas típicas.

- ✪ ¿Dónde viven sus suegros, y si están difuntos, cuándo fallecieron?

- ✪ ¿Cuándo fue la última vez que usted habló con ellos?

- ✪ ¿Cuáles son los nombres de los hermanos de su cónyuge?

- ✪ ¿Cuál es la fecha de nacimiento de su cónyuge, y cómo se llaman sus padres?

- ✪ ¿Por qué vino usted a los Estados Unidos originalmente?

- ✪ ¿Quién lo invitó?

- ✪ ¿Dónde conoció a su cónyuge?

- ✪ ¿Quién propuso el matrimonio, y por cuánto tiempo habían salido en pareja antes de esto?

- ✪ ¿Qué hicieron el pasado Día de San Valentín?

- ✪ ¿Qué tipo de boda tuvieron?

- ✪ ¿Tuvieron un banquete de bodas?

- ✪ ¿Cuándo se conocieron?

- ✪ ¿Por cuánto tiempo salieron en pareja antes de comprometerse?

- ✪ ¿A qué hora se levantaron usted y su cónyuge esta mañana?

- ✪ ¿Quién cocina cuáles comidas?

✪ ¿Qué desayunaron hoy, o qué cenaron anoche?

✪ ¿Qué fue el último regalo que usted recibió de su cónyuge?

✪ ¿Cómo llegaron a la entrevista?

✪ ¿Se acostaron antes de casarse? De ser así, ¿con cuánta frecuencia?

✪ ¿A qué escuela asisten sus hijastros?

✪ ¿Dónde trabaja su cónyuge?

✪ ¿Cuántas alcobas o cuántos cuartos hay en su apartamento?

✪ ¿Qué tipo de estufa está en la cocina (de gas o eléctrica)?

✪ Describa la cabecera de su cama, las cortinas de la alcoba, el armario, otros muebles, y el color de la alfombra.

✪ ¿Qué suman el alquiler, los gastos y los sueldos, y quién paga las facturas?

✪ ¿Por qué se casaron?

NOTA: *Aunque estas son preguntas típicas, cada funcionario tiene su propio estilo de interrogación.*

DESPUÉS DE LA ENTREVISTA

En la actualidad, el USCIS no busca motivos de negar los casos. Se necesita mucho más tiempo para negar un caso que para aprobarlo. Si usted les da lo que piden, probablemente todo saldrá bien.

Solicitudes de Información Adicional

Hoy en día, se debe tomar la decisión durante la entrevista a menos que unos documentos están ausentes. Si su caso no se aprobó en la entrevista, probablemente se le emitió una *Request for Evidence* (Solicitud de Información Adicional, RFE). La RFE enumera los documentos requeridos para completar el caso. Esta le servirá como un 'mapa de guía' para lograr la aprobación de su caso. La RFE fijará una fecha límite, usualmente o treinta u ochenta y cuatro días, la cual será difícil de extender. Si se necesita una extensión, puede ser mejor presentar los documentos que usted tenga e informarles cuáles documentos se presentarán dentro de poco. Dependiendo del beneficio solicitado, el USCIS repasa en los sistemas administrativos el historial inmigratorio anterior del solicitante, sus ingresos y salidas de los Estados Unidos, archivos de estudiantes y archivo del tribunal de inmigración. Se verifican las huellas dactilares, el nombre, IBIS e IDENT. Consulte el glosario para encontrar las definiciones completas de estos términos. En un porcentaje pequeño de los casos, la verificación del nombre puede causar retrasos si no está completamente automatizada. La respuesta a una RFE tiene que enviarse por correo certificado, con la opción de *return receipt requested*, a fin de dar evidencia que ésta fue enviada por correo, si fuese necesario.

Los casos que están pendientes en el USCIS pueden retrasarse por bastante tiempo. Si el USCIS no se ha comunicado con usted después de un plazo razonable, entre tres y seis meses, probablemente no se comunicarán nunca con usted. El progreso de su caso entonces dependerá de usted. La mayoría de las oficinas tiene un sistema de preguntar por correo para comenzar el proceso. Se debe aprovechar esta disposición, y se deben guardar las copias junto con la evidencia del envío por correo. También es posible utilizar el sistema Infopass para concertar una cita para hablar personalmente con un funcionario de información de inmigración (aunque tal vez tenga que acceder al Internet después de la medianoche para conseguir una cita). Es necesario persistir. Es cierto que en las oficinas del USCIS, más que en cualquier otra parte del mundo, la rueda que rechina recibe aceite.

Asimismo, lleve la cuenta de la fecha de vencimiento de sus huellas dactilares, quince meses después de que se tomaron. Si pregunta para pedir información del estatus de su caso, informe también al USCIS que requiere una carta para una cita para la toma de huellas dactilares.

Si el caso se aprueba, el funcionario pedirá que su permiso de trabajo y tarjeta I-94 sean entregados. Según la ley nacional, el USCIS ya no emite una notificación de aprobación ni coloca un sello de la tarjeta de residencia permanente en un pasaporte. No obstante, si usted tiene planes definidos para viajar, podrá hacer un pedido especial de un sello de tarjeta de residencia permanente para una duración corta, como por ejemplo, sesenta días.

Una vez que se recibe la tarjeta de residencia permanente, puede ser deseable contactar a la *Social Security Administration* (Administración de Seguridad Social) para recibir una tarjeta sin restricciones. Aunque el número de Seguro Social seguirá igual, pueden encontrarse algunas ventajas, como por ejemplo, a la hora de buscar un empleo nuevo.

EL RECHAZO

Si el rechazo es erróneo, se debe presentar una *moción para abrir nuevamente* (*motion to reopen* en inglés) que señale el error junto con cualquier evidencia documentada que sea necesaria. Se debe seguir la moción para abrir nuevamente con una llamada telefónica al funcionario o a un supervisor de inspecciones. Es buena idea presentar primero una moción para abrir nuevamente, para propósitos del archivo.

Sin embargo, la gran mayoría del tiempo, un rechazo resulta en que su archivo sea procesado para iniciación de los procedimientos de deportación. Una *Notification to Appear* (Notificación de Comparecencia o NTA) probablemente será emitida y enviada al solicitante. Esto significa que el solicitante tiene que comparecer ante un tribunal de inmigración a una fecha y una hora que se programarán en un futuro. No obstante, este proceso por lo general toma mucho tiempo. En la mayoría de las ciudades, el USCIS tiene un gran cuarto lleno de los archivos de casos que esperan ser procesados para los procedimientos del tribunal de inmigración.

Otra causa de retrasos puede ser el tribunal mismo de inmigración, el cual tiene una capacidad limitada de escuchar casos. Ya existe una lista de casos que esperan ser escuchados. Una vez que el solicitante recibe la NTA y la misma se presenta al tribunal, existe una espera para fijar la fecha de la audiencia. No obstante, una vez que el caso se encuentra ante un juez de inmigración, procederá rápidamente.

NOTA: *Si su solicitud es rechazada, usted absolutamente necesita hablar con un abogado u otra persona capacitada en la ley inmigratoria.*

QUÉ HACER SI USTED NO TIENE SU TARJETA DE RESIDENCIA PERMANENTE

Si su caso fue aprobado en la entrevista, usted deberá recibir su tarjeta de residencia permanente por correo dentro de varias semanas.

La causa más común de que no se reciba la tarjeta de residencia permanente, son los cambios de la dirección postal. Se suele presentar a la oficina postal un formulario del cambio de dirección que se mantiene vigente durante seis meses. No obstante, en el sobre que contiene la tarjeta de residencia permanente está impresa una advertencia de que se prohíbe que se lo reenvíe a la nueva dirección. A veces el sobre se reenvía no obstante, pero a veces no. Si usted cambia su dirección, no olvide presentar inmediatamente el formulario AR-11 y también informar al centro de servicio de la jurisdicción donde usted vive.

Si el sobre no se reenvía o de otro modo no se le puede hacer llegar, se devuelve al centro de servicios de la jurisdicción donde vive la persona. Se guarda allí durante aproximadamente seis meses y luego se destruye. Si la tarjeta es destruida, usted tendrá que volver para el procesamiento ADIT. El *procesamiento ADIT* es el proceso en el cual el extranjero coloca su huella dactilar y firma una tarjeta que eventualmente será convertida en la tarjeta de residencia permanente del mismo.

Centros de Servicio

La información en este capítulo solamente cubre aquellos casos presentados y tramitados en uno de los centros de servicio.

Una vez que se ha emitido el *comprobante de recepción,* usualmente se produce un periodo de espera antes de que el caso sea remitido a un funcionario para su *adjudicación.* La duración del periodo de espera depende del tipo de solicitud y de cada centro de servicio en particular. El comprobante de recepción indica el plazo que tomará para que se apruebe o adjudique la solicitud. Aunque este aproximado por lo general es bastante acertado, la duración del tiempo de espera real puede variar de caso en caso. Por ejemplo, aquellas personas que solicitan el cambio de condición migratoria en base a su condición de asilados deben contemplar un periodo de espera de entre tres y seis años y no basarse en el plazo de tres a seis meses que típicamente se otorga a través del comprobante de recepción.

Si se vence el plazo otorgado por el comprobante de recepción, y usted aún no ha recibido respuesta del USCIS, usted deberá contactarse con el centro de servicio correspondiente. El primer paso en este sentido, consiste en ingresar al sistema de teléfono automatizado a través del número telefónico 800-375-5283 o, en su defecto, utilizando su servicio en línea ubicado en la siguiente dirección: **https://egov.immigration.gov/**

graphics/cris/jsps/index.jsp a fin de averiguar el estado de su caso. Cuando llame a la línea gratuita 800, usted debe presionar el "1" dos veces consecutivas a fin de acceder al sistema automatizado. Seguidamente, el sistema le pedirá que ingrese su número de caso, que se encuentra ubicado en la esquina superior izquierda del comprobante de recepción. Ingrese las tres primeras letras del número de caso, que constituyen el código de designación de centro de servicio, como si fueran números utilizando el teclado numérico o alfa-numérico de su teléfono o móvil (por ejemplo, las primeras letras "LIN" del número de caso que sirven para designar al centro de servicio de Lincoln, se traducen a "546" en su teléfono). El mismo número de caso es ingresado en el servicio en línea a través del Internet, el cual contiene la misma información que el sistema telefónico automatizado.

La información así obtenida debería probar ser de gran utilidad. Por ejemplo, la grabación le puede indicar a usted que un *comprobante de recepción* o una *solicitud de evidencia o información adicional o RFE por sus siglas en inglés* han sido enviados. Una *solicitud de evidencia o información adicional o RFE por sus siglas en inglés* a menudo significa que faltan ciertos documentos o información adicional. Una solicitud de evidencia o información adicional o RFE por sus siglas en inglés siempre otorga al solicitante un plazo de ochenta y cuatro días para responder. Si cualquier aspecto de dicha solicitud resulta vago o confuso, consulte a un abogado de inmigración.

–Advertencia–

Este es un plazo fatal. Toda respuesta debe ser remitida al USCIS por medio de un correo certificado y expedito o courier expreso de entrega al día siguiente que contemple una constancia de envío oficial (*proof of mailing* en inglés), a fin de evitar que funcionarios del USCIS desconozcan su respuesta o la entrega de la misma. Generalmente, el USCIS sólo otorga una oportunidad de cumplir con el RFE. Por lo cual, usted debe asegurarse de haber incluido, con su respuesta, toda la información pertinente. Si usted no dispone de algún dato, por favor proporcione una explicación detallada que explique dicha situación u omisión.

Por lo general, la grabación o mensaje de estatus de su caso sólo le dirá que éste está *pendiente*. En este caso, se recomienda que usted verifique los cuadros de procesamiento de tramites del USCIS e identifique en ellos su centro de servicio. Esta operación le dirá si su trámite ha sido olvidado o relegado. Vaya a la página Web indicada en la página 212 e ingrese al vínculo denominado "centros de servicios". A continuación, ubique la fila que contenga su solicitud y compárela a la fecha indicada en el extremo izquierdo de la tabla. Este dato le informara la fecha de los casos que están siendo procesados en ese momento.

Si usted presentó su solicitud antes de la fecha arriba descrita, y aún no ha recibido respuesta, entonces lo más probable es que su caso haya sido relegado. Escriba una breve carta al centro de servicio correspondiente, que consista en un amable recordatorio de su caso que les haga notar su falta. Guarde una copia de esta carta y de la constancia de su envío y recepción. Si después de, aproximadamente, dos meses su caso continúa sin respuesta llame al número 800-375-5283 y hable con un *funcionario de inmigración*. Dicho funcionario no tiene la potestad de tomar ninguna determinación sobre su caso, él o ella no tiene acceso al expediente de su caso y lo más probable es que sólo maneje la misma información que el servicio automatizado. Sin embargo, es posible que este funcionario pueda destrabar alguna traba burocrática que impide el normal desenvolvimiento de su caso.

Si su solicitud es aprobada, usted recibirá un comprobante o notificación oficial de dicha aceptación. Si se solicitó un cambio de condición migratoria, el solicitante será citado para que comparezca en la oficina local del USCIS para fines de procesamiento de su tarjeta de residencia permanente. A este procedimiento se lo conoce como *Procesamiento del Sistema de Documentación, Identificación y Telecomunicación* o *Procesamiento ADIT por sus siglas en inglés*. Producto de dicho procesamiento, en la oficina del USCIS le sellarán su pasaporte con un sello verde, siempre y cuando éste tuviese por lo menos seis meses más de validez y vigencia. Este sello funge las veces de tarjeta de residencia permanente para propósitos laborales y de viaje mientras que el solicitante espera que la tarjeta de residencia permanente oficial le llegue por correo, aproximadamente tres a seis meses más tarde.

Normalmente, un caso no será denegado sin antes permitirle al extranjero una oportunidad para subsanar el problema jurídico o de hecho que impide su aprobación por parte del USCIS. Inclusive si una solicitud es denegada, a menudo es posible volver a presentarla a través de un nuevo formulario si es que la razón de la denegación es subsanable. Sin embargo, el solicitante deberá estar *en estatus* al momento de una nueva aplicación al menos que la solicitud haya sido realizada en base al principio retroactivo de condición más beneficiosa y en virtud al artículo 245(i) de la Ley de Inmigración y Naturalización de los Estados Unidos. De lo contrario se puede recurrir a un recurso de apelación. En caso de una denegación, consulte con un abogado de inmigración para que lo asesore respecto al mejor curso a seguir en su caso.

El Tribunal de Inmigración

Si su caso es negado por el USCIS, puede encontrarse inmerso en un *proceso de expulsión* (*removal proceedings* en inglés) ante el tribunal de inmigración. La característica más importante de este tribunal es que no forma parte del *Department of Homeland Security* (Departamento de Seguridad Nacional o DHS), sino que constituye una agencia separada dentro del *Department of Justice* (Departamento de la Justicia). El juez de inmigración no se encuentra sujeto a ninguna decisión tomada por el USCIS, sino que tomará una decisión basada en los archivos del tribunal. Un proceso ante el tribunal de inmigración es un proceso del derecho civil y no así de derecho criminal, aunque las consecuencias de la deportación pueden ser mucho más severas que las de un caso civil típico.

Antes de que la ley fuera cambiada en 1996, los procesos ante el tribunal de inmigración se denominaban *deportation proceedings,* en inglés. Se cambió el nombre a *removal proceedings* (procedimientos de expulsión) para reflejar los cambios sustanciales en la ley y dejar atrás cualquier precedente judicial asociado con el término *deportation.*

El que su solicitud fuera negada por el USCIS o por la oficina de asilo no le importa al juez de inmigración. En realidad, usted ha obtenido cierta credibilidad ante el tribunal porque presentó en efecto una solicitud de recurso. En otras palabras, usted solicitó el asilo por cuenta propia, en vez de pedirla por primera vez al tribunal de inmigración en una postura defensiva, destinada a evitar o retrasar la deportación.

Además de tener la solicitud negada, usted puede encontrarse ante el tribunal de inmigración por varios motivos. Un motivo común es el ser arrestado por el DHS como *extranjero ilegal* (*illegal alien* en inglés), o como uno que ha tenido contacto con un oficial de la policía o un tribunal criminal. Hasta un poseedor de la tarjeta de residencia permanente puede encontrarse en un proceso con el tribunal de inmigración si incurre en delitos. También sucede a veces que un residente permanente legal que ha adquirido antecedentes criminales se encuentra excluido de los Estados Unidos cuando intenta volver a ingresar al país, si sus antecedentes son examinados por el funcionario en la frontera.

NOTA: *Los tribunales están tan retrasados que puede pasar un año antes de que pueda programarse una cita ante el tribunal, aunque los retrasos varían mucho de un lugar a otro.*

En realidad, le puede ir muy bien a una persona que verdaderamente cuenta con un modo legítimo de pedir alivio. Por ejemplo, en una entrevista de asilo en la oficina de asilo, hay poco que el solicitante puede hacer ya que la entrevista es dirigida por el funcionario de asilo. Sin embargo, ante el tribunal de inmigración, el mismo solicitante de asilo no sólo puede presentar un caso más convincente, sino también su caso será decidido por una persona cuya actitud es más neutral y hasta simpática. Asimismo, un caso de matrimonio que fue negado por el USCIS será tratado de una forma más equitativa e imparcial por el juez de inmigración.

LOS JUECES DE INMIGRACIÓN

Como es natural entre los seres humanos, los jueces de inmigración (*immigration judges* o IJ en inglés) exhiben una amplia gama de personalidades e inclinaciones para aprobar un caso. Una solicitud de asilo otorgada por un IJ puede ser descartada totalmente por otro.

El IJ será distinto de la mayoría de los jueces que usted habrá observado en la televisión. En primer lugar, él o ella realmente es un juez de derecho administrativo. Los jueces de inmigración trabajan para el Departamento de Justicia, cuyo jefe es el *Fiscal General* (*Attorney General* en inglés), el agente fiscal principal de la nación. Por lo tanto, existe una tensión central entre el jefe más elevado del IJ, el Fiscal General, y los derechos del extranjero. (Por contraste, un *juez federal* trabaja para el *poder judicial,* el cual constituye otra rama del gobierno estadounidense.)

Antes, a los IJ se les llamaba *funcionarios de indagación especial* (*special inquiry officers* en inglés). Por lo tanto, tienen un poder amplio para interrumpir y llevar a cabo su propia interrogación. Un juez normal, quien forma parte del poder judicial, solamente maneja el proceso jurídico, decide cuestiones de derecho y, si no existe ningún jurado, decide cuestiones de hecho.

Cambios de Juez

Resulta práctico conocer bien a su juez. Por lo general no es posible pedir que le asignen a otro juez en la misma ciudad. No obstante, si asignan su caso a un juez severo, puede valer la pena simplemente mudarse a otra ciudad y presentar una moción de cambio de competencia en razón de territorio (*motion for change of venue* en inglés) ante el juez original. Si usted en realidad se ha mudado, la moción será otorgada y le programarán otra audiencia de calendario maestro ante el nuevo juez. Los IJ probablemente concederán tal moción porque debido a este motivo, el caso se eliminará de su carátula y se ahorrarán las varias horas que les hubiera costado una audiencia.

Fiscales

Por lo general, los IJ son personas justas y decentes que tienen el compromiso de acatar la ley. Sin embargo, el DHS es representado ante el tribunal por un abogado que es, esencialmente, un fiscal de acción penal. Estos abogados no forman parte del USCIS, sino que trabajan para la *United States Bureau of Immigration and Customs Enforcement* (Oficina de Ejecución de Inmigración y Aduanas o BICE), una oficina nueva dentro del Departamento de Seguridad Nacional.

Estos abogados prefieren que uno se refiera a ellos como representantes del DHS en vez de la BICE. Desafortunadamente, tienen poca discreción para tomar sus propias decisiones respecto a un caso, y por lo tanto se oponen a todos los casos excepto los más simpáticos. Aunque sean personas bastante amistosas, se puede contar con que se opongan a la mayoría de los casos.

Malentendidos Comunes

El primer malentendido que la gente suele tener respecto al tribunal de inmigración es el de creer que el IJ tenga la autoridad absoluta para hacer lo que sea justo o equitativo. Aunque un extranjero se haya casado con un ciudadano estadounidense, tenga hijos que son ciudadanos estadounidenses, lleve veinte años viviendo en los Estados Unidos y siempre pague sus impuestos, estos datos pueden ser irrelevantes. A veces cierta ley tiene un impacto decisivo en un caso, y las circunstancias personales de aquella persona—por convincentes que sean—no pueden cambiar el resultado del caso.

Otro malentendido es el pensar que tan sólo porque el IJ parezca ser una persona amable a primera vista, le otorgará la solicitud. La conducta externa de un juez puede resultar muy diferente de su disposición hacia la indulgencia, a la hora de presentar una decisión.

CÓMO MANEJAR UN CASO LEGAL INMIGRATORIO

Usted no deberá presentarse ante el tribunal de inmigración sin un abogado de inmigración. No es suficiente que un amigo suyo haya tenido el mismo caso y éste le haya sido otorgado. Un dato pequeño que difiera en su caso puede llevar a un resultado distinto.

Si usted va a proseguir con su propio caso, tendrá que pedir en la ventanilla de presentación una copia de las reglas locales del tribunal. Éstas le informarán dónde y cuándo presentar documentos. Se esperará que usted siga estas reglas. Usted deberá consultar a un abogado para comprender la ley.

Una característica del tribunal de inmigración posibilita que usted maneje su propia audiencia, a saber, las *reglas de evidencia* son menos exigentes que aquellas que rigen en un tribunal normal. Se permite presentar como evidencia declaraciones de *prueba de referencia* (*hearsay* en inglés), es decir, los documentos no necesariamente deben contar con *fundamento*. Por lo tanto, no serían apropiadas ante un IJ muchas de las objeciones que el fiscal normalmente haría cuando una persona que no es abogado maneja su propia audiencia.

Una trampa que se debe evitar es la de pensar que será fácil argüir su propio caso. No obstante, la mayoría de lo que un demandado típicamente diría ante el tribunal será absolutamente irrelevante a la obtención de cualquier forma de alivio, por importante o justo que parezca.

Hasta los abogados que no conocen cabalmente la ley de inmigración, aunque tal vez estén familiarizados con los procedimientos de los tribunales civiles, quedarán totalmente confusos con el procedimiento, sin hablar de discernir cualquier modo de obtener alivio. Ellos también suelen enfocarse en las porciones irrelevantes de la situación del demandado.

Tipos de Audiencias

Existen dos tipos de audiencias ante el tribunal de inmigración: la *audiencia de calendario maestro* (*master calendar hearing* en inglés) y la *audiencia individual* (*individual hearing*). Es fácil verificar la fecha de su audiencia y otros datos del estado de su caso. Simplemente debe llamar al 1-800-898-7180 y marcar su numeral A. Se le presentarán una serie de cinco opciones, la primera de las cuales le informa de la fecha de su próxima audiencia.

Notificación de Comparecencia

Un caso de inmigración se inicia con un documento que se denomina *Notification to Appear* (Notificación de Comparecencia o NTA por sus siglas en inglés). Si usted consulta con un abogado, tendrá que mostrarle este documento. Si no lo tiene, vaya al tribunal de inmigración que tiene su caso y pida al secretario del tribunal que le dé una copia. Lo importante de este formulario es que declara los motivos por los cuales se le puede deportar a usted de los Estados Unidos, así como los hechos que establecen estos motivos.

Usted necesitará estar preparado para proceder, o al menos necesitará una buena excusa. Se permite que usted comparezca por primera vez ante el tribunal y pida tiempo para encontrar a un abogado. Por lo general si esto sucede, el IJ aplazará su audiencia maestra por treinta o sesenta días.

El IJ no estará dispuesto a retrasar el caso para permitir la aprobación de una petición de visa, una autorización laboral u otra acción favorable. Los aplazamientos son difíciles de obtener en el tribunal de inmigración. El IJ querrá retirar el caso de su atestada lista de casos.

LAS AUDIENCIAS DE CALENDARIO MAESTRO

A continuación se presenta una lista de cuestiones que pueden discutirse en una audiencia de calendario maestro. Se describen en términos formales, ya que se referirán de este modo durante el proceso real. Se pedirá, por medio del abogado del demandado si lo tuviese, que el demandado lleve a cabo al menos unos cuantos de los siguientes:

✪ que conceda que él o ella es el demandado cuyo nombre aparece en la Notificación de Comparecencia;

✪ que reconozca que él o ella está presente en el tribunal con un abogado o que reconozca el recibo de una lista de programas de servicios legales gratuitos, requerida bajó el *Code of Federal Regulations* (Código de Regulaciones Federales), Título 8, Artículo 242.2(d);

✪ que reconozca que le fue entregada debidamente la Notificación de Comparecencia;

✪ que acepte la admisión al archivo de procedimientos de la Notificación de Comparecencia como la Prueba No. 1;

✪ que reconozca que un abogado le ha aconsejado acerca de la naturaleza y el propósito de los presentes procedimientos de deportación y de los derechos del demandado, y que el demandado entiende tal consejo;

✪ que renuncie una lectura y explicación formal de las acusaciones descritas en la Notificación de Comparecencia;

✪ que acepte algunas o todas las alegaciones sobre hechos o que niegue algunas o todas de las mismas que están descritas en la Notificación de Comparecencia;

✪ que conceda que él o ella puede ser deportada según la Notificación de Comparecencia y cualquier *Formulario I-261* que haya recibido;

✪ que designe un país como el país al cual será deportado, si es necesario;

✪ que especifique el recurso de deportación para el cual él o ella es elegible debido a uno de los siguientes motivos:

• una terminación o cierre administrativo del proceso;

• un ajuste de estatus;

• un asilo o derogación de deportación;

• una revocación de remoción;

• una exención de los motivos de la posibilidad de deportación o expulsión según l(os) artículo(s) de la *Immigration and Nationality Act* (Ley de Inmigración y Nacionalidad);

• una salida voluntaria; u,

• otro motivo;

✪ que reconozca que él o ella entiende que, a menos que el tribunal tome otra decisión, el demandado tiene treinta días desde la presente fecha para presentar una solicitud(es) para tal recurso, acompañadas de todos los documentos de respaldo requeridos, según toda la regulación aplicable;

✪ que comprenda y acepte que si el demandado no logra presentar oportunamente y por escrito cualquiera de las solicitudes de alivio susodichas, el tribunal apuntará una decisión en el archivo sin otra notificación ni audiencia, y que no se otorgará ninguna salida voluntaria a menos que el Servicio así lo estipule en el archivo o por escrito;

- ✪ que haga una estimación del tiempo requerido para la audiencia;

- ✪ que afirme que no se necesita un intérprete porque el demandado habla y entiende el inglés, o que pida al tribunal que consiga un intérprete que domina su idioma para la audiencia individual de calendario; y,

- ✪ que reconozca que su abogado o el IJ le ha aconsejado sobre las consecuencias, según el Artículo 242B de la Ley, si no asiste a este proceso de deportación, si no deja el país por voluntad propia si es que se le permite al demandado hacerlo, y si no se presenta para la deportación en la fecha y el lugar señalado.

Lo más importante de la audiencia maestra es la determinación de recursos disponibles. El IJ realmente tiene la responsabilidad de determinar lo que estas pueden ser. Un caso se abrirá otra vez por la Junta de Apelaciones de Inmigración (*Board of Immigration Appeals,* o BIA) si el IJ no le aconseja respecto a los recursos disponibles.

Si el IJ descubre que usted cuenta con un recurso a decuado, usted necesita simplemente escuchar lo que él o ella dice. Usted tendrá que llevar papel consigo y tomar apuntes muy cuidadosamente. Haga preguntas si usted no entiende claramente cualquier instrucción. Preste atención especialmente a los formularios requeridos y cuándo se deben presentar. Si una fecha límite se pierde, se puede negar el recurso permanentemente.

Si usted descubre más tarde que ha olvidado algo que el IJ dijo, puede volver al tribunal y escuchar la grabación en casete de la audiencia para volver a escuchar lo que el juez dijo. Aun si usted todavía no entiende lo que quería decir, el IJ quedará impresionado que usted intentara seguir las instrucciones.

AUDIENCIAS INDIVIDUALES

La audiencia individual es el aspecto más crucial de un caso de inmigración, sin importar los giros inesperados que el caso haya dado hasta ese momento. Prepárese muy cuidadosamente para la audiencia. Los problemas y cuestiones que pueden ser planteados por el DHS deben preverse por anticipado, en cuanto sea posible.

Las solicitudes de recurso y los documentos de respaldo deben presentarse ante el tribunal de inmigración para la *fecha de citación (call-up date* en inglés). Esta es la fecha límite fijada por el juez de inmigración para este caso en particular, o si no se ha fijado una específicamente, es o diez o catorce días antes de la audiencia, dependiendo de las reglas de operación del tribunal local. Es esencial que toda la evidencia y los nombres de todos los testigos propuestos sean entregados al tribunal para esta fecha, ya que de otro modo, existe el riesgo de que estos no sean permitidos como evidencia en la audiencia. Cualquier moción, como una moción para pedir un aplazamiento, también tiene que presentarse antes de la fecha de citación.

La preparación es muy importante. Si los documentos de respaldo son cabales y convincentes y el extranjero está preparado para dar un testimonio detallado acerca de su caso, se aumenta drásticamente la posibilidad de que su caso sea aprobado. Con demasiada frecuencia sucede que no se explica a cabalidad cierto hecho de un caso, de modo que el caso entero se deshace.

La Interrogación Directa y el Contrainterrogatorio

En la fecha de la audiencia, el IJ escuchará el testimonio del extranjero, así como el de cualquier testigo, y considerará los documentos entregados. El extranjero primero será interrogado por su propio abogado en lo que se llama una interrogación directa (*direct examination* en inglés). El IJ frecuentemente interrumpirá con sus propias preguntas.

Al concluirse la interrogación directa, el fiscal del USCIS realizará un *contrainterrogatorio (cross-examination* en inglés), el cual se basa en el testimonio del extranjero y en los documentos incluidos en el archivo. Al final del contrainterrogatorio, el extranjero puede llevar a cabo un *redirect,* o sea, preguntas o réplicas adicionales basadas en el contrainterrogatorio. De la misma manera, se escuchará el testimonio de cualquier otro testigo.

El final de la Audiencia

Al final de la audiencia, se permitirá que el extranjero y su abogado hagan un comentario final. Este comentario puede ser esencial para resumir el testimonio y rectificar cualquier daño que hubiera hecho el fiscal del USCIS durante el contrainterrogatorio.

Cuando el caso se acaba de argumentar, el juez emitirá una decisión que se denomina *Orden* (*Order* en inglés). Si el caso es negado, el juez lee una decisión oral, la cual se ingresa al archivo. Es importante tomar apuntes respecto al fundamento de la denegación. Si el extranjero decide *apelar* la decisión, será necesario describir los motivos de la apelación en la *Notice of Appeal* (Notificación de Apelación).

Apelación

Si se llevará a cabo una apelación, la Notificación de Apelación tiene que ser recibida por la *Board of Immigration Appeals* (Junta de Apelaciones de Inmigración) dentro de treinta días. Esta fecha límite es muy firme. La Notificación debe ser enviada por correo para ser recibido al día siguiente (*overnight mail*) para que sea recibido apropiadamente. También se necesita adjuntar una tarifa de $110.

Cuándo se Otorga un Ajuste de Estatus

Si se otorga un ajuste de estatus, a fin de recibir una tarjeta de residencia permanente el extranjero debe completar el procesamiento ADIT por medio de la oficina local del USCIS. El procesamiento ADIT consta de la elaboración por el centro de servicios de la tarjeta que será convertida en la tarjeta de residencia permanente. Hasta que esto suceda, la persona no se convierte en residente permanente (a pesar de expresiones a lo contrario en el formulario).

CASOS QUE SE BASAN EN VÍNCULOS FAMILIARES

Existen ciertas consideraciones especiales que pueden resultar cruciales para un caso basado en vínculos familiares. A pesar que es posible obtener un ajuste de estatus por medio del juez de inmigración, usted requerirá una petición I-130 aprobada y vigente. Desgraciadamente, ese formulario I-130 debe ser aprobado por el USCIS antes de que el IJ pueda proceder con el ajuste. Además, el IJ estará impaciente por terminar el caso y no querrá esperar mucho tiempo para que el USCIS complete su procesamiento.

NOTA: *Si usted se casa después de la fecha de recibo de la NTA, no se le garantiza un aplazamiento. Hasta hace poco, el procesamiento de las peticiones I-130 tenía largos retrasos.*

Una gran ventaja de hallarse ante el tribunal de inmigración es que usted cuenta con la petición I-130 aprobada. No obstante, si usted y su cónyuge están separados, todavía es posible acudir al tribunal y lograr que se apruebe el ajuste. Sin embargo, no se puede obtener un divorcio, aunque un divorcio puede dilatarse bastante en acabarse, de modo que esta situación todavía puede resolverse bien.

RECURSOS DE APELACIÓN Y ACTUACIONES O RECURSOS POSTERIORES

Frecuentemente existe la preocupación por parte del extranjero que, si el caso se pierde en el tribunal de inmigración, el DHS lo tomará bajo custodia. Esto ocurre muy raramente. Es más probable que una persona sea tomada bajo custodia durante una entrevista de ajuste o de ciudadanía si tiene antecedentes de delincuencia grave.

Si su caso es negado por el IJ, usted tiene el derecho de apelar su caso ante la *Board of Immigration Appeals* (Junta de Apelaciones de Inmigración, o BIA) ubicada en Falls Church (Virginia), en las afueras de Washington D.C. (La BIA es una agencia separada dentro del Departamento de Justicia).

La *Notice of Appeal* (Notificación de Apelación o Formulario EOIR-26) debe presentarse a la BIA dentro de treinta días después de la denegación de su caso. No importa cuándo los documentos se envían por correo. Usted hasta puede enviarlos por correo *overnight* el día antes de la fecha límite. Pero si la oficina postal tiene algún percance y no entrega el paquete debido a su propio descuido, la apelación queda terminada—y punto. Esta es una fecha límite muy firme, y no existen ningunas excepciones.

Excepto en un caso muy raro, ni usted ni su abogado comparecerá ante este tribunal, ya que el mismo tomará su decisión con motivo de los argumentos preparados por su abogado y el fiscal del USCIS y los documentos que se hallan en el archivo del proceso. El tiempo de espera es aproximadamente de entre seis y doce meses, durante el cual los asuntos del proceso le llegarán por correo, junto con la fijación de la sesión informativa.

Una ventaja del proceso de apelación se debe a que si usted está esperando una visa de preferencia, la aprobación de su autorización laboral o la aprobación de su petición I-130, este proceso puede extenderse por varios años, durante los cuales pueden completarse todos los procedimientos.

LA ORDEN DE DEPORTACIÓN O EXPULSIÓN

Si el tribunal de inmigración ordena que usted sea deportado, típicamente no podrá volver a los Estados Unidos por diez años. En el caso de una deportación con motivo de actividad criminal, se ordenará que usted sea deportado por veinte años. En realidad, los mismos motivos pueden prevenir que usted vuelva alguna vez a los Estados Unidos a menos que logre que sea aprobada una exención de inadmisibilidad (*waiver of inadmissibility* en inglés). Esto es sumamente difícil.

Una persona que vuelve a los Estados Unidos después de ser deportado, puede hallarse sujeto a acciones penales ante un tribunal criminal y enfrentar la posibilidad de una larga condena en una prisión federal.

–Advertencia–

Según un nuevo procedimiento de operaciones, el USCIS notificará al FBI acerca de cualquier persona cuya deportación haya sido ordenada, para que los datos de esta persona se ingresen en la base de datos del *National Crime Information Center*. Esto permitirá que la policía estatal y local determine si una persona se encuentra sujeta a una orden de deportación. Una persona que la policía detiene por una infracción de las leyes del tránsito, como por ejemplo, un exceso de velocidad, puede ahora fácilmente ser objeto de una verificación de su estatus de inmigración. Tal persona probablemente sea tomada bajo custodia y entregada al USCIS. En tales casos, puede ser difícil obtener una fianza de la custodia de inmigración.

Pérdida de la Tarjeta de Residencia Permanente

Este capítulo describe las formas en que se puede perder la tarjeta de residencia o el estatus de residente permanente y cómo se puede reemplazar dicha tarjeta.

EXTRAVÍO

Los procedimientos para reemplazar una tarjeta verde cambian continuamente. Por lo cual, en casos de extravío, se aconseja verificar las regulaciones que norman los últimos procedimientos de reemplazo de tarjeta verde que se pueden encontrar en la página Web del USCIS.

La siguiente documentación debe acompañar una solicitud de de tarjeta verde nueva:

- *Formulario I-90*;

- Honorario de procesamiento de $130;

- Dos fotografías estilo pasaporte;

- Identificación estatal o pasaporte extranjero;

✪ Copia de la tarjeta verde anterior, en caso de disponer de ella;

✪ Evidencia que demuestre un cambio de nombre (tales como un certificado de matrimonio o sentencia de divorcio); y,

✪ Tasa de procesamiento de obtención de huellas digitales de $50 para solicitantes mayores de 14 años.

Sin embargo, si el solicitante cumple los requisitos para optar a una naturalización, entonces puede resultar menos costoso en tiempo y dinero simplemente llenar y presentar la solicitud en base al formulario *N-400* y ya no tomarse la molestia de reemplazar una tarjeta verde. Se recomienda tomar estas medidas a aquellos residentes permanentes que no piensan viajar fuera del país o que no requieren la tarjeta verde para fines laborales. En la entrevista para la naturalización, el solicitante simplemente tendrá que llenar y firmar una declaración jurada mediante la cual declara que ha perdido su tarjeta verde.

Si usted está solicitando una tarjeta verde nueva porque nunca antes recibió dicha tarjeta, entonces presente o envíe su solicitud acompañada de toda la antedicha documentación complementaria a su centro de servicio local. De otra manera, si este no es el caso, envíe su solicitud a la siguiente dirección:

U.S. Citizenship and Immigration Services
P.O. Box 54870
Los Angeles, CA 90054

Posteriormente, usted puede contemplar recibir una cita para el procesamiento de sus datos biométricos dentro de los siguientes noventa días, y si fuese necesario una cita para comparecer ante su oficina local para concluir dicho procesamiento.

ESTADÍA FUERA DE LOS EE.UU. POR MÁS DE SEIS MESES

Usualmente, se espera que un residente permanente de los Estados Unidos resida continua y permanentemente en este país. Por lo cual, un residente permanente que reingrese al país después de una ausencia de menos de seis meses generalmente no debería tener ningún problema, a excepción de dos casos: primero, si hubiese sido declarado culpable de un crimen que lo inhabilita en este sentido y segundo, si el hecho de que él o ella no reside en los Estados Unidos es un dato demasiado obvio y aparente.

Si un residente permanente intenta ingresar a los Estados Unidos después de una ausencia mayor a seis meses pero menor a un año, se lo considerará como un solicitante de visa o de ingreso más y ya no bajo la categoría de residente permanente de este país. A fin de volver a ser considerado como un residente que retorna a su país, puede que, como extranjero, se le pida que demuestre que usted no ha abandonado su estatus de residente permanente. En este sentido, es importante darse cuenta que es posible que uno abandone su estatus inadvertidamente sin saberlo. El hecho de que un extranjero haya abandonado su estatus depende de la intencionalidad del extranjero de retornar a los Estados Unidos. Por lo cual, no es suficiente que un extranjero meramente desee retener los beneficios inherentes a una residencia permanente. Un funcionario de un puesto fronterizo puede determinar la existencia o ausencia de la intencionalidad de un extranjero después de una ausencia prolongada del país guiándose en los siguientes criterios:

- ✪ el propósito de la salida (una razón concreta pero temporal tal como una visita familiar, motivos educacionales, de capacitación, venta de activos, etc. siempre es preferible);

- ✪ la intención de que la visita sea corta (es recomendable que usted tenga una fecha fija de retorno que indique claramente el fin de su visita);

- ✪ retornar a los Estados Unidos con un boleto sólo de ida o utilizando el segundo tramo de un boleto de ida y vuelta (y no así el primer tramo de un boleto de ida y vuelta);

- ✪ la documentación respaldatoria que indique que el extranjero obtuvo un permiso de reingreso (lo cual no garantiza su reingreso dentro de un periodo de validez de dos años pero simplemente se constituye en un mero factor indicador de la intencionalidad) o presentó el *Formulario N-540* a fin de evitar la pérdida de la capacidad de solicitar la naturalización;

- ✪ la existencia de un domicilio o trabajo permanente en los Estados Unidos (a diferencia de tener un domicilio o trabajo permanente en los Estados Unidos o, lo que es peor, un domicilio o trabajo permanente fuera de los Estados Unidos); y,

- ✪ otros vínculos con los Estados Unidos.

Asimismo, los residentes permanentes legales que se ausenten del país por más de seis meses pueden ser interrogados acerca de si ellos son o si existiese algún riesgo de que pudiesen convertirse en una carga pública, para lo cual se requiera el uso del seguro social o de tratamientos de largo alcance.

En el año 2005 el *Departamento de Seguridad Interior* o DHS por sus siglas en inglés, implementó un sistema mucho más sofisticado que antes para rastrear el movimiento inmigratorio de residentes legales permanentes y personas no inmigrantes. Previamente los inspectores inmigratorios estaban obligados a basar sus decisiones inmigratorias en un sistema de honor, es decir, debían basarse en las declaraciones y la palabra empeñada de cada persona. Con el nuevo sistema el funcionario inmigratorio de los puestos fronterizos tiene un acceso virtualmente instantáneo a todos los registros de ingreso y salida.

Si usted anticipa que su ausencia de los Estados Unidos será por más de un año, entonces esto pudiese constituir un problema. En este caso, el residente permanente legal debería solicitar un permiso de reingreso, el cual si bien no constituye una garantía de reingreso, puede presentarse como evidencia de la intencionalidad de no abandonar su condición de residente permanente legal.

ANTECEDENTES CRIMINALES

Los residentes permanentes legales deben tener sumo cuidado de alejarse del sistema judicial penal. Muchos delitos que uno pudiese considerar como cargos menores pudieran ocasionar que un extranjero pierda su tarjeta verde.

Cualquier condena criminal puede tener consecuencias inmigratorias insospechadas, no importa si se trata de una contravención, que usted haya vivido en los Estados Unidos durante muchos años o que su cónyuge, hijos y parientes sean todos ciudadanos estadounidenses. A estos efectos, existen dos categorías de delitos que producen consecuencias inmigratorias no deseadas. La primera clasificación la constituye la categoría de *crímenes contra la moral* o CIMIT por sus sigla en inglés, la cual incluye el robo atenuado a minoristas. Por haber cometido un CIMIT, un residente permanente legal usualmente tendrá que comparecer a una audiencia ante un juez inmigratorio a fin de demostrar por qué el juez no debe ordenar su deportación.

La segunda clasificación la constituye una serie de crímenes más serios. Estos delitos están tipificados bajo el artículo 101(a)(43) de *la Ley de Inmigración y Naturalización de los Estados Unidos* o INA por sus siglas en inglés. Cuando la idea de una clasificación de crímenes de acuerdo a sus consecuencias inmigratorias o *crímenes agravados* para propósitos migratorios, surgió por primera vez en el Congreso de los Estados Unidos en 1988, la lista solamente incluía unos cuantos crímenes agravados tales como el secuestro y el asesinato. Sin embargo, desde entonces, cada año el Congreso estadounidense ha ido añadiendo delitos a dicha lista, al punto de que hoy casi todos los delitos mayores constituyen *crímenes agravados* desde una óptica inmigratoria. Cuando el Congreso estadounidense añade un delito a esta lista, esto tiene un efecto *retroactivo*. Esto quiere decir que a pesar de que una persona fue condenada por un delito que, al momento de la emisión de la sentencia, no era considerado un crimen agravado, si este delito fue posteriormente añadido a la lista oficial de crímenes agravados, es como si aquella persona hubiese cometido un crimen agravado en esa época a efectos inmigratorios.

Además, en 1996 el Congreso de los Estados Unidos abrogó el beneficio estipulado en el artículo 212(c) de la *Ley de Inmigración y Naturalización de los Estados Unidos* o INA por sus siglas en inglés, para personas que tenían un crimen agravado en sus registros o antecedentes criminales. Puede que el hecho de que usted haya cometido el crimen antes de que este fuese declarado una causal de deportación no le sirva de nada. Por esto, los residentes permanentes legales con un crimen agravado en sus antecedentes ahora no tienen ninguna forma de evitar la deportación y, por ende, están prohibidos de retornar a los Estados Unidos en ningún momento. Imagínese usted tener que informarle a una persona, que pudiese tener familia en los Estados Unidos, de estas consecuencias tan duras por un crimen que esa persona a lo mejor cometió en su juventud al juego de sus pasiones juveniles.

Los siguiente delitos constituyen causales de deportación:

- ✪ condena por un crimen contra la moral o CIMIT por sus siglas en inglés con una sanción imponible de por lo menos un año y cometido dentro los cinco años transcurridos desde su ingreso a los Estados Unidos;

- ✪ condena de dos o más crímenes contra la moral, sin importar la sanción imponible;

- ✪ condena por un crimen agravado (para propósitos migratorios);

- ✪ condena por un delito de violación a las leyes que regulan las sustancias controladas;

- ✪ condena por un delito de violencia doméstica, incluyendo contravenciones o agresión o malos tratos en el hogar;

- ✪ una violación a la orden de protección;

- ✪ condena por un crimen u ofensa que involucra armas de fuego;

- ✪ por declarar falsamente que uno es ciudadano estadounidense; o,

- ✪ bajo ciertas circunstancias muy inusuales, el uso de fondos de la Seguridad Social o el recibir atención medica gratuita del estado dentro de los primeros cinco años computables desde su ingreso a los Estados Unidos.

Abogados Penalistas   Desafortunadamente, no todos los abogados penalistas están concientes de las consecuencias que una condena puede tener para fines migratorios. Demasiadas veces una persona portadora de una tarjeta verde nunca supo que él o ella podría ser deportada por declararse culpable de la comisión de determinado delito. Cualquier persona que posee una tarjeta verde y es arrestada bajo un cargo criminal debe consultar a un abogado especialista en derecho inmigratorio antes de continuar con su caso.

Declaración de Culpabilidad o Inocencia

Una vez que la persona se ha declarado culpable o inocente ya no hay marcha atrás. En muchos estados la única posibilidad de reabrir su caso es si es que su abogado le dio un mal asesoramiento. Si su abogado le dijo, por ejemplo, "No se preocupe de ser deportado porque usted está casado con un ciudadano de los Estados Unidos," entonces es probable que puedan reabrir su caso y volverlo a juzgar. Pero si, de lo contrario, las leyes inmigratorias y sus consecuencias nunca fueron siquiera discutidas, como a menudo sucede, usted probablemente estará entrampado con una mala sentencia y todas sus consecuencias indeseadas. Este principio difiere de estado en estado, así que vale la pena consultar esto con un penalista.

El mejor momento para consultar a un abogado especializado en derecho inmigratorio es antes de que usted se declare culpable a fin de que las posibles consecuencias inmigratorias puedan ser evitadas, o al menos, minimizadas. Existe una diferencia ínfima entre una condena que no causa problema alguna y otra que termina en una deportación sin oportunidad de presentar recurso ulterior alguno.

Al respecto, existen muchos mitos o nociones falsas de los que uno debe estar consciente. El primero es que las contravenciones y delitos menores solamente tienen consecuencias inmigratorias menores. No hay tal cosa como una consecuencia o sanción inmigratoria menor—una condena o es la causa de una deportación o no lo es. Y tampoco se puede decir, necesariamente, que las contravenciones o delitos menores no son dañinas. Por ejemplo, una contravención, en especial cualquier condena por posesión o tráfico de drogas, podría estar tipificado como un crimen agravado para efectos migratorios y, por ende, tener gravísimas consecuencias.

Otra noción falsa es que alguien sancionado con una orden de *supervisión de la corte* no adquiere una condena criminal. Esto es falso, ya que mientras la ley estatal pudiera estipular que la sanción que implica una orden de supervisión de la corte no constituye una condena criminal, esta situación es considerada como una condena criminal para fines migratorios.

Los abogados penalistas, y los mismos acusados, a menudo piensan que si el delito por el cual ellos se declaran culpables puede ser anulada a través de un recurso de anulación y borrada de su expediente, que entonces no tendrá efecto alguno sobre la tarjeta verde del acusado o sobre su capacidad de obtener algún beneficio inmigratorio. No hay nada más lejos de la verdad. Se pueden eliminar o anular los datos de un expediente de la judicatura estatal pero no se pueden borrar los registros electrónicos de las computadoras del FBI que son los registros que el USCIS utiliza para su recolección o verificación de huellas digitales. El borrar datos de su expediente penal estatal no tiene ningún efecto en cuanto a su capacidad de solicitar algún beneficio inmigratorio en particular.

Indultos   El único recurso que le podría quedar al acusado sería el de solicitar un indulto al gobernador del estado. La mayoría de los estados tienen una junta de vigilancia penitenciaria o de alzada que revisa las solicitudes de indulto. La junta de vigilancia le puede proporcionar información respecto al proceso de obtención de indultos. Mientras que las probabilidades de obtener un indulto son bastante remotas, no son imposibles. Si su crimen no afecto a nadie directamente y no existen victimas, por ejemplo en el caso de que lo hayan condenado por la posesión de una pequeña cantidad de droga, entonces existe por lo menos una cierta probabilidad mayor de éxito.

Sus Opciones   Debe estar conciente de que antes de que se declare culpable o inocente usted tiene una amplia gama de opciones. Por ejemplo, es mucho más conveniente desde un punto de vista inmigratorio declararse culpable de una agresión física simple (que no conlleva consecuencias jurídicas para propósitos migratorios) que declararse culpable de violencia o agresión domestica (golpear a su cónyuge), que es un delito que puede ser considerado una causal de deportación del procesado. Aunque la condena por el primer delito implica una breve sanción de privación de la libertad (poco tiempo en la cárcel) o una mayor tiempo de libertad condicional, es a veces mejor declararse culpable en ese caso y sufrir las consecuencias que sufrir, en el futuro, las consecuencias relativas a la violación del derecho inmigratorio.

Por otra parte, la normatividad en materia de custodia obligatoria de un extranjero delincuente es muy estricta, inclusive para aquellos que portan tarjetas verdes. Esto implica que si usted es detectado o arrestado por el DHS puede que usted no tenga derecho a una fianza.

Si usted cuenta con una condena, usted debe consultar con un abogado especialista en leyes de inmigración antes de salir de Estados Unidos. También es de gran utilidad, y podría facilitarle su reingreso, si usted lleva consigo testimonios o declaraciones juradas oficiales notariados y/o legalizados originales que ayuden a clarificar sus antecedentes penales.

CÓMO PREVENIR LA DEPORTACIÓN

Si un extranjero está siendo procesado a causa de sus antecedentes penales, él o ella debe buscar el asesoramiento de un abogado especialista en leyes de inmigración a fin de determinar si tiene la posibilidad de obtener una dispensa o exención en virtud del artículo 240(A) de la *Ley de Inmigración y Naturalización de los Estados Unidos* o INA por sus siglas en inglés, y las posibilidades de que le concedan dicho beneficio.

Si el crimen cometido no constituye un crimen agravado para efectos migratorios, entonces la obtención de una dispensa puede ser posible. Mientras que un crimen agravado para efectos migratorios automáticamente anula la condición de residencia permanente legal, aquellas personas con otras causales de deportación tales como CIMIT o crímenes contra la moral, pueden solicitar la cancelación de la deportación.

La siguiente documentación debe ser presentada ante el Tribunal de Inmigración, bajo las ordenes del Juez de Inmigración, a fin de iniciar el tramite de *cancelación de deportación*:

❂ **Formulario EOIR-42A, Solicitud de Cancelación de Procedimiento de Expulsión para Determinados Extranjeros con Residencia Permanente**, junto con el pago de $100 en concepto de trámites;

✪ **Formulario G-325A** en original al abogado del USCIS y con copia al juzgado de inmigración; y,

✪ certificado de servicio.

Antes de cumplir los requisitos para solicitar la cancelación, la siguiente documentación debe ser presentada en la audiencia correspondiente:

✪ documentos que acrediten que usted ha sido un residente permanente legal por más de cinco años;

✪ documentos que acrediten que, después de habérsele otorgado la condición migratoria de residente, usted ha residido en los Estados Unidos por siete años continuos excepto por los siguientes periodos de interrupción de la residencia:

- después de una notificación de comparecencia ante el Tribunal de Inmigración o

- si su condición cambio a la de inadmisible en virtud a lo previsto por el artículo 212(a)(2) o pasible de expulsión bajo el articulo 237(a) inciso 2 y 4;

✪ la evidencia o documentación que acredite que usted no ha sido condenado de un crimen agravado para propósitos inmigratorios;

✪ la evidencia o documentación que acredite que a usted nunca antes se le otorgó el beneficio de la suspensión o cancelación o aquellos beneficios previstos por el articulo 212(c);

✪ la evidencia o documentación que demuestre las siguientes circunstancias positivas:

- evidencia de las penurias que el acusado y su familia pudiesen sufrir si el acusado fuese expulsado;

- la existencia de un cónyuge e hijos de nacionalidad estadounidense;

- otros vínculos familiares con los Estados Unidos;

- una residencia continua y larga en los Estados Unidos;

- antecedentes de trabajo;

- evidencia de propiedades o vínculos comerciales; o,

- evidencia de que el solicitante provee servicios a la comunidad o constituye un valor para la misma;

✪ evidencia o documentación que acredite que usted se ha rehabilitado ante la sociedad genuina y verdaderamente, tal como:

- no haber cometido otros crímenes;

- su asistencia a programas de rehabilitación;

- declaraciones en las que expresa su arrepentimiento;

- evidencia que demuestre su buen carácter moral; o,

- prestar servicios en las fuerzas armadas de los Estados Unidos de América;

✪ evidencia o documentación que acredite que usted puede justificar o explicar los factores negativos tales como:

- la naturaleza y circunstancias en las que se cometió el delito;

- otras violaciones a la ley de inmigración;

- otros antecedentes criminales; u,

- otros elementos que realzan su mala reputación o que lo desacreditan; y,

✪ evidencia o documentación que acredite que, a pesar de que usted cuenta con un delito de narcotráfico o una condena o antecedentes de un crimen agravado, aquello se justifica mediante ciertos factores positivos de contrapeso.

Los elementos arriba enumerados constituyen la documentación que usted puede utilizar a fin de probar que una cancelación o suspensión de la expulsión es procedente. El formulario principal que debe ser llenado en estos casos es el **Formulario EOIR-42A**, que consta de siete páginas en las cuales se requiere lo que pareciera ser todos los datos más personales e íntimos de un individuo. Antes de presentar esta solicitud ante el Tribunal de Inmigración, se debe pagar el cobro correspondiente en la oficina local del USCIS, puesto que Tribunales de Inmigración no pueden aceptar el pago de sumas en concepto de trámites. Por lo cual, a fin de pagar dicha tarifa o tasa de procesamiento usted debe llenar una hoja de ruta o recibo, adjuntarla al formulario y entregársela al cajero del UCIS para su posterior devolución. Una vez que se haya presentado la solicitud, la documentación respaldatoria debe ser presentada en un plazo de catorce días previos a la fecha de la celebración de la audiencia. Repase la lista de documentos cuidadosamente y presente todos aquellos que usted pueda obtener o recabar.

NOTA: *Es previsible, en este tipo de casos, que el Juez de Inmigración sea bastante accesible y que tenga una disposición favorable, especialmente hacia los residentes permanentes de larga data. Sin embargo, siempre es conveniente estar preparado para cualquier eventualidad y acumular la mayor cantidad de evidencia para estos casos.*

La Naturalización

La *naturalización* es el proceso mediante el cual un portador de una tarjeta verde adquiere la ciudadanía estadounidense a través de la presentación del formulario N-400 que constituye la solicitud de dicho beneficio.

Es aconsejable solicitar la ciudadanía en cuanto usted cumpla los requisitos. Existen algunos prerrequisitos para demostrar la elegibilidad, los cuales se detallan a continuación:

✪ **Residencia y edad.** El solicitante debe gozar de residencia legal permanente y haber cumplido los 18 años de edad.

✪ **Antigüedad de la residencia permanente.** Una persona que ha sido un residente permanente en los Estados Unidos por un mínimo de cinco años (en realidad 4 años y nueve meses) puede solicitar la ciudadanía. Aquellos que obtuvieron su tarjeta verde en base a un matrimonio con un ciudadano estadounidense pueden solicitar la nacionalidad al cabo de 3 años (es decir dos años y nueve meses), si aun permanecen casados y si aun residen con el cónyuge estadounidense. Hay otras excepciones al presente requisito de cinco años de antigüedad.

✪ **Residencia continua en los Estados Unidos.** El periodo de duración de la residencia permanente arriba mencionado puede interrumpirse en caso de que la persona se ausente de los Estados Unidos por un plazo de seis o más meses. Si la ausencia es mayor a los seis meses pero menor a un año, pudiese ser posible justificarla argumentando que no se produjo una verdadera interrupción de la residencia continua.

✪ **Presencia física en los Estados Unidos.** Se requiere estar físicamente presente en territorio de los Estados Unidos 30 de los 60 meses previos a la solicitud de nacionalidad. Dicho plazo se reduce a 18 meses cuando se obtuvo la residencia permanente en base a un matrimonio con un ciudadano estadounidense.

✪ **Buena solvencia moral.** El solicitante de ciudadanía estadounidense, debe acreditar buena solvencia moral por un periodo de 5 años previo a la presentación de la solicitud de ciudadanía. Asimismo dicho solicitante también deberá demostrar una buena solvencia moral durante todo el proceso que dure el trámite de la misma. La *buena solvencia moral* se define como aquel.

Una condena penal no siempre anula el requisito de la solvencia moral, en estos casos busque el asesoramiento de un abogado. Una persona que cometa el crimen agravado previsto por el articulo 101(a)(43), está impedida de solicitar la ciudadanía puesto que el antedicho crimen es sancionable con la deportación y no prevé recurso ulterior alguno.

El incumplimiento del pago de la manutención de los hijos, el no realizar las declaraciones de impuestos correspondientes y el presentar falso testimonio constituyen carencia de buena solvencia moral. El no presentarse al Servicio Militar Selectivo de los Estados Unidos también se interpreta como una falta o carencia de buena conducta moral, pero únicamente si el solicitante lo hizo a sabiendas. Si una persona no sabía que debía registrarse con el Servicio Militar Selectivo, el incumplimiento a esta obligación no constituye carencia de buena solvencia moral.

✪ **Conocimiento del idioma inglés y civismo de los Estados Unidos.** El solicitante deberá demostrar que habla, lee y escribe correctamente en el idioma inglés. Asimismo debe aprobar un examen de historia y educación cívica de los Estados Unidos. El examen consta de un cuestionario con una serie de temas de los cuales debe responder correctamente 8 de 12 preguntas de selección múltiple. Si el solicitante ha residido permanentemente en los Estados Unidos por más de 15 años y tiene más de 55 años o si ha residido permanentemente por más de 20 años y tiene más de 50 años de edad, puede tomar el examen arriba mencionado y presentarse en la entrevista con la ayuda de un intérprete.

NOTA: *El solicitante que presente una dispensa médica mediante el formulario N-648 quedará exonerado de este requisito. Este formulario debe ser completamente llenado por su doctor.*

✪ **Residencia en un estado.** El solicitante deberá haber residido por lo menos tres meses desde la fecha en que la solicitud fue presentada en el estado donde se presentó dicha solicitud.

✪ **Doble nacionalidad.** Por lo general la adquisición de la ciudadanía estadounidense no implica la renuncia de la propia. La persona que adquiere la ciudadanía estadounidense puede gozar de la doble nacionalidad. Sin embargo existen varios países que no aceptan la doble nacionalidad, tales como Alemania, Japón y Australia. En caso de duda, consulte con la embajada de su país.

SOLICITUD DE NATURALIZACIÓN

La solicitud de ciudadanía debe presentarse en el centro de servicio que tiene jurisdicción sobre la residencia del solicitante. La solicitud consta de los siguientes documentos:

✪ *Formulario N-400* de solicitud de nacionalidad;

✪ tasa de tramitación de $260 dólares;

✪ tasa de procesamiento de huellas digitales de $50;

✪   copia de la tarjeta verde;

✪   dos fotografías estilo pasaporte; y,

✪   si el solicitante hubiese sido arrestado o inclusive procesado, el certificado original del *registro de las declaraciones* emitido por la oficina técnica judicial del tribunal.

Los documentos arriba mencionados son todos aquellos que deben presentarse con el formulario N-400. Además, simplemente adjunte un cheque o giro bancario por la suma de $310 ($260 + $50), una fotocopia de la tarjeta verde y dos fotografías estilo pasaporte. Si usted tiene antecedentes criminales, adjunte un certificado original del registro de las declaraciones emitido por la oficina técnica judicial de tribunal. Si el tribunal correspondiente se alla en otra ciudad a menudo se puede solicitar estos datos por teléfono y remitir el dinero por correo.

La documentación señalada deberá remitirse al centro de servicio correspondiente. Véase el Apéndice B para ubicar el domicilio de cada centro de servicio. El centro de servicio que reciba su solicitud la tramitará y posteriormente la remitirá a la oficina local del USCIS correspondiente para que los funcionarios de dicha oficina le fijen una entrevista. Para cambiar su dirección antes de su entrevista, llame a la línea nacional de servicio al cliente al 800–375–5283.

LA ENTREVISTA

Deberá acudirse a la entrevista con los siguientes documentos:

✪   tarjeta verde;

✪   licencia de conducir;

✪   pasaporte;

✪   permiso de reingreso a los Estados Unidos o documento de viaje de refugiado;

✪ certificado de nacimiento;

✪ sentencia judicial original;

✪ antecedentes penales en originales;

✪ evidencia de la ciudadanía del cónyuge;

✪ evidencia de pagos de pensiones para sus hijos menores de edad;

✪ formularios de declaración de impuestos o formulario 1722 del Servicio de Impuestos Internos de los Estados Unidos o IRS por sus siglas en ingles;

✪ evidencia de cualquier cambio de nombre; y,

✪ constancia y pruebas de que usted vive con su cónyuge, si a usted se le otorgó su tarjeta de residencia en base a un matrimonio con un ciudadano estadounidense y si es que usted está solicitando la ciudadanía después de tres años.

Si su solicitud es aprobada por un funcionario del USCIS se le comunicará por correo mediante una carta en la cual se le fije una fecha para la ceremonia de juramento de la nacionalidad. Por lo general la ceremonia se celebra 4 a 6 semanas después de la entrevista y en ella se formaliza la nacionalidad y se emite el certificado correspondiente.

En la ceremonia, revise cuidadosamente su certificado de naturalización puesto que es mucho mas fácil corregir cualquier error en la misma en ese momento que posteriormente.

Finalmente, el individuo es ahora un ciudadano estadounidense y a partir de este momento puede solicitar el cambio de estatus a nombre de otro familiar.

Cómo Conseguir un Abogado

Desafortunadamente, existen demasiadas instancias en donde los abogados especialistas en leyes de inmigración no están lo suficientemente familiarizados con las leyes y los procedimientos de su rama. El otro lado de la moneda, son aquellos procesos que cuentan con abogados de inmigración de larga trayectoria y que gozan de una amplia experiencia en el ámbito, pero que están demasiado ocupados para realizar correctamente sus diligencias o prestar mucha atención al caso. Este problema se agranda con la abundancia de clientes que a menudo se encuentran desesperados de ganar su caso a cualquier costo y que están dispuestos a pagar la suma que sea a cualquiera que les garantice la obtención de sus peticiones o la satisfacción de sus aspiraciones. Un abogado le puede decir, alegremente, que un caso de inmigración es fácil pero esto usualmente se debe a que dicho profesional no está conciente de otros factores externos que pudiesen complicar su tramitación.

La ley de inmigración es un área sumamente difícil de practicar. El único aspecto invariable en una rama del derecho como esta es el cambio en sí. Por lo cual, es un área legal en la cual es casi imposible ser verdaderamente efectivo dedicándole sólo parte de su tiempo. La mayoría de los buenos abogados generalistas saben, por experiencia, cómo evitar litigar en el área de inmigración.

El abogado de inmigración más efectivo es aquel que tiene una preparación equiparable a la de un juez de inmigración o de un funcionario del USCIS para dirigir su caso. En otras palabras, no es suficiente que un buen abogado de inmigración sepa exactamente qué formularios y documentación respaldatoria presentar o qué procedimientos jurídicos o administrativos seguir, pero también cómo se decidirá un determinado caso de acucrdo a la ley, las políticas nacionales vigentes del USCIS, y muchas veces aún más importantemente, las políticas, prácticas, usos y costumbres de manejo de casos locales. Si pudiese haber algún problema con su caso, esto debe ser discutido desde un principio. No debería haber ninguna sorpresa en la entrevista. Si es posible remontar alguna objeción del USCIS mediante prueba documental, entonces se debe planificar acorde a esto. Solamente una escasa minoría de los casos se deciden subjetivamente y su resolución se deja a la discreción del funcionario. Inclusive en estos casos, el abogado debería poder recordar los fundamentos jurídicos positivos sobre los cuales debe girar el caso.

CÓMO PEDIR REFERENCIAS

Puede resultar casi imposible, a primera vista, determinar si un abogado de inmigración es un profesional preparado y lo suficientemente calificado para practicar esta rama. Por lo cual, las mismas reglas que se aplican para contratar los servicios de cualquier experto o profesional–ya sea un contratista, un plomero o un doctor–se aplican también a la contratación de abogados. La única manera de encontrar al abogado de inmigración correcto es a través de las referencias personales, las cuales solo son verdaderamente útiles cuando las otorga una persona que está muy familiarizada con el abogado en cuestión y su forma de trabajo. Si usted conoce o tiene un abogado generalista en quien confía, éste debería conocer a otros abogados especialistas en inmigración u obtener un nombre de algún colega.

Otra excelente manera de obtener las referencias personales que uno requiere, es a través de una asociación u organización étnica. Estas organizaciones a menudo refieren a abogados de inmigración y como resultado de aquello, a lo largo del tiempo, reciben muchas opiniones tanto positivas como negativas de los casos que refirieron y de esta manera pueden comentar al respecto. Además, si una persona obtiene una referencia a través de un amigo u organización, él o ella sabe que en caso de que hayan problemas, sus reclamos podrían llegar a toda su comunidad y afectar la reputación de dicho abogado.

Cada tribunal de inmigración tiene la obligación de mantener una lista de servicios u organizaciones de inmigración sin fines de lucro. Usted puede obtener un ejemplar de esta lista en su tribunal de inmigración local, o a veces llamar a fin de obtener los números telefónicos de algunas de estas organizaciones. Por lo general proporcionan ayuda legal bastante competente y generalmente son más baratas que los abogados privados. Si dichas organizaciones se rehúsan a tomar su caso o si usted simplemente prefiere contar con su propio abogado, usted debería pedir una referencia a una de estas organizaciones. Estas deberían saber de algún buen abogado de inmigración, especialmente de aquellos que en el pasado les brindaron algún asesoramiento a bajo costo.

Finalmente, si a pesar de haber intentado todo lo anterior no logra conseguir una buena referencia, contáctese con el *American Immigration Laywer Association* (Asociación de Abogados de Inmigración de los Estados Unidos o AILA por sus siglas en inglés). Esta es la única asociación legítima de abogados de inmigración. Una referencia obtenida a través de la AILA debería ser bastante confiable.

En las comunidades hispanas o latinas, existen varios casos graves de fraude perpetuados por notarios que se aprovechan de la falta de conocimiento de sus victimas. Los notarios deben ser evitados a toda costa puesto que usualmente cobran lo mismo o, a veces más, que un abogado profesional que tiene muchísima más experiencia y que, al contrario de un notario, puede ser sujeto a acciones disciplinarias.

CÓMO DECIDIR A QUIÉN CONTRATAR

Cuando pida una cita con un abogado, pregunte si cobra por consulta. Lo normal y lo que se estila en este país es que se le cobre desde la primera cita por consulta. En este rubro se considera algo muy razonable pagar por la primera consulta. Usted también podría intentar encontrar un abogado que no cobre por la visita inicial, pero tenga en mente que "lo barato cuesta caro".

Una vez que se encuentre en el despacho del abogado, hay algunas preguntas que usted debería preguntar:

- *¿Que porcentaje de sus casos son asuntos de inmigración?* Lo ideal es que la mayoría de los casos del abogado que usted busca tengan relación con la ley de inmigración.

- *¿Es usted miembro afiliado de la AILA?* La AILA es la única organización a través de la cual los abogados de inmigración reciben la más amplia y exclusiva información en relación a todos los aspectos de las leyes y prácticas del derecho inmigratorio en los Estados Unidos. Un buen abogado se actualiza constantemente asistiendo a las conferencias y seminarios ofertados por la AILA. Es muy difícil ser un buen abogado de inmigración si uno no pertenece a la AILA. Usted puede verificar por sí mismo si un abogado pertenece a la AILA llamando al 202-216-2400. Si él o ella no esta afiliado al AILA, usted no debería tomar los servicios de ese abogado al menos que él cuente muy buenas referencias personales.

- *¿Ha atendido algún caso parecido al mío en el pasado? ¿Cuáles fueron los resultados?* Un buen abogado debería poder decirle cuáles son sus posibilidades de éxito y bajo qué circunstancias se le puede negar su caso.

- *¿Cuál es la probabilidad que me concedan mi petición y de qué depende?* En otras palabras, usted está buscando saber las posibles causas por las cuales le puedan negar su solicitud.

- *¿Es realmente necesario recurrir a un abogado?* Si el abogado que consulta es confiable él debería poder responder esta pregunta honestamente. Es muy posible que su caso le interese al abogado mucho menos de lo que usted piensa. De todos modos, un profesional muy ocupado tiene su agenda siempre llena de tal manera que si él no toma su caso se conseguirá otro cliente con toda seguridad. Si dicho abogado le explica que usted necesita un abogado y le insinúa sus servicios, asegúrese de preguntarle hasta qué punto le brindará ayuda y asesoramiento además de ayudarlo a llenar los formularios.

✪   *¿Cuándo se deben cancelar los honorarios de abogado?* Bajo ninguna circunstancia debe usted pagar todos los honorarios profesionales por adelantado. Un acuerdo de pago muy común es el de pagar la mitad al empezar el trámite y pagar el resto a la conclusión del mismo.

✪   *¿Cómo se calculan los honorarios de abogado?* Por la mayoría de los casos de inmigración se suele cobrar lo que se conoce como una tarifa fija, es decir, a usted sólo le cobrarán una tarifa única y por ende, terminará pagando la misma cantidad sin importar cuánto dure el trámite. Este es el método más seguro de cobranza. La otra manera de cobra es hacerlo por hora. Los abogados bien establecidos que cuentan con una amplia trayectoria, suelen cobrar una tarifa por hora bastante elevada que puede ser superior a los $150 por hora. El tiempo que lleva atender un determinado caso de inmigración puede aumentar vertiginosamente si usted le está pagando a su abogado por hora. Sin embargo, un buen abogado seguramente contará con una cierta cantidad de ayudantes y amanuenses que le colaborarán con todas las diligencias.

✪   *¿Existe alguna manera de reducir los honorarios sin perjudicar el resultado de mi caso?* Por ejemplo, se podría pactar que el papel que juega el abogado en este caso podría limitarse, simplemente, a compilar y preparar toda la documentación y no tener que acompañar a su cliente a la entrevista. Para algunos casos de ciudadanía que no sean muy complicados y no presenten dificultades adicionales, a veces no se requiere la presencia de un abogado.

✪   *¿Cuándo concluirá mi trámite?* La desventaja de encontrar un abogado reconocido y de prestigio es que lo más probable es que él o ella sea muy ocupado. Antes de confiar su caso a un abogado o de pagar algo, usted debe pedir a este abogado que le proporcione un cronograma de trabajo. Tal vez pueda negociar un honorario más bajo si es que dicho cronograma se incumple. Por lo cual, en ese caso, conviene ofrecerle al abogado el pago de la mitad de los honorarios al comienzo del trámite después usted volverá al bufete para pagar los costos procesoles y honorarios profesionales.

CÓMO SER UN BUEN CLIENTE

Una relación cliente-abogado exitosa es, por definición, una relación recíproca. Por lo cual, el ser un buen cliente también está dentro de sus intereses.

Las siguientes son algunas pautas al respecto:

✪ Solicite a su abogado que le proporcione, por escrito, los trámites a realizarse y cuanto le cobrará por ellos.

✪ Guarde una copia de todos los recibos de pago.

✪ Insista en tener una copia de todos los documentos presentados por su abogado, así como la correspondencia que reciba a su nombre. Resista la tentación de asumir que su abogado guarda una copia de todo, lo cual es a menudo un rasgo distintivo de la flojera. Usted tiene la obligación de mantener sus propios archivos.

✪ Nunca deje documentos originales con su abogado. Solo se requieren copias de los originales para presentar un formulario.

✪ Asegúrese de que su abogado cuente con su dirección vigente y número de teléfono actual.

✪ Sepa bajo qué nombre ha sido presentado su caso por el bufete de su abogado y proporcione este nombre cuando llame a los servicios de inmigración con alguna consulta.

✪ Delega a un familiar como punto de contacto permanente con su abogado.

✪ Decida, junto a su abogado, quién hablará de manera oficial por los dos con el USCIS, puesto que es aconsejable que sólo uno de ustedes, no ambos, constituyan la voz oficial y autorizada para su caso.

✪ Intente obtener la mayor cantidad de ayuda posible de los empleados y amanuenses del abogado antes de recurrir a su abogado en persona. El personal de su abogado está ahí para ayudarlo. No es necesario preguntarle todo al abogado, tal como si algo fue presentado, pregúntele, más bien, al asistente legal que en realidad estaba a cargo de presentar ese documento si llevó a cabo esta diligencia.

❂ Contáctese con su abogado antes de cualquicr fecha límite o perentorio a fin de asegurarse de que está sea cumplidá.

❂ Si usted recibe una carta del USCIS que usted no entiende, envíela por Fax a su abogado y solicite a su asistente legal que le devuelvan la llamada. A menudo, el amanuense o asistente legal manejará cartas muy similares a esa y podrá ayudarlo.

❂ Manténgase en contacto con el bufete de su abogado. Ya que algunos casos toman varios años para procesar, usted debería contactarse con la oficina de su abogado, por lo menos cada seis meses en caso de que hayan surgido novedades o cambios en la ley de inmigración. Un abogado ocupado atiende muchos casos a la vez y no siempre recordará su caso cuando ocurre algún cambio en la ley inmigratoria.

Recuerde que usted es el último responsable del trabajo que realiza su abogado a su nombre. Si un plazo se vence o una solicitud está indebidamente llenada, usted no puede decir que era culpa de su abogado. Su único recurso será el de probar que su abogado fue negligente al punto de ser totalmente incompetente de acuerdo al estándar establecido por la jurisprudencia en torno a la sentencia en el caso denominado *"Matter of Lozada"* que fue dictada por la Cámara de Apelaciones de Inmigración, en la cual se establece el correspondiente procedimiento específico para probar que su abogado fue incompetente. Este procedimiento no significa que si su abogada simplemente cometió un error su caso será reabierto y subsanado. El estándar fijado por *"Matter of Lozada"* indica que debe ser un error con un grado tan elevado de incompetencia que debe llegar al nivel de un *malpractice* (negligencia profesional). Adicionalmente, se le requerirá probar que usted contrató al abogado para hacer el trabajo objeto de ese recurso. Con suerte, esto estará reflejado en los recibos de pago.

Al final, la naturaleza de la relación abogado-cliente es tal que el cliente debe inevitablemente terminar depositando muchísima confianza en su abogado. El seguimiento de unas cuantas pautas de conducta positivas desde un principio puede sentar las bases para una relación fructífera y exitosa de trabajo.

Glosario

A

adjudicar (adjudicate). Esto ocurre cuando un funcionario del USCIS decide aceptar o rechazar una solicitud.

admisión (admission). Esto se produce cuando un extranjero se somete a la inspección de un funcionario de inmigración en un puesto de frontera o en un aeropuerto, y su ingreso al país se aprueba en base a circunstancias específicas.

admisión bajo palabra (parole). Generalmente se le otorga por razones humanitarias a un extranjero que está fuera de los EE.UU., o a un extranjero que está en los EE.UU. y desea viajar al extranjero pero aún está pendiente la aprobación para el cambio de su condición migratoria.

admisión bajo palabra por motivos humanitarios (humanitarian parole). Persona a la cual se admite en los EE.UU. por motivos humanitarios, por razones de salud o para no separar a los padres de los hijos, aunque no se disponga del correspondiente número de visa.

admisión diferida (deferred admission). Anteriormente conocida como inspección diferida. Se produce cuando un no inmigrante o posible residente permanente legal tiene dificultades para reingresar a los EE.UU. y debe comparecer ante la oficina local del USCIS a efectos de aclarar su condición migratoria.

agencia estatal de seguridad en el empleo (state emloyment security agency [SESA]). Agencia que funciona con el Departamento de Trabajo a fin de garantizar que no se ofrece ningún trabajador estadounidense para un empleo que solicite un inmigrante.

amnistía (amnesty). Beneficio que se otorga por tiempo limitado a fin de permitir el cambio de condición migratoria necesario para emitir tarjetas de residencia permanente a quienes demuestran haber residido en los EE.UU. antes de cierta fecha.

amnistía tardía (late amnesty). La situación de aquellos extranjeros ilegales que no presentaron su solicitud de amnistía antes de que venzara el plazo de 1988 y forman parte de varias demandas judiciales colectivas contra el USCIS, tales como LULAC o CSS. (Para la mayor parte de los demandantes el plazo para solicitar el cambio de condición migratoria se venció en junio de 2002.)

apelación administrativa (administrative appeal). Una apelación presentada ante la oficina local del USCIS, dirigida a la Unidad de Apelaciones Administrativas de Washington, dentro de los treinta días posteriores a la fecha de rechazo de una petición.

asilado (asylee). Una persona a quien se le haya otorgado asilo a través de la Oficina de Asilo o por parte del juez de inmigración sin que le hayan otorgado todavía el cambio de condición migratoria en calidad de residente permanente.

asilo (asylum). Constancia para demostrar que uno tiene el derecho de permanecer en el país debido al temor justificado de sufrir persecución debido a sus opiniones políticas, religión, género, nacionalidad o pertenencia a un grupo social determinado. (Se considera que el temor debidamente justificado de sufrir persecución es un 10% de probabilidades de sufrir daños graves.)

audiencia de calendario maestro (master calendar hearing [MCH]). A diferencia de la audiencia individual, se trata de una breve audiencia ante un juez de inmigración (IJ), en cuyo curso el extranjero presenta su caso ante la Notificación de Comparecencia y declara bajo qué circunstancias se amparará.

audiencia individual (individual hearing). Tipo de audiencia anterior al Tribunal de Inmigración, en la cual el extranjero que comparece expone su caso durante un lapso de una a tres horas.

autopetición (self-petition). Circunstancias en las que se encuentra un extranjero con conocimientos profesionales extraordinarios, un cónyuge maltratado o la viuda o el viudo de un ciudadano de EE.UU. que hubiera estado casado(a) con dicho ciudadano durante un mínimo de dos años.

autorización de las huellas digitales (fingerprint clearance). Verificación obligatoria de las huellas digitales tras compararlas con los registros de las computadoras del FBI, previa al cambio de condición migratoria. Las huellas digitales deben tomarse dentro de los quince meses anteriores a la fecha del cambio de condición migratoria. De lo contrario, *caducarán* y tendrán que volver a tomarse.

B

bajo protección temporaria (temporary protected status [TPS]). Condición otorgada a extranjeros originarios de ciertos países afectados por la guerra, la hambruna o los desastres naturales (huracanes, por ejemplo), a fin de que puedan trabajar y obtener un número de Seguro Social.

beneficiario (beneficiary). El extranjero no residente a quien beneficiará (le permitirá venir a los EE.UU.) una petición presentada en su nombre por un familiar que sea ciudadano estadounidense o que posea la tarjeta de residente, o por parte de una empresa que le haga una oferta de trabajo apropiada.

beneficiario indirecto (derivative beneficiary). Persona que obtiene una condición migratoria a través de la petición de una visa no basada en requisitos propios sino en su relación con el beneficiario principal, como en el caso de un hijo que solicita una visa a través de su padre.

beneficiario principal (principal beneficiary). El principal beneficiario de una petición de visa, a diferencia de un beneficiario derivado (por ejemplo, un hijo menor de edad) que obtiene su condición migratoria amparándose en el beneficiario principal.

boletín de visas (visa bulletin). Información que el Departamento de Estado actualiza mensualmente. Puede encargarse por correo, Internet o por teléfono, indicando las categorías preferenciales disponibles en el momento.

borrar antecedentes penales (expungement). Prontuario penal en el cual se ha eliminado el nombre de la persona en los registros de determinado estado.

C

Cámara de Apelaciones de Inmigración (Board of Immigration Appeals [BIA]). Oficina aparte, dentro de la Oficina Ejecutiva para la Revisión de Inmigración. Se ubica en Falls Church (Virginia) en las afueras de Washington, D.C.

cambio de condición migratoria (change of status [COS]). Solicitud que se efectúa presentando el formulario I-539, en EE.UU., para solicitar el cambio de la condición de no inmigrante a otra condición migratoria.

cambio de oficina (change of venue). Petición del solicitante o moción presentada por el acusado, para cambiar la jurisdicción de la oficina del USCIS o del Tribunal de Inmigración debido a un cambio de domicilio.

cancelación de expulsión (cancellation of removal). Procedimiento que puede utilizar una persona que comparece ante el Tribunal de Inmigración y puede demostrar que ha vivido en los EE.UU. durante diez años, que es una persona de buena reputación moral y que en caso de que la deporten sufriría *penurias inusualmente extremas* uno de sus padres, cónyuge o hijo(a) que sea ciudadano de los EE.UU. o LPR (residente permanente legal).

carta de maletas y equipaje (bag and baggage letter). Circular que envía la Oficina de Deportaciones indicándole a un extranjero no residente que se presente en la oficina en cierta fecha, con su equipaje, para ser deportado.

caso de pronto despacho (expedited case). Casos de cambio de condición migratoria que requieren ser tramitados con urgencia, tales como visas pro diversidad, solicitudes de hijos a punto de cumplir 21 años de edad, peticiones por motivos de salud u otras razones urgentes.

categoría de visa preferencial (preference visa category). Familiar no directo, cuya petición, por lo tanto, requiere un período de espera entre la solicitud de I-130 y la solicitud de cambio de condición migratoria.

centro de huellas digitales (application support center [ASC]). Oficina donde les toman las huellas digitales a los solicitantes.

centro de servicio (service center). Uno de los varios centros de tramitación remotos. Cada centro de servicio recibe ciertas peticiones y solicitudes presentadas por las personas que viven en los estados que están bajo su jurisdicción.

Centro Nacional de Visas (National Visa Center [NVC]). Oficina del Departamento de Estado ubicada en New Hampshire, donde se guardan las peticiones de visa aprobadas hasta que se conviertan en corrientes.

certificación laboral (labor certification). Uno de los requisitos para algunas de las solicitudes basadas en el empleo, es la presentación de una certificación laboral aprobada. Se trata de una oferta de empleo real para trabajadores de los EE.UU., bajo la supervisión de una agencia de empleo estatal, a fin de establecer que ningún trabajador estadounidense está preparado, dispuesto, capacitado y cualificado para ocupar el puesto de trabajo que se le está ofreciendo a un extranjero.

certificado de ciudadanía (certificate of citizenship). Documento que se emite en lugar del certificado de naturalización para los hijos de padres estadounidenses nacidos en el extranjero, hijos adoptados por ciudadanos de EE.UU., o los hijos de padres que han adquirido la ciudadanía de EE.UU. Normalmente se les otorga a aquellos que tienen derecho a obtener la ciudadanía sin haber sido antes residentes permanentes.

certificado de naturalización (naturalization certificate). Documento que se otorga como constancia de haberse convertido en ciudadano de los EE.UU. por naturalización.

cierre administrativo (administrative closure). Caso que no ha sido rechazado pero ya no está pendiente.

citación de comparecencia (notice to appear [NTA]). Documento de acusación mediante el cual se le ordena a una persona que comparezca ante el tribunal de inmigración.

ciudadano de los EE.UU. (U.S. citizen [USC]). Una persona nacida en los EE.UU., una persona hija de padres estadounidenses nacida fuera de los EE.UU., o una persona que se hubiera naturalizado o hubiera obtenido el certificado de ciudadanía.

clasificación (classification). Código breve que aparece en la tarjeta de residencia permanente y en la notificación de aprobación. Es la base sobre la cual se otorga la condición de residente permanente.

clemencia bajo el Artículo 212(c) (Section 212(c) relief). Caso en el cual un residente permanente legal que ha cometido delitos con conducta infame pero no ha cometido delitos mayores con agravantes puede solicitar la suspensión de su expulsión demostrando la existencia de ciertos factores positivos en su favor.

Código de Regulaciones Federales (Code of Federal Regulations [CFR]). Interpretación detallada, en varios volúmenes, de las leyes federales, incluidas las leyes de inmigración.

compareciente (respondent). Nombre que se le da a un extranjero sometido a procedimiento de expulsión ante el tribunal de inmigración, de manera similar al acusado en un juicio penal.

comprobante de recepción (filing receipt). Pequeño recibo amarillo de caja registradora adjunto a la carta de recepción que se remite tras la presentación de una solicitud de cambio de condición migratoria.

condena (conviction). Decisión respecto a un caso judicial respecto al cual se dictamina que una persona infringió la ley y se emitió la sentencia correspondiente.

consulado (consulate). Oficina a cargo del Departamento de Estado de los EE.UU. que a la vez es una dependencia de la oficina principal de la embajada estadounidense en un país grande. Esta oficina es responsable de emitir visas de inmigrantes y no inmigrantes a solicitantes extranjeros que solicitan su ingreso a los EE.UU. El consulado puede, también, tomar decisiones en cuanto a la ciudadanía estadounidense.

D

delito cometido con conducta infame (crime involving moral turpitude [CIMT]). No existe definición legal al respecto y *depende de quien lo mire*. Cometer un CIMT dentro de los cinco años del cambio de condición migratoria o cometer dos CIMT en cualquier momento pueden hacer que a una persona se la catalogue como expulsable. Existe una larga lista de posibles CIMTs. Los robos en tiendas minoristas, por ejemplo, son CIMTs.

delito mayor con agravantes (aggravated felony). En el contexto de inmigración, cualquier tipo de delito mayor o crimen que figure en la lista del artículo 101(a) (43) de la INA, en la cual se incluyen numerosos delitos no violentos y delitos menores.

Departamento de Estado (Department of State). Organismo que tiene a su cargo las embajadas y los consulados, toma decisiones respecto a las solicitudes de visas de inmigrantes y no inmigrantes y, asimismo, es responsable de la Oficina de Pasaportes.

Departamento de Seguridad Nacional (Department of Homeland Security). Departamento recién formado, responsable de las funciones gubernamentales relacionadas con la seguridad. Las funciones del antiguo INS han sido divididas entre el Servicio de Ciudadanía e Inmigración de Estados Unidos (USCIS), responsable de la administración de servicios de inmigración, y la Oficina de Aplicación de Leyes de Inmigración y Aduanas de Estados Unidos (BICE), responsable de hacer cumplir las normas de inmigración dentro de EE.UU.

Departmento de Trabajo (Department of Labor [DOL]). Mediante la supervisión del proceso de certificación laboral, es el organismo responsable de tomar las decisiones respecto a la disponibilidad de trabajadores estadounidenses cualificados para los cargos ofrecidos en muchas de las categorías migratorias basadas en el empleo.

deportable (deportable). Situación en la cual a un extranjero se le indica que debe abandonar los EE.UU. o podría indicársele que se marche en fecha futura.

deportación (deportation). Se produce cuando a una persona la detiene físicamente el funcionario de deportaciones y éste se la lleva a su país de origen, generalmente en cumplimiento de una orden de deportación o de expulsión emitida por un Tribunal de Inmigración.

Director de Distrito (District Director [DD]). El funcionario principal de las oficinas del USCIS en cierto distrito que puede incluir varios estados. El DD posee considerable discreción y poder respecto a determinados tipos de solicitudes y dispensas, tales como la admisión bajo palabra por motivos humanitarios o la postergación del plazo para la salida del país voluntaria.

dispensa (waiver). Generalmente uno de los diversos formularios, tales como los I-212, I-601, I-602 o I-612, utilizados para dispensar de las consecuencias de ciertas circunstancias de inadmisibilidad, tales como el ingreso al país con pasaporte falso o con antecedentes penales.

dispensa de visa (visa waiver). Entrada en los EE.UU. sin visa, por parte de los viajeros de una lista de aproximadamente 20 países cuyos ciudadanos tienen la reputación de respetar las leyes de inmigración de los EE.UU.

dispensa I-212 (I-212 waiver). Formulario necesario para evitar las consecuencias de una orden de expulsión o deportación.

documento de autorización de empleo (employment authorization document [EAD]). Tarjeta de identificación con fotografía emitida por el USCIS, a través de la cual consta la autorización para que el titular pueda trabajar en los EE.UU. y obtener su número de Seguro Social.

documento de llegada/salida (arrival/departure document). *Véase I-94.*

documento de viaje para refugiados (refugee travel document). Pasaporte azul que reemplaza al pasaporte del propio país y está destinado únicamente a refugiados y asilados. No puede utilizarse como permiso de reingreso. Sirve como permiso de regreso anticipado para refugiados y asilados.

dos en uno (onestop). Cuando los formularios I-130 e I-485 se presentan al mismo tiempo, normalmente ante la oficina del USCIS si uno es el beneficirio de una petición de visa inmediata.

duplicado de petición (duplicate petition). Normalmente se presenta cuando la petición original se ha perdido o extraviado en las oficinas del USCIS. A fin de presentar el duplicado de la petición se debe tener el número de recepción de la solicitud original o una copia del aviso de recepción (para que el duplicado sea admitido en su primera presentación).

E

elegible bajo el Artículo 245(I) (Section 245(I) eligible). Caso en el cual una persona elegible puede solicitar la visa I-485A Supplement, pagar la multa de $1000 y cambiar su condición migratoria.

eliminación de condiciones (remove conditions). Proceso a través del cual el extranjero presenta el debido formulario y las debidas constancias a un centro de servicio, demostrando que su matrimonio es legítimo o que ha cumplido con los requisitos de inversión estipulados.

embajada (embassy). Oficina principal del gobierno de los EE.UU., generalmente situada en un país amigo.

examen médico (medical examination). Examen que practica un médico aprobado por el USCIS o el Departamento de Estado y completa un formulario especial que se requiere previamente al cambio de condición migratoria o para obtener una visa de inmigrante en una embajada o consulado.

exclusión (exclusion). Se produce cuando un LPR con antecedentes penales intenta reingresar al país y no se le permite la entrada.

expulsable (removable). Extranjero ilegal o residente permanente legal que ha infringido las leyes de inmigración por haber cometido ciertos actos delictivos o fraudulentos y está sujeto a expulsión o deportación.

extensión de condición migratoria (extension of status [EOS]). Casos en los cuales se solicita una extensión de la duración del mismo tipo de visa de no inmigrante.

extranjero ilegal (illegal alien). Una persona que viva en los EE.UU. careciendo de condición migratoria o haya ingresado al país sin inspección.

extranjero indocumentado (undocumented alien). Una persona que haya ingresado ilegalmente a los EE.UU., sin visa, cruzando una frontera.

extranjero no residente (alien). Una persona que, sin ser residente permanente, vive en los EE.UU. en base a una visa de no inmigrante, carezca de categoría de inmigración o que hubiera ingresado al país sin inspección.

extranjero residente (resident alien). Residente permanente o persona a la cual se le haya concedido una extensión de su visa de no inmigrante, pero no de turista.

F

familiar directo o inmediato (immediate relative). Cónyuge, padre, madre o hijo(a) (menor de 21 años de edad) de un ciudadano de EE.UU. Sin embargo, los hijos adoptivos deberán haber sido adoptados antes de cumplir los 16 años y los hijastros antes de cumplir los 18 años de edad.

fecha límite (cut-off date). La fecha en el cuadro mensual de visas del Departamento de Estado, en base a la cual las personas cuya fecha prioritaria es anterior a la fecha límite son elegibles para solicitar residencia permanente.

fecha prioritaria (priority date [date of filing]). Fecha utilizada para determinar cuándo un beneficiario de una petición de visa puede solicitar cambio de condición migratoria.

fiscal (trial attorney). Fiscal que representa al USCIS en calidad de acusador. Un abogado empleado del USCIS para representar a dicha dependencia gubernamental ante el tribunal de inmigración y cumplir otras funciones legales.

formulario de datos biográficos (biographic information form). *Véase G-325A.*

funcionario de asilo (asylum officer). Empleado del USCIS a cargo de la entrevista administrativa inicial respecto a una solicitud de asilo.

funcionario de deportaciones (deportation officer). Empleado del USCIS cuya responsabilidad consiste en detener y deportar de los EE.UU. a los extranjeros que residen ilegalmente en el país.

G

G-28. Formulario para la comparecencia de un abogado. Formulario azul que debe acompañar toda solicitud de inmigración a fin de que pueda registrarse oficialmente a un abogado y se le envíen copias de la correspondencia.

G-325A. Formulario de datos biográficos detallados que se requiere completar para las solicitudes de modificación de condición migratoria y otras peticiones. Una de las copias se remite a la embajada del país de origen del solicitante y otra se envía a la CIA para que efectúe las correspondientes verificaciones de registros. Se requiere a todos los solicitantes de modificación de condición migratoria de catorce años de edad en adelante.

garante (sponsor). Persona o empresa que presenta una solicitud en nombre de un familiar o empleado, o un garante conjunto que presenta una garantía de mantenimiento.

garantía (affidavit). Cualquier tipo de documento escrito por el solicitante o por una tercera persona, brindando apoyo al solicitante y firmado en presencia de un notario público.

garantía de mantenimiento (affidavit of support). Importante formulario que se requiere para los casos de cambio de condición migratoria basados en vínculos familiares en los que el solicitante acuerda reembolsarle al gobierno los gastos ocasionados si la persona cuyo cambio de condición migratoria se aprueba obtiene beneficios federales dentro de los diez años posteriores a dicho cambio o si tal persona obtiene la ciudadanía estadounidense.

H

hoja de tramitación (routing slip). Formulario que se requiere presentar en el marco de un procedimiento ante el tribunal de inmigración, mediante el cual debe pagarse una tasa de solicitud al cajero del USCIS antes de presentar la solicitud ante el tribunal. El formulario permite al cajero del USCIS devolver la solicitud pagada al solicitante, a fin de que pueda tramitarse ante el tribunal de inmigración según las instrucciones del juez de inmigración.

I

I-20. Formulario emitido por una escuela o centro de enseñanza cuando un estudiante extranjero se ha inscripto o pagado su matrícula.

I-94. Pequeña tarjeta blanca que se adjunta al pasaporte tras la admisión en los EE.UU. en base a una visa de no inmigrante. Contiene la fecha de vencimiento de la visa de no inmigrante.

I-130. Formulario para la petición de visa en base a una categoría basada en familiares de parentesco inmediato o categorías preferenciales.

I-140. Formulario para la petición de visa en base a una categoría preferencial basada en el empleo.

I-161. *Véase carta de maletas y equipaje.*

I-485. Formulario para solicitar cambio de condición migratoria.

I-485 Supplement A. Formulario que presentan aquellas personas elegibles para una *mini* amnistía. Se puede presentar solamente durante ciertos períodos de tiempo y uno debe ser elegible. Se le requiere a aquellas personas que han ingresado en el país sin documentación o que carecen de condición migratoria y solicita cambio de condición migratoria a través de una petición de visa preferencial.

I-551. Otro nombre para la tarjeta de residencia permanente o tarjeta verde.

I-601. *Véase dispensa.*

I-765. Solicitud de permiso de trabajo.

I-797. Se lo conoce también como aviso de recepción o notificación de una decisión emitido por un centro de servicio, respecto a una solicitud de visa de inmigrante o no inmigrante.

I-864. *Véase garantía de mantenimiento.*

inadmisible (inadmissible). Cualquiera de cierto grupo de causas—tales como actos delictivos o criminales o problemas de salud—que hacen que a un extranjero no se le permita la entrada a los EE.UU.

informes sobre países (country reports). Informe detallado sobre cada país del extranjero que publica en febrero el Departamento de Estado en relación con la situación respecto a los derechos humanos en cada país. Los jueces y los funcionarios de asilo tienen muy en cuenta dichos informes al decidir si aprobarán o no una solicitud de asilo.

ingresado sin inspección (entered without inspection, [EWI]). Persona que ingresa a los EE.UU. cruzando la frontera con México o Canadá sin someterse a la inspección de un funcionario de inmigración.

inmigrante (immigrant). Persona a quien se le ha otorgado la condición de residente permanente legal.

inscripción (NSEERS). Siglas en inglés del Sistema de Seguridad Nacional de Registros de Entrada y Salida (National Security Entry-Exit Registration System). Este programa de breve duración, emprendido en diciembre de 2002, requería la inscripción obligatoria en las oficinas del USCIS, de los varones de 18 países, principalmente del Medio Oriente. El incumplimiento de esta disposición en 2002 (cuando el programa todavía estaba vigente) puede todavía impedir que dichos extranjeros soliciten cambio de condición migratoria, a menos que demuestren que no han cumplido tal requisito por motivos justificados.

inspección (inspection). Ser inspeccionado por un funcionario de inmigración en un aeropuerto, frontera o a bordo de un barco. El funcionario verificará que todos los documentos estén en orden. El funcionario del USCIS podrá admitir, devolver al extranjero a su país de origen o decidir que se le apliquen las disposiciones de admisión diferida.

J

juego de materiales para la visa de inmigrante (immigrant visa packet). Después de que a un extranjero se lo haya aprobado en una embajada o consulado, se le entrega un juego de materiales que deberá presentar ante el funcionario del USCIS para la tramitación ADIT.

juez de inmigración (immigration judge [IJ]). Juez de derecho administrativo que a su vez es empleado del Departamento de Justicia.

L

legalización (legalization). El proceso anterior mediante el cual, durante la amnistía de 1986, se les otorgaba a los extranjeros solicitantes la residencia temporaria y, posteriormente, la residencia permanente.

Ley de Inmigración y Nacionalidad de 1952 (Immigration and Nationality Act of 1952 [INA]). El punto de partida de la ley de inmigración actual. Todas las leyes de inmigración aprobadas desde entonces son enmiendas de la INA.

Ley de Libertad de Información (Freedom of Information Act [FOIA]). Importante ley que permite a toda persona obtener una copia de su expediente en poder de una dependencia gubernamental, como el USCIS, por ejemplo.

Ley LIFE (LIFE Act). La legislación más reciente relacionada con la inmigración, promulgada en diciembre de 2000. Permite a aquellas personas que carecen de condición migratoria, ingresaron en el país EWI, o trabajaron en los EE.UU. sin autorización del USCIS, modificar su condición migratoria por medio de un familiar o de una certificación laboral presentada antes del 30 de abril de 2001.

lotería (lottery). *Véase visa pro diversidad.*

lotería de visas (visa lottery). *Véase visa pro diversidad.*

M

mandamus (mandamus). Petición presentada en un tribunal federal a fin de que un juez federal le ordene al USCIS que tome cierta medida.

Manual de Asuntos del Extranjero (Foreign Affairs Manual [conocido como *FAM*, rima con *sam*]. Las regulaciones que se aplican a los funcionarios consulares en lo que se refiere a la adjudicación de visas de inmigrantes o no inmigrantes.

moción (motion). Cualquier tipo de petición por escrito, presentada normalmente ante el Tribunal de Inmigración o también ante una oficina o centro de servicio del USCIS, solicitándole al organismo correspondiente que tome cierta decisión formal.

moción para reabrir (motion to reopen). Una moción común destinada a declarar nuevamente pendiente un beneficio previamente denegado, a fin de obtener dicho beneficio. Pueden imponerse limitaciones en cuanto al número de mociones, la fecha en la cual pueden presentarse y la base para reabrir un caso.

modificación de condición migratoria (adjustment of status [AOS]). Proceso a través del cual se adquiere la condición de residente permanente en los EE.UU. Dado que el solicitante tiene una condición migratoria anterior en EE.UU., se dice que modifican la condición migratoria del solicitante, otorgándole la residencia permanente.

N

NACARA. **(Siglas en inglés de la Ley de Cambio de Condición Migratoria y de Ayuda para los Centroamericanos.)** Ley que permite que soliciten una suspensión de deportación ciertas personas de Europa oriental, los países del ex bloque soviético, que hubieran ingresado al país antes de 1991 y que en aquel momento hubieran solicitado asilo.

nacionalidad (nationality). En cuanto a inmigración generalmente significa lo mismo que ciudadanía.

naturalización. Proceso por el cual un titular de tarjeta de residencia permanente se convierte en ciudadano de EE.UU. solicitándola mediante el formulario N-400.

notificación de aprobación (approval notice). Notificación de un centro de servicio en la cual se indica que una petición ha sido aprobada. *Véase I-94.*

notificación de decisión (notice of action). *Véase I-797.*

notificación de la intención de denegar la solicitud (notice of intent to deny). Se emite ya sea para una petición I-130 o una solicitud de asilo (en aquellos casos en los cuales el solicitante posee una condición válida como no inmigrante), a fin de otorgarle al solicitante la oportunidad de refutar el rechazo y presentar documentos adicionales como constancia.

número "A". Puede llamarse el número de extranjero, número de expediente, número de tarjeta de residente o número de caso (especialmente en un tribunal de inmigración). Se refiere al número de expediente que el USCIS le asigna en orden secuencial a un extranjero que ha solicitado una modificación de condición migratoria (*adjustment*) o que ha sido detenido por el USCIS. Es el número de expediente permanente del extranjero, el número que, en caso de aprobarse aparece en el permiso de trabajo, la tarjeta de residencia permanente o el certificado de naturalización. Este número deberá aparecer en toda la correspondencia y las solicitudes que se presentan ante el USCIS.

número de expediente (file number). *Véase número A.*

número de recepción (receipt number). El número de caso que le asigna un centro de servicio a una solicitud. El número de recepción incluye las primeras tres letras del centro de servicio y el año en el cual fue presentada la solicitud.

número de tarjeta de residente (green card number). *Véase número A.*

O

Oficina de Aplicación de Leyes de Inmigración y Aduanas de Estados Unidos (BICE). Dependencia que incluye las funciones de vigilancia de las normas dentro del país de las que anteriormente se encargaba el INS. Ahora forma parte del Departamento de Seguridad Nacional. Por ejemplo, los funcionarios encargados de las deportaciones forman parte de este buró.

oficina de pasaportes (passport office). Oficina del Departamento de Estado que expide pasaportes y al encargarse de tal función puede tomar decisiones sobre la ciudadanía de EE.UU.

Oficina Ejecutiva para la Revisión de Inmigración (Executive Office for Immigration Review [EOIR]). Agencia separada dentro del USCIS también encuadrada dentro del Departamento de Justicia, encargada del Tribunal de Inmigración.

orden de expulsión definitiva (final order of removal). Orden de enviar a una persona fuera de los EE.UU. emitida por el juez de inmigración y respecto a la cual no se hayan presentado apelaciones dentro de un plazo de treinta días.

P

pasaporte azul (blue passport). *Véase documento de viaje para refugiados.*

pasaporte blanco (white passport). *Véase permiso de reingreso.*

penurias extremas (extreme hardship). Criterio legal para los distintos tipos de dispensas (*waivers*), para justificar la permanencia ilegal en el país o la entrada con un pasaporte falso. Las penurias extremas justificatorias deberán afectar a un familiar autorizado, por ejemplo uno de los padres o un cónyuge que sea ciudadano o LPR de los EE.UU.

permanencia ilegal (unlawful presence). Período de tiempo en que un extranjero vive en los EE.UU. ilegalmente o sin condición migratoria, a partir del 1 de abril de 1997.

permiso de regreso anticipado (advance parole). Lo emite una oficina local o un centro de servicio, dependiendo de dónde se haya presentado la solicitud de cambio de condición migratoria. Es un permiso de regreso anticipado a los EE.UU. para proseguir la tramitación de una solicitud de cambio de condición migratoria.

permiso de reingreso (re-entry permit). Documento que permite a un extranjero salir del país durante más de un año y hasta dos años sin perder su condición de residente permanente.

permiso de trabajo (work permit). *Véase documento de autorización de empleo.*

petición de visa (visa petition). Ya sea la petición I-130, en favor de un familiar, o la petición I-140 basada en el empleo, presentadas en nombre del beneficiario.

peticionario (petitioner). El ciudadano de los EE.UU. o residente permanente legal en los EE.UU. o una corporación estadounidense que presenta una solicitud en nombre de un beneficiario extranjero de una visa de inmigrante o no inmigrante.

plazo para la presentación de documentos (call-up date). Se utiliza en el Tribunal de Inmigración para indicar cuándo deben presentarse ante el tribunal las mociones o los documentos correspondientes. Generalmente de diez a catorce días antes de la audiencia.

polizón (stowaway). Persona que ha ingresado en el país ilegalmente viajando en un tren, autobús, barco u otro medio de transporte comercial en el cual debiera haberse pagado un pasaje.

por su relación con un abuelo (grandfathered). Persona que puede solicitar beneficios bajo una ley favorable que ya ha caducado, bajo el artículo 245(i).

procedimiento (proceedings). *Véase procedimiento de expulsión.*

procedimiento de expulsión (removal proceedings). Una persona que esté sujeta a *procedimiento*, está sujeto a que el tribunal de inmigración decida si debe ser expulsado o deportado.

prórroga de la fecha de deportación (stay of deportation). Solicitud que se efectúa completando el formulario I-246 y presentándolo en la Oficina de Deportaciones a fin de solicitar la postergación de la fecha de deportación debido a circunstancias atenuantes.

R

reducción del plazo de oferta de empleo (reduction in recruitment [RIR]). Modalidad relativamente nueva de certificación laboral en la cual la empresa ya ha intentado contratar a un trabajador cualificado y, por lo tanto, no necesita efectuar un intento de búsqueda y contratación supervisado por el Departamento de Trabajo.

refugiado (refugee). Persona que se encuentra en los EE.UU. habiendo obtenido en el exterior la condición migratoria de refugiado. Puede solicitar la modificación de condición migratoria después de vivir un año en EE.UU.

registro (registry). Todo aquel que resida en los EE.UU. desde antes de 1972 puede ser admitido en calidad de residente permanente si puede demostrar que posee buena reputación moral.

registro de procedimientos (record of proceedings [ROP]). Nombre formal que se le da al expediente judicial en un tribunal de inmigración y el expediente bajo el cual toma una decisión el juez de inmigración.

regulaciones (regulations). *Véase Código de Regulaciones Federales o Manual de Asuntos del Extranjero.*

residente condicional (conditional resident). Persona que ha obtenido residencia permanente condicional por estar casada con un ciudadano de los EE.UU. (en aquellos casos en que llevan menos de dos años de casados en la fecha de producirse la modificación de condición migratoria) o a través de una inversión que reúna los debidos requisitos.

residente permanente (permanent resident [LPR]). *Véase residente permanente legal.*

residente permanente legal (legal permanent resident [LPR]). El término más correcto para referirse a una persona cuya condición migratoria se ha modificadoa través de una visa de inmigrante.

residente temporario (temporary resident alien). El término correcto para referirse a una persona que haya logrado aprobar la etapa inicial del proceso de legalización, con posterioridad a la amnistía de 1986.

S

salario predominante (prevailing wage). Término utilizado en una H-1B o solicitud de certificación laboral, y significa que el salario ofrecido debe ser, por lo menos, equivalente al 95% del promedio salarial de las personas que desempeñan ese tipo de cargos en la correspondiente localidad o estado.

salida del país voluntaria (voluntary departure). Otorgada por un juez de inmigración o un funcionario del USCIS, en aquellos casos en los cuales el extranjero acuerda abandonar los EE.UU. a su propia costa antes de cierta fecha, en lugar de ser deportado y sufrir las consecuencias de una orden de deportación.

sección de examen (examination sections or exams). Nombre característico de la sección del USCIS que entrevista a quienes han presentado solicitudes de modificación de condición migratoria.

sección de investigaciones (investigations section). Departamento integrado por funcionarios del USCIS a quienes se los autoriza a portar armas, se les confiere autoridad para efectuar aciertos, llevar a cabo investigaciones sobre matrimonios fraudulentos, negocios fraudulentos, contrabandistas de extranjeros ilegales, documentos fraudulentos y extranjeros que toman parte en actividades delictivas y de pandillas.

sello de residente (green card stamp). Conocido también como sello I-551. Se refiere al sello temporario que un funcionario del USCIS estampa en el pasaporte para indicar la modificación de condición migratoria del titular.

sello I-551 (I-551 stamp). *Véase sello de residente.*

Servicio de Ciudadanía e Inmigración de Estados Unidos (USCIS). Dependencia que abarca las funciones de beneficios del antiguo INS. Ahora forma parte del Departamento de Seguridad Nacional.

Servicio de Inmigración y Naturalización (INS). A partir del 1 de marzo de 2001, el INS dejó de funcionar como tal. Se dividió en varias partes a fin de separar, entre otras, las funciones relacionadas con los beneficios (USCIS) de las de vigilancia del cumplimiento de las normas (BICE). Todas estas funciones se cumplen ahora bajo la autoridad del nuevo Departamento de Seguridad Nacional.

sin condición migratoria válida (out of status [overstay]). Por permanencia después del plazo autorizado. Situación en la cual ha concluido la condición migratoria de no inmigrante establecida en el formulario I-94 o una extensión del mismo; o aquellos casos en que la persona ha infringido las condiciones de la visa, por ejemplo, desempeñando un puesto de trabajo sin autorización para ello.

solicitante principal (principal applicant). El solicitante que presenta una solicitud de modificación de condición migratoria o asilo.

solicitud de ajuste de estatus (adjustment application). *Véase formulario I-485.*

solicitud de condición laboral (labor condition application [LCA]). La primera etapa de una petición de una H-1B para no inmigrantes. La LCA no tiene nada que ver con la solicitud de certificación laboral.

solicitud de constancia (request of evidence [RFE]). Documento emitido por una oficina o centro de servicio del USCIS, solicitando constancia o información adicional para demostrar la validez del punto de vista de un extranjero.

suspensión de expulsión. Requiere demostrar que es altamente probable que el extranjero sea víctima de persecución por sus opiniones políticas, religión, género, nacionalidad o pertenencia a determinado grupo social.

T

tarjeta blanca (white card). *Véase I-94.*

tarjeta para la firma (signature card). Pequeña tarjeta que se utiliza para la impresión digital del pulgar junto con una solicitud de autorización de empleo en algunos centros de servicio, o posiblemente la tarjeta I-89 que se usa para la tramitación ADIT.

tarjeta para las huellas digitales (fingerprint card). Hasta 1997, una tarjeta en la cual se estampaban las huellas digitales de un extranjero, por parte de una entidad agente del cumplimiento de la ley o por una organización privada autorizada. A partir de tal fecha el USCIS pasó a encargarse del proceso de toma de huellas digitales para evitar el fraude.

tiempo acumulado. Generalmente el número total de días desde que se presenta una solicitud de asilo. Se utiliza para decidir cuándo un solicitante de asilo puede presentar una solicitud para obtener un permiso de trabajo. También se utiliza este término al cálculo del tiempo de permanencia en el país de quienes residen ilegalmente.

titular de tarjeta de residente (green card holder). *Véase residente permanente legal.*

trabadores agrícolas de reemplazo (replacement agricultural workers [RAW]). Programa implementado después de que a numerosos trabajadores agrícolas se les concedió la residencia permanente a través de la amnistía de 1986.

tramitación ADIT (ADIT processing). Se refiere al Sistema de Documentación, Identificación y Telecomunicaciones respecto a Extranjeros. Es el proceso a través del cual un solicitante de cambio de condición migratoria estampa su firma y huellas digitales en la tarjeta I-89, la cual se envía a un centro de servicio en la cual la convierten en tarjeta de residente. Generalmente tal proceso se efectúa en la entrevista con el USCIS.

tribunal de inmigración (immigration court [EOIR]). *Véase Oficina Ejecutiva para la Revisión de Inmigración.*

V

visa V (V visa). Nuevo beneficio de la Ley LIFE que permite a los cónyuges o hijos menores no casados de titulares de tarjeta de residencia permanente que cumplan tres años de espera tras efectuar una petición de la visa I-130, obtener la condición de no inmigrante legal en los EE.UU., o, si se encuentra en el extranjero, ingresar en los EE.UU., a fin de permanecer en los EE.UU. durante el resto de los años de espera previos a la aprobación de su petición de visa.

visa (visa). Utilizada por sí mismo, se refiere a una de las visas temporarias de no inmigrante, de las cuales la más conocida es la visa de turista, B-2.

visa vigente (current visa). Una visa en la cual la fecha prioritaria (fecha de presentación de la solicitud) es posterior a la fecha que se publica en el boletín de visas publicado por el Departamento de Estado.

visa de inmigrante (IV). Se utiliza al solicitar residencia permanente en EE.UU., en una embajada o en un consulado.

visa de no inmigrante (NIV). Cualquiera de los diversos tipos de visas que permiten permanecer en los EE.UU. durante un plazo temporario con un propósito específico.

visa pro diversidad. Conocida también como lotería de visas, sorteo de visas o, simplemente lotería o sorteo. Sorteo de tarjetas de residencia permanente organizado por el Departamento de Estado, a través del cual se notifica a 100.000 personas que se les otorgará la oportunidad de cambiar su condición migratoria. Sin embargo sólo se dispone de 50.000 visas.

Oficinas del USCIS

La siguiente es una lista completa de todas las oficinas locales del USCIS en cada estado.

Alabama:
USCIS Atlanta District
Martin Luther King Jr.
    Federal Building
77 Forsyth Street SW
Room 111
Atlanta, GA 30303
404-331-0253

Alaska:
USCIS Anchorage District Office
620 East 10th Avenue
Suite 102
Anchorage, AL 99501
907-271-3521

Arizona:
USCIS Phoenix District Office
2035 North Central Avenue
Phoenix, AZ 85004
602-514-7799

USCIS Tucson Sub Office
South Country Club Road
Tucson, AZ 85706
520-670-4624

Arkansas:
USCIS
4991 Old Greenwood Road
Fort Smith, AR 72903
501-646-4721

California:
USCIS Los Angeles District Office
300 North Los Angeles Street
Room 1001
Los Angeles, CA 90012
213-830-4940

USCIS Fresno Sub Office
865 Fulton Mall
Fresno, CA 93721
559-487-5132

USCIS Sacramento Sub Office
650 Capitol Mall
Sacramento, CA 95814
916-498-6480

USCIS
34 Civic Center Plaza
Room 520
Santa Ana, CA 92701
714-972-6600

USCIS San Diego District Office
U.S. Federal Building
880 Front Street, Suite 1234
San Diego, CA 92101
619-557-5645

USCIS San Francisco District Office
630 Sansome Street
San Francisco, CA 94111
415-844-5200

USCIS San Jose Sub Office
1887 Monterey Road
San Jose, CA 95112
408-918-4000

Colorado:
USCIS Denver District Office
4730 Paris Street
Denver, CO 80239
303-371-0986

Connecticut:
USCIS Hartford Sub Office
450 Main Street, 4th Floor
Hartford, CT 06103
860-240-3050

Delaware:
USCIS
1305 McD Drive
Dover, DE 19901
302-730-9311

District of Columbia:
USCIS Washington District Office
4420 N. Fairfax Drive
Arlington, VA 22203
202-307-1642

Florida:
Fort Lauderdale / Port Everglades Sub Office
1800 Eller Drive, Suite 1401
P.O. Box 13054
Port Everglades Station
Fort Lauderdale, FL 33316
954-356-7790

USCIS Miami District Office
7880 Biscayne Boulevard
Miami, FL 33138
305-762-3680

USCIS Jacksonville Sub Office
4121 Southpoint Boulevard
Jacksonville, FL 32216
904-232-2164

USCIS Orlando Sub Office
9403 Tradeport Drive
Orlando, FL 32827
407-855-1241

USCIS Tampa Sub Office
5524 West Cypress Street
Tampa, FL 33607
813-637-3010

USCIS West Palm Beach Sub Office
301 Broadway, Suite 142
Riviera Beach, FL 33401
561-841-0498

Georgia:
USCIS Atlanta District
Martin Luther King Jr. Federal Building
77 Forsyth Street SW, Room 111
Atlanta, GA 30303
404-331-0253

Guam:
USCIS Agana Sub Office
Sirena Plaza, Suite 100
108 Hernan Cortez Avenue
Hagatna, Guam 96910
671-472-7466

Hawaii:
USCIS Honolulu District Office
595 Ala Moana Boulevard
Honolulu, HI 96813
808-532-3746

Idaho:
Boise Office Location
USCIS Boise Sub Office
1185 South Vinnell Way
Boise, ID 83709

Illinois:
USCIS Chicago District Office
10 West Jackson Boulevard
Chicago, IL 60604
312-385-1820 or 312-385-1500

USCIS Citizenship Office
539 S. LaSalle Street
Chicago, IL 60605
312-353-5440

Indiana:
USCIS Indianapolis Sub Office
950 N. Meridian St., Room 400
Indianapolis, IN 46204

Kansas:
USCIS Wichita Satellite Office
271 West 3rd Street North, Suite 1050
Wichita, KS 67202

Kentucky:
USCIS Louisville Sub Office
Gene Snyder U.S. Courthouse and Customhouse
Room 390
601 West Broadway
Louisville, KY 40202
502-582-6526

Louisiana:
U.S. DHS
USCIS
701 Loyola Avenue,
Room T-8011
New Orleans, LA 70113
504-589-6521

Maine:
USCIS Portland Maine District Office
176 Gannett Drive
So. Portland, ME 04106
207-780-3399

Maryland:
USCIS Baltimore District
Fallon Federal Building
31 Hopkins Plaza
Baltimore, MD 21201
410-962-2010

Massachusetts:
USCIS Boston District Office
John F. Kennedy Federal Building
Government Center
Boston, MA 02203
617-565-4274

Michigan:
USCIS Detroit District Office
333 Mt. Elliot
Detroit, MI 48207
313-568-6000

Minnesota:
USCIS St. Paul District
2901 Metro Drive, Suite 100
Bloomington, MN 55425
612-313-9020

Mississippi:
USCIS Jackson Sub Office
Dr. A. H. McCoy
Federal Building
100 West Capitol Street
Suite B-8
Jackson, MS 39269

Missouri:
USCIS Kansas City District
9747 Northwest Conant Avenue
Kansas City, MO 64153
816-891-7422

USCIS St. Louis Sub Office
Robert A. Young Federal Building
1222 Spruce Street, Room 1.100
St. Louis, MO 63103
314-539-2516

Montana:
USCIS Helena District Office
2800 Skyway Drive
Helena, MT 59602
406-449-5220

Nebraska:
USCIS Omaha District Office
3736 South 132nd Street
Omaha, NE 68144
402-697-1129

USCIS Omaha District Office
Information Office
13824 T Plaza (Millard Plaza)
Omaha, NE 68137

Nevada:
USCIS Las Vegas Sub Office
3373 Pepper Lane
Las Vegas, NV 89120
702-451-3597

USCIS Reno Sub Office
1351 Corporate Boulevard
Reno, NV 89502
775-784-5427

New Hampshire:
USCIS Manchester Office
803 Canal Street
Manchester, NH 03101
603-625-5276

New Jersey:
USCIS Newark District Office
Peter Rodino, Jr. Federal Building
970 Broad Street
Newark, NJ 07102
973-645-4421

USCIS Cherry Hill Sub Office
1886 Greentree Road
Cherry Hill, NJ 08003
609-424-7712

New Mexico:
USCIS Albuquerque Sub Office
1720 Randolph Road SE
Albuquerque, NM 87106
505-241-0450

New York:
(Dirección Postal:)
USCIS Buffalo District Office
Federal Center
130 Delaware Avenue
Buffalo, NY 14202
716-849-6760

USCIS Albany Sub Office
1086 Troy-Schenectady Road
Latham, NY 12110
518-220-2100

USCIS New York City District Office
26 Federal Plaza
New York City, NY 10278
212-264-5891

USCIS Rochester Satellite Office
Federal Building
100 State Street, Room 418
Rochester, NY 14614

USCIS Syracuse Satellite Office
412 South Warren Street
Syracuse, NY 13202

North Carolina:
USCIS Charlotte Sub Office
Woodlawn Green Office Complex
210 E. Woodlawn Road
Building 6, Suite 138
Charlotte, NC 28217
704-672-6990

North Dakota:
USCIS St. Paul District
2901 Metro Drive, Suite 100
Bloomington, MN 55425
612-313-9020

Ohio:
USCIS Cleveland District
A.J.C. Federal Building
1240 East Ninth Street,
Room 1917
Cleveland, OH 44199
216-522-4766

USCIS Cincinnati Sub Office
J.W. Peck Federal Building
550 Main Street, Room 4001
Cincinnati, OH 45202
513-684-2412

USCIS Columbus Sub Office
Bureau of Citizenship and Immigration Services
50 W. Broad Street
Columbus, OH 43215
614-469-2900

Oklahoma:
USCIS Oklahoma City Sub Office
4149 Highline Boulevard
Suite 300
Oklahoma City, OK 73108
405-231-5944

Oregon:
USCIS Portland, Oregon District Office
511 NW Broadway
Portland, OR 97209
503-326-7585

Pennsylvania:
USCIS Philadelphia District Office
1600 Callowhill Street
Philadelphia, PA 19130
215-656-7150

USCIS Pittsburgh Sub Office
Federal Building
1000 Liberty Avenue
Room 2130
Pittsburgh, PA 15222

Puerto Rico y las Islas Vírgenes de los Estados Unidos:
(Dirección Física:)
USCIS San Juan District Office
San Patricio Office Center
7 Tabonuco Street, Suite 100
Guaynabo, PR 00968
787-706-2343

(Dirección Postal:)
USCIS San Juan District Office
P.O. Box 365068
San Juan, PR 00936

USCIS Charlotte Amalie Sub Office
Nisky Center, Suite 1A
First Floor South
Charlotte Amalie, St. Thomas
USVI 00802
340-774-1390

(Dirección Física:)
USCIS
Sunny Isle Shopping Center
Christiansted, St. Croix
USVI 00820

(Dirección Postal:)
USCIS
P.O. Box 1468
Kingshill
St. Croix, USVI 00851
340-778-6559

Rhode Island:
USCIS Providence Sub Office
200 Dyer Street
Providence, RI 02903
401-528-5528

South Carolina:
USCIS Charleston Office
170 Meeting Street, Fifth Floor
Charleston, SC 29401
843-727-4422

South Dakota:
USCIS St. Paul District
2901 Metro Drive, Suite 100
Bloomington, MN 55425
612-313-9020

Tennessee:
U.S. DHS
USCIS
701 Loyola Avenue
Room T-8011
New Orleans, LA 70113
504-589-6521

USCIS Memphis Sub Office
Suite 100
1341 Sycamore View Road
Memphis, TN 38134
901-544-0256

Texas:
U.S. USCIS
8101 North Stemmons Freeway
Dallas, TX 75247
214-905-5800

USCIS El Paso District Office
1545 Hawkins Boulevard
Suite 167
El Paso, TX 79925
915-225-1750

USCIS Harlingen District
2102 Teege Avenue
Harlingen, TX 78550
956-427-8592

Houston USCIS District Office
126 Northpoint
Houston, TX 77060
281-774-4629

USCIS San Antonio District
8940 Fourwinds Drive
San Antonio, TX 78239
210-967-7109

Utah:
USCIS Salt Lake City Sub Office
5272 South College Drive, #100
Murray, UT 84123
801-265-0109

Vermont:
USCIS St. Albans Office
64 Gricebrook Road
St. Albans, VT 05478

Virginia:
USCIS Washington District Office
4420 N. Fairfax Drive
Arlington, VA 22203
202-307-1642

USCIS Norfolk Sub Office
5280 Henneman Drive
Norfolk, VA 23513
757-858-7519

Washington:
USCIS Seattle District Office
815 Airport Way South
Seattle, WA 98134
206-553-1332

USCIS Spokane Sub Office
U.S. Courthouse
920 W. Riverside Room 691
Spokane, WA 99201
509-353-2761

(Dirección Física:)
USCIS Yakima Sub Office
417 E. Chestnut
Yakima, WA 98901

(Dirección Postal:)
USCIS Yakima Sub Office
P.O. Box 78
Yakima, WA 98901

West Virginia:
USCIS Charleston Sub Office
210 Kanawha Blvd. West
Charleston, WV 25302

Wisconsin:
USCIS Milwaukee Sub Office
310 E. Knapp Street
Milwaukee, WI 53202
414-297-6365

Wyoming:
USCIS Denver District Office
4730 Paris Street
Denver, CO 80239
303-371-0986

Centros de Servicio del USCIS

Este apéndice contiene la información necesaria para ponerse en contacto con los centros de servicio del USCIS. Cuatro de estos centros de servicio son idénticos en la medida que cada uno procesa todo tipo de solicitudes, siendo la única diferencia el hecho de que cada uno sólo procesa las aplicaciones de la región especifica de los Estados Unidos sobre la cual ejerce jurisdicción o tiene tuición.

Por otro lado, el quinto y más reciente centro, el denominado *National Benefits Center* (Centro Nacional de Beneficios), es muy diferente en la medida que no tiene responsabilidad sobre los trámites de una región en particular y, en vez de aquello, procesa solamente los tres nuevos tipos de solicitud vinculados a la Ley LIFE. El *National Benefits Center* fue creado originalmente como el *Missouri Service Center* (Centro de Servicio de Misuri) con la finalidad de procesar los tres nuevos tipos de solicitudes asociadas con la ley LIFE. Este centro, ahora llamado el *National Benefits Center*, lleva a cabo la función adicional de centro de distribución y nexo para todas las oficinas locales del USCIS al responsabilizarse del procesamiento previo a la entrevista de los formularios que generalmente requieren de una entrevista, o sea, en particular, aquellos casos cuya solicitud se basa en vínculos familiares.

Al presentar una solicitud a un centro de servicio, se debe rotular esta correspondencia prestando especial atención a que el sobre vaya dirigido a la dirección o casilla postal correcta.

Centro de Servicio de California

Jurisdicción sobre: *Arizona, California, Guam, Hawaii, and Nevada.*

Correspondencia general:
U.S. Department of Homeland Security
United States Citizenship and
Immigration Services
P.O. Box 30111
Laguna Niguel, CA 92607

Envios por servicio de mensajería:
California Service Center
24000 Avila Road
2nd Floor
Room 2302
Laguna Niguel, CA 92677

U.S. Department of Homeland Security
United States Citizenship and
Immigration Services
California Service Center
P.O. Box *(apunte el número de la caja correcta que aparece en la lista abajo)*
Laguna Niguel, CA *(apunte el código postal correcto que aparece en la lista abajo)*

I-90:
P.O. Box 10090
Laguna Niguel, CA 92607-1009

I-90A (SAW):
P.O. Box 10190
Laguna Niguel, CA 92607-1019

I-129 (y formularios relacionados I-539):
P.O. Box 10129
Laguna Niguel, CA 92607-1012

I-130/I-129F y EOIR-29:
P.O. Box 10130
Laguna Niguel, CA 92607-1013

I-140:
P.O. Box 10140
Laguna Niguel, CA 92607-1014

I-290A y I-290B:
P.O. Box 10290
Laguna Niguel, CA 92607-1029

I-360:
P.O. Box 10360
Laguna Niguel, CA 92607-1036

I-485:
P.O. Box 10485
Laguna Niguel, CA 92607-1048

I-526:
P.O. Box 10526
Laguna Niguel, CA 92607-1052

I-539:
P.O. Box 10539
Laguna Niguel, CA 92607-1053

I-589:
P.O. Box 10589
Laguna Niguel, CA 92607-1058

I-690:
P.O. Box 10690
Laguna Niguel, CA 92607-1069

I-694:
P.O. Box 10694
Laguna Niguel, CA 92607-1094

I-695:
P.O. Box 10695
Laguna Niguel, CA 92607-1095

I-698:
P.O. Box 10698
Laguna Niguel, CA 92607-1098

I-751:
P.O. Box 10751
Laguna Niguel, CA 92607-1075

I-765:
P.O. Box 10765
Laguna Niguel, CA 92607-1076

I-817:
P.O. Box 10817
Laguna Niguel, CA 92607-1081

I-821:
P.O. Box 10821
Laguna Niguel, CA 92607-1082

I-824:
Utilice el número de la caja postal que corresponde a la solicitud o petición para la cual se pide la acción.

I-829:
P.O. Box 10526
Laguna Niguel, CA 92607-1052

N-400:
P.O. Box 10400
Laguna Niguel, CA 92607-1040

Mostrador de Información:
Chet Holifeld Federal Building
24000 Avila Road
2nd Floor
Laguna Niguel, CA 92607
Abierto de lunes a viernes (9:00 AM a 2:30 PM) excepto los días festivos
800-375-5283

Información Especial:

- Si no se ha fijado una cita para la obtención de sus huellas digitales dentro de los primeros 120 días a partir de la fecha de presentación de su trámite, favor de enviar una consulta vía facsímile (Fax) al siguiente número: 949-389-3055.

- Para consultas respecto al estado de su caso, favor no dirigir sus preguntas por escrito, sino llamar al siguiente número de servicio al cliente: 1-800-375-5283.

National Benefits Center (Centro Nacional de Beneficios)

Envíos por servicio de mensajería:
United States Citizenship and
Immigration Services
1907–1909 S Blue Island Avenue
Chicago, IL 60608

Visa V:
United States Citizenship and
Immigration Services
P.O. Box 7216
Chicago, IL 60680-7216

Visa K:
United States Citizenship and
Immigration Services
P.O. Box 7218
Chicago, IL 60680-7218

Unidad de legalizaciones y asuntos familiares:
United States Citizenship and
Immigration Services
P.O. Box 7219
Chicago, IL 60680-7219

Información especial:

- El número de atención al cliente a nivel nacional es el siguiente: 800-375-5283. Si usted tiene preguntas relacionadas al estado de su caso, es mejor llamar a este número.

- Debido al hecho de que todas las solicitudes son escaneadas, es mejor no engrapar dichos formularios y adjuntarlos para su presentación mediante clips o carpetas.

- Ya que existe una probabilidad bastante alta de que las fotografías presentadas se separen o extravíen durante el proceso de escaneado, se le recomienda escribir su nombre completo y numeral A en el dorso de cada foto con un lápiz o marcador (pluma) de fieltro para fines de identificación.

- Las direcciones arriba enumeradas solo sirven para propósitos de la presentación inicial de su trámite. Cualquier otra correspondencia debe ser enviada a la siguiente dirección:

USCIS—NBC
P.O. Box 648005
Lee's Summit, MO 64064

- Cambios de dirección: Los solicitantes que hubiesen solicitado beneficios ante el *National Benefits Center* (Centro Nacional de Beneficios) o NBC por sus siglas en inglés, deben enviar un formulario AR-11, completamente llenado, a la dirección del USCIS y notificar al *National Benefits Center* de dichos cambios ya sea por escrito, a la antedicha dirección, o en su caso comunicándose con su Centro Nacional de Atención al Cliente llamando a la línea gratuita 800-375-5283.

Centro de Servicio de Nebraska

Jurisdicción sobre: *Alaska, Colorado, Idaho, Illinois, Indiana, Iowa, Kansas, Michigan, Minnesota, Missouri, Montana, Nebraska, North Dakota, Ohio, Oregon, South Dakota, Utah, Washington, Wisconsin, and Wyoming.*

Envíos por servicio de mensajería:
USCIS Nebraska Service Center
850 S Street (P.O. Box – apunte el número correcto)
Lincoln, NE 68508 + código postal de 4 dígitos

Todas las solicitudes deben ser remitidas a la siguiente dirección:
U.S. Department of Homeland Security
United States Citizenship and Immigration Services
Nebraska Service Center
P.O. Box (apunte el número correcto)
Lincoln, NE (apunte el código postal correcto)

Correspondencia general:
P.O. Box 82521
Lincoln, NE 68501-2521

I-102
P.O. Box 87102
Lincoln, NE 68501-7102

I-129
P.O. Box 87129
Lincoln, NE 68501-7129

I-129 (*Premium Processing, o Procesamiento Rápido*):
P.O. Box 87103
Lincoln, NE 68501-7103

I-129F
P.O. Box 87130
Lincoln, NE 68501-7130

I-130
P.O. Box 87130
Lincoln, NE 68501-7130

I-131
P.O. Box 87131
Lincoln, NE 68501-7131

I-140
P.O. Box 87140
Lincoln, NE 68501-7140

I-290 (Apelaciones y Recursos):
P.O. Box 87290
Lincoln, NE 68501-7290

I-360
P.O. Box 87360
Lincoln, NE 68501-7360

N-400
P.O. Box 87400
Lincoln, NE 68501-7400

I-485
P.O. Box 87485
Lincoln, NE 68501-7485

I-539
P.O. Box 87539
Lincoln, NE 68501-7539

I-589
P.O. Box 87589
Lincoln, NE 68501-7589

I-694
P.O. Box 87698
Lincoln, NE 68501-7698

I-730
P.O. Box 87730
Lincoln, NE 68501-7730

I-751
P.O. Box 87751
Lincoln, NE 68501-7751

I-765
P.O. Box 87765
Lincoln, NE 68501-7765

I-817
P.O. Box 87817
Lincoln, NE 68501-7817

I-821
(SOLO para solicitantes de El Salvador,
Honduras y Nicaragua; todos los demás solici-
tantes bajo *Temporary Protected Status*
(Estatus Temporal Protegido) o TPS por sus
siglas en inglés, deben tramitar sus solicitudes
a través de la oficina local del USCIS corres-
pondiente.)
P.O. Box 87821
Lincoln, NE 68501-7821

I-824
P.O. Box 87824
Lincoln, NE 68501-7824
402-323-7830

Centro de Servicio de Texas

Jurisdicción sobre: *Alabama, Arkansas,
Florida, Georgia, Kentucky, Louisiana,
Mississippi, New Mexico, North Carolina,
Oklahoma, South Carolina, Tennessee, and
Texas.*

Correspondencia general:
USCIS TSC
P.O. Box 851488
Mesquite, TX 75185-1488

Envíos por servicio de mensajería:
USCIS TSC
4141 N. St. Augustine Rd.
Dallas, TX 75227

I-131, I-824, I-102, I-539, I-698:
USCIS TSC
P.O. Box 851182
Mesquite, TX 75185-1182

I-765:
USCIS TSC
P.O. Box 851041
Mesquite, TX 75185-1041

I-485:
USCIS TSC
P.O. Box 851804
Mesquite, TX 75185-1804

I-129:
USCIS TSC
P.O. Box 852211
Mesquite, TX 75185-2211

I-130:
USCIS TSC
P.O. Box 850919
Mesquite, TX 75185-0919

I-589:
USCIS TSC
P.O. Box 851892
Mesquite, TX 75185-1892

I-140, I-290 A&B, I-360, I-526, I-829:
USCIS TSC
P.O. Box 852135
Mesquite, TX 75185-2135

I-129F, I-612, I-751
USCIS TSC
P.O. Box 850965
Mesquite, TX 75185-0965

N-400:
USCIS TSC
P.O. Box 851204
Mesquite, TX 75185-1204

Cambio de dirección o de abogado:
USCIS TSC
P.O. Box 850891
Mesquite, TX 75185-0891

Recursos y Apelaciones:
USCIS TSC
P.O. Box 852841
Mesquite, TX 75185-0891

Centro de Servicio de Vermont

Jurisdicción sobre: *Connecticut, Delaware, District of Columbia, Maine, Maryland, Massachusetts, New Hampshire, New Jersey, New York, Pennsylvania, Puerto Rico, Rhode Island, Vermont, Virgin Islands,Virginia, and West Virginia.*

Envío de todas las solicitudes a excepción de las solicitudes o formularios N-400:
U.S. Department of Homeland Security
United States Citizenship and
Immigration Services
Vermont Service Center
75 Lower Welden St.
Saint Albans, Vermont 05479

N-400
U.S. Department of Homeland Security
United States Citizenship and
Immigration Services
Vermont Service Center
75 Lower Welden St.
Saint Albans, Vermont 05479-9400
802-527-4913

Páginas Web e Información de Contacto

UNITED STATES CITIZENSHIP AND MMIGRATION SERVICES (SERVICIO DE INMIGRACIÓN Y CIUDADANÍA DE LOS ESTADOS UNIDOS) O USCIS POR SUS SIGLAS EN INGLÉS

- ✪ Centro Nacional de Servicio al Cliente: 800-375-5283

- ✪ Formularios USCIS en línea: 800-870-3676

- ✪ Solicitudes de información en virtud a la *Freedom of Information Act* (Ley de Libertad de Información) o FOIA por sus siglas en inglés al Centro Nacional de Registros al teléfono: 816-350-5570

- ✪ Páginas Web:

  www.uscis.gov
  (página principal)

  www.uscis.gov/graphics/formsfee/forms
  (formularios y cuotas de servicio)

  www.uscis.gov/graphics/fieldoffices/alphaa.htm
  (oficinas locales y centros de servicio)

  www.uscis.gov/graphics/services/factsheet/index.htm#eH
  (serie de monografías de autoayuda muy útiles)

  www.uscis.gov/graphics/howdoi/affsupp.htm#poverty
  (directrices y guía del índice de pobreza en relación a la declaración jurada de sustento económico)

  www.uscis.gov/graphics/lawsregs/handbook
  (manuales del USCIS)

  https://egov.immigration.gov/graphics/cris/jsps
  (tiempo de tramitación por centro de servicio y oficina local del USCIS)

  www.cdc.gov/ncidod/dq/pdf/ti-civil.pdf
  (información sobre el examen médico)

www.uscis.gov/graphics/exec/cs
(Guía digital de contactos de doctores certificados)

www.customs.ustreas.gov/xp/cgov/toolbox/contacts/deferred_inspection/
overview_deferred_inspection.xml
(información general sobre la inspección diferida)

www.sss.gov
(Información sobre el Servicio Militar Selectivo: 847-688-6888)

www.choicepoint.com
(obtenga sus antecedentes y otra información personal a través de esta página)

www.fbi.gov/hq/cjisd/fprequest.htm
(página oficial para solicitar una copia de su registro federal de huellas dactilares)

www.immigrationwatch.com
(información útil respecto a la tramitación de su caso)

TRIBUNAL DE INMIGRACION (OFICINA EJECUTIVA PARA REVISION DE INMIGRACION O EOIR POR SUS SIGLAS EN INGLES)

✪ Línea gratuita de consulta de estado del trámite de la Oficina Ejecutiva para Revisión de Inmigración: 800-898-7180

✪ Junta de Apelaciones de Inmigración (BIA por sus siglas en inglés): 703-605-1007

✪ Páginas Web:

www.usdoj.gov/eoir
(página principal)

www.usdoj.gov/eoir/vll/libindex.html
(manual práctico de la BIA, dictámenes o decisiones de la BIA)

http://trac.syr.edu/immigration/reports
(índices de aprobación de solicitudes de asilo por juez de inmigración)

www.usdoj.gov/eoir/efoia/foiafreq.htm
(índices de aprobación de solicitudes de asilo por país)

www.uscourts.gov
(enlaces con tribunales federales y formularios)

www.findlaw.com
(enlaces con leyes estatales y federales)

DEPARTAMENTO DE ESTADO (DOS POR SUS SIGLAS EN INGLÉS)

✪ Boletín de visas (grabación): 202-663-1541

✪ Páginas Web:

www.state.gov
(página principal)

www.foia.state.gov
(sala de lectura)

http://usembassy.state.gov
(enlaces con todos los consulados y embajadas de Estaos Unidos)

http://travel.state.gov/visa/temp/wait/tempvisitors_wait.php
(tiempos de espera para visas de no inmigrante por embajada)

http://travel.state.gov/visa/visa_1750.html
(procedimientos y políticas oficiales sobre visas)

www.state.gov/g/drl/hr
(informes de país)

www.dvlottery.state.gov
(registro en línea para visas de diversidad)

DEPARTAMENTO DE TRABAJO (DOL POR SUS SIGLAS EN INGLÉS)

✪ Páginas Web:

http://workforcesecurity.doleta.gov/foreign
(página principal de información para trabajadores extranjeros)

www.flcdatacenter.com
(datos sobre salarios promedio corrientes para diferentes cargos, que estén vigentes en el mercado)

www.onetcenter.org
(reemplazo del Diccionario de tipos de empleo o profesión)

www.cgfns.org
(evaluación de las credenciales de los trabajadores de salud)

www.bls.gov/oco
(manual general de perspectivas de trabajo)

www.bls.gov/soc/socguide.htm
(Clasificación ocupacional estándar)

www.naics.com
(para obtener el código NAICS pare el formulario I-140)

http://www.sba.gov/starting_business/planning/writingplan.html
(modelos de planes de negocio)

CONGRESO DE LOS ESTADOS UNIDOS

✪ Páginas Web:

www.house.gov/judiciary/privimmpro.pdf
(regulaciones pertinentes a anteproyectos de ley de iniciativa privada)

www.senate.gov

SERVICIO DE INMIGRACIÓN Y CIUDADANÍA DEL CANADÁ

✪ Páginas Web:

www.ci.gc.ca
(Página Web de inmigración del gobierno del Canadá)

www.ci.gc.ca/english/skilled/assess/index.html
(Examen o auto-evaluación a título de trabajador calificado)

ORGANIZACIONES QUE PROVEEN AYUDA LEGAL

✪ Páginas Web:

www.usdoj.gov/eoir/probono/states.htm
(organizaciones acreditadas para brindar asesoría legal)

www.nationalimmigrationproject.org
(Proyecto Nacional de Inmigración: referencias, información sobre la violencia doméstica, enlaces útiles)

www.nationalimmigrationreform.org
(Información sobre la amnistía promulgada bajo la ley LIFE)

http://nilc.org
(Centro de Leyes Inmigración Nacional)

ORGANIZACIONES DE APOYO A LOS ASILADOS

✪ Páginas Web:

www.mihrc.org/probonoinfo.asp
(guía bien documentada del trámite de asilo)

www.state.gov/g/drl/hr
(Informes de País del Departamento de Estado)

www.state.gov/g/drl/rls/irf
(Informes internacionales sobre la libertad de culto)

www.ind.homeoffice.gov.uk
(informes de país)

www.unhchr.ch
(Comisión de Derechos Humanos de las Naciones Unidas)

www.asylumlaw.org
(información para personas que buscan asilarse)

www.rferl.org
(Radio Europa Libre)

www.amnesty.org
(Amnistía Internacional)

www.hrw.org
(*Human Rights Watch*)

PROGRAMAS DE SUBSIDIOS O BENEFICIOS ESTATALES

✪ Cupones de Comida (*food stamps*): 800-221-5689

✪ Beneficios para los asilados: 800-354-0365

✪ Páginas Web:

www.acf.hhs.gov
(Programas de asistencia del Departamento de Salud y Servicios Humanos)

www.servicelocator.org
(ayuda laboral)

www.ssa.gov
(Administración del Seguro Social)

www.fns.usda.gov
(WIC o *Women, Infants, and Children* – Programa de asistencia para mujeres, bebés y niños)

www.govspot.com
(enlaces a páginas Web estatales, federales y de gobiernos extranjeros)

Tarifario de Tasas de Servicio

NOTA: *Las siguientes tarifas entraron en vigencia el 26 de octubre de 2005 y reemplazan todas las anteriores tarifas impresas en solicitudes, formularios o cualquier otro tipo de material escrito.*

Junto con su solicitud gire el cheque o giro postal a nombre de: *U.S. Citizenship and Immigration Services*. Las solicitudes o formularios enviados, remitidos con sello de envío de la oficina postal, o de cualquier otra manera presentados en o antes de la fecha arriba señalada, requieren ser presentadas con las nuevas tarifas aquí descritas. Si usted se olvida de incluir la tarifa correcta, su solicitud o formulario será rechazado por el USCIS y no se le otorgará una notificación oficial de recepción, por lo cual dicha solicitud o formulario se considerará como no presentado.

I-17..........$230	**I-290B**......$385	**I-829**..............$475
I-90..........$190*	**I-360**.........$190	**N-300**............$120
I-102.........$160	**1-485**..............**	**N-336**............$265
I-129.........$190	**I-526**..........$408	**N-400**............$330*
I-129F......$170	**I-539**.........$200	**N-410**..............$50
I-130.........$190	**I-600**..........$545*	**N-455**..............$90
I-131.........$170	**I-600A**.......$545*	**N-470**............$155
I-140.........$195	**I-601**..........$265	**N-565**............$220
I-191.........$265	**I-612**..........$265	**N-600**............$255
I-192.........$265	**1-751**.........$205	**N-644**..............$80
I-193.........$265	**I-765**..........$180	
I-212.........$265	**I-817**..........$200*	
I-246.........$155	**I-824**..........$200	

**Formulario I-485

menores de 14 años.....................$225
personas de 14 años y mayores.........$325
refugiados.....................................sin cuota

*Las tarifas arriba mencionadas no incluyen el cobro de $70 por concepto de registro y obtención de sus datos biométricos.

Formularios en Blanco

Usted puede desprender estos formularios para su uso personal pero, se le sugiere hacer varias copias de los mismos para usar como borradores en caso de que cometa algún error al llenarlos y posteriormente pasarlos en limpio. Si desea obtener información adicional respecto a los mismos, visite la siguiente página Web del USCIS: www.uscis.gov.

ÍNDICE DE FORMULARIOS

Department of Homeland Security
U.S. Citizenship and Immigration Services

OMB #1615-0012; Expires 01/31/07

I-130, Petition for Alien Relative

DO NOT WRITE IN THIS BLOCK - FOR USCIS OFFICE ONLY

A#	Action Stamp	Fee Stamp

Section of Law/Visa Category

☐ 201(b) Spouse - IR-1/CR-1
☐ 201(b) Child - IR-2/CR-2
☐ 201(b) Parent - IR-5
☐ 203(a)(1) Unm. S or D - F1-1
☐ 203(a)(2)(A)Spouse - F2-1
☐ 203(a)(2)(A) Child - F2-2
☐ 203(a)(2)(B) Unm. S or D - F2-4
☐ 203(a)(3) Married S or D - F3-1
☐ 203(a)(4) Brother/Sister - F4-1

Petition was filed on: _____ (priority date)
☐ Personal Interview   ☐ Previously Forwarded
☐ Pet. ☐ Ben. " A" File Reviewed   ☐ I-485 Filed Simultaneously
☐ Field Investigation   ☐ 204(g) Resolved
☐ 203(a)(2)(A) Resolved   ☐ 203(g) Resolved

Remarks:

A. Relationship   You are the petitioner. Your relative is the beneficiary.

1. I am filing this petition for my:
☐ Husband/Wife ☐ Parent ☐ Brother/Sister ☐ Child

2. Are you related by adoption?
☐ Yes ☐ No

3. Did you gain permanent residence through adoption?
☐ Yes ☐ No

B. Information about you

1. Name (Family name in CAPS)   (First)   (Middle)

2. Address (Number and Street)   **(Apt.No.)**

(Town or City)   (State/Country)   (Zip/Postal Code)

3. Place of Birth (Town or City)   (State/Country)

4. Date of Birth (mm/dd/yyyy)

5. Gender
☐ Male
☐ Female

6. Marital Status
☐ Married ☐ Single
☐ Widowed ☐ Divorced

7. Other Names Used (including maiden name)

8. Date and Place of Present Marriage (if married)

9. U.S. Social Security Number (if any)   **10. Alien Registration Number**

11. Name(s) of Prior Husband(s)/Wive(s)   **12. Date(s) Marriage(s) Ended**

13. If you are a U.S. citizen, complete the following:
My citizenship was acquired through (check one):
☐ Birth in the U.S.
☐ Naturalization. Give certificate number and date and place of issuance.

☐ Parents. Have you obtained a certificate of citizenship in your own name?
☐ Yes. Give certificate number, date and place of issuance. ☐ No

14a. If you are a lawful permanent resident alien, complete the following: Date and place of admission for or adjustment to lawful permanent residence and class of admission.

14b. Did you gain permanent resident status through marriage to a U.S. citizen or lawful permanent resident?
☐ Yes ☐ No

C. Information about your relative

1. Name (Family name in CAPS)   (First)   (Middle)

2. Address (Number and Street)   **(Apt. No.)**

(Town or City)   (State/Country)   (Zip/Postal Code)

3. Place of Birth (Town or City)   (State/Country)

4. Date of Birth (mm/dd/yyyy)

5. Gender
☐ Male
☐ Female

6. Marital Status
☐ Married ☐ Single
☐ Widowed ☐ Divorced

7. Other Names Used (including maiden name)

8. Date and Place of Present Marriage (if married)

9. U. S. Social Security Number (if any)   **10. Alien Registration Number**

11. Name(s) of Prior Husband(s)/Wive(s)   **12. Date(s) Marriage(s) Ended**

13. Has your relative ever been in the U.S.? ☐ Yes ☐ No

14. If your relative is currently in the U.S., complete the following:
He or she arrived as a::
(visitor, student, stowaway, without inspection, etc.)

Arrival/Departure Record (I-94)   **Date arrived** (mm/dd/yyyy)

| | | | | | | | | | | |

Date authorized stay expired, or will expire, as shown on Form I-94 or I-95

15. Name and address of present employer (if any)

Date this employment began (mm/dd/yyyy)

16. Has your relative ever been under immigration proceedings?
☐ No ☐ Yes Where _____ When _____
☐ Removal ☐ Exclusion/Deportation ☐ Recission ☐ Judicial Proceedings

INITIAL RECEIPT _____ RESUBMITTED _____ RELOCATED: Rec'd _____ Sent _____ COMPLETED: Appv'd _____ Denied _____ Ret'd _____

Form I-130 (Rev. 10/26/05)Y

C. Information about your alien relative (continued)

17. List husband/wife and all children of your relative.

(Name)	(Relationship)	(Date of Birth)	(Country of Birth)

18. Address in the United States where your relative intends to live.

(Street Address)	(Town or City)	(State)

19. Your relative's address abroad. (Include street, city, province and country)

Phone Number (if any)

20. If your relative's native alphabet is other than Roman letters, write his or her name and foreign address in the native alphabet.

(Name)   Address (Include street, city, province and country):

21. If filing for your husband/wife, give last address at which you lived together. (Include street, city, province, if any, and country):

From: (Month) (Year)   To: (Month) (Year)

22. Complete the information below if your relative is in the United States and will apply for adjustment of status.

Your relative is in the United States and will apply for adjustment of status to that of a lawful permanent resident at the USCIS office in:

_____ . If your relative is not eligible for adjustment of status, he or she

(City)   (State)

will apply for a visa abroad at the American consular post in _____

(City)   (Country)

NOTE: Designation of an American embassy or consulate outside the country of your relative's last residence does not guarantee acceptance for processing by that post. Acceptance is at the discretion of the designated embassy or consulate.

D. Other information

1. If separate petitions are also being submitted for other relatives, give names of each and relationship.

2. Have you ever before filed a petition for this or any other alien? ☐ Yes ☐ No

If "Yes," give name, place and date of filing and result.

WARNING: USCIS investigates claimed relationships and verifies the validity of documents. USCIS seeks criminal prosecutions when family relationships are falsified to obtain visas.

PENALTIES: By law, you may be imprisoned for not more than five years or fined $250,000, or both, for entering into a marriage contract for the purpose of evading any provision of the immigration laws. In addition, you may be fined up to $10,000 and imprisoned for up to five years, or both, for knowingly and willfully falsifying or concealing a material fact or using any false document in submitting this petition.

YOUR CERTIFICATION: I certify, under penalty of perjury under the laws of the United States of America, that the foregoing is true and correct. Furthermore, I authorize the release of any information from my records that the U.S. Citizenship and Immigration Services needs to determine eligibility for the benefit that I am seeking.

E. Signature of petitioner.

Date   Phone Number ( )

F. Signature of person preparing this form, if other than the petitioner.

I declare that I prepared this document at the request of the person above and that it is based on all information of which I have any knowledge.

Print Name _____ Signature _____ Date _____

Address _____ **G-28 ID or VOLAG Number, if any.** _____

Department of Homeland Security
U. S. Citizenship and Immigration Services

OMB No. 1615-0013; Expires 11/30/07
I-131, Application for Travel Document

DO NOT WRITE IN THIS BLOCK	FOR USCIS USE ONLY (except G-28 block below)	

Document Issued
☐ Reentry Permit
☐ Refugee Travel Document
☐ Single Advance Parole
☐ Multiple Advance Parole
   Valid to: _____

If Reentry Permit or Refugee Travel Document, mail to:
☐ Address in Part 1
☐ American embassy/consulate
   at: _____
☐ Overseas DHS office
   at: _____

Action Block

Receipt

☐ Document Hand Delivered
   On _____   By _____

To be completed by Attorney/Representative, if any.
Attorney State License # _____
☐ Check box if G-28 is attached.

Part 1.   Information about you. *(Please type or print in black ink.)*

1. A # _____

2. Date of Birth *(mm/dd/yyyy)* _____

3. Class of Admission _____

4. Gender
Male ☐   Female ☐

5. Name *(Family name in capital letters)* *(First)* *(Middle)*

6. Address *(Number and Street)* Apt. #

City   State or Province   Zip/Postal Code   Country

7. Country of Birth

8. Country of Citizenship

9. Social Security # *(if any.)*

Part 2.   Application type *(check one).*

a. ☐ I am a permanent resident or conditional resident of the United States and I am applying for a reentry permit.

b. ☐ I now hold U.S. refugee or asylee status and I am applying for a refugee travel document.

c. ☐ I am a permanent resident as a direct result of refugee or asylee status and I am applying for a refugee travel document.

d. ☐ I am applying for an advance parole document to allow me to return to the United States after temporary foreign travel.

e. ☐ I am outside the United States and I am applying for an advance parole document.

f. ☐ I am applying for an advance parole document for a person who is outside the United States. *If you checked box "f", provide the following information about that person:*

1. Name *(Family name in capital letters)* *(First)* *(Middle)*

2. Date of Birth *(mm/dd/yyyy)*

3. Country of Birth

4. Country of Citizenship

5. Address *(Number and Street)* Apt. # Daytime Telephone # *(area/country code)*

City   State or Province   Zip/Postal Code   Country

INITIAL RECEIPT _____ RESUBMITTED _____ RELOCATED: Rec'd. _____ Sent _____ COMPLETED: Appv'd. _____ Denied _____ Ret'd. _____

Form I-131 (Rev. 10/26/05) Y

Part 3. Processing information.

1. Date of Intended Departure *(mm/dd/yyyy)*

2. Expected Length of Trip

3. Are you, or any person included in this application, now in exclusion, deportation, removal or recission proceedings? ☐ No ☐ Yes *(Name of DHS office):*

If you are applying for an Advance Parole Document, skip to Part 7.

4. Have you ever before been issued a reentry permit or refugee travel *for the last document issued to you):* ☐ No ☐ Yes *(Give the following information*

Date Issued *(mm/dd/yyyy):* Disposition *(attached, lost, etc.):*

5. Where do you want this travel document sent? *(Check one)*

a. ☐ To the U.S. address shown in **Part 1** on the first page of this form.

b. ☐ To an American embassy or consulate at: City: Country:

c. ☐ To a DHS office overseas at: City: Country:

d. If you checked "b" or "c", where should the notice to pick up the travel document be sent?

☐ To the address shown in **Part 2** on the first page of this form.

☐ To the address shown below:

Address *(Number and Street)* Apt. # Daytime Telephone # *(area/country code)*

City State or Province Zip/Postal Code Country

Part 4. Information about your proposed travel.

Purpose of trip. *If you need more room, continue on a seperate sheet(s) of paper.*	List the countries you intend to visit.

Part 5. Complete only if applying for a reentry permit.

Since becoming a permanent resident of the United States (or during the past five years, whichever is less) how much total time have you spent outside the United States?	☐ less than six months ☐ six months to one year ☐ one to two years	☐ two to three years ☐ three to four years ☐ more than four years

Since you became a permanent resident of the United States, have you ever filed a federal income tax return as a nonresident, or failed to file a federal income tax return because you considered yourself to be a nonresident? *(If "Yes," give details on a separate sheet(s) of paper.)* ☐ Yes ☐ No

Part 6. Complete only if applying for a refugee travel document.

1. Country from which you are a refugee or asylee:

If you answer "Yes" to any of the following questions, you must explain on a separate sheet(s) of paper.

2. Do you plan to travel to the above named country?	☐ Yes	☐ No

3. Since you were accorded refugee/asylee status, have you ever:

a. returned to the above named country? ☐ Yes ☐ No

b. applied for and/or obtained a national passport, passport renewal or entry permit of that country? ☐ Yes ☐ No

c. applied for and/or received any benefit from such country (for example, health insurance benefits). ☐ Yes ☐ No

4. Since you were accorded refugee/asylee status, have you, by any legal procedure or voluntary act:

a. reacquired the nationality of the above named country? ☐ Yes ☐ No

b. acquired a new nationality? ☐ Yes ☐ No

c. been granted refugee or asylee status in any other country? ☐ Yes ☐ No

Part 7. Complete only if applying for advance parole.

On a separate sheet(s) of paper, please explain how you qualify for an advance parole document and what circumstances warrant issuance of advance parole. Include copies of any documents you wish considered. *(See instructions.)*

1. For how many trips do you intend to use this document? ☐ One trip ☐ More than one trip

2. If the person intended to receive an advance parole document is outside the United States, provide the location (city and country) of the American embassy or consulate or the DHS overseas office that you want us to notify.

City

Country

3. If the travel document will be delivered to an overseas office, where should the notice to pick up the document be sent:

☐ To the address shown in **Part 2** on the first page of this form.

☐ To the address shown below:

Address *(Number and Street)*

Apt. #

Daytime Telephone # *(area/country code)*

City

State or Province

Zip/Postal Code

Country

Part 8. Signature. *Read the information on penalties in the instructions before completing this section. If you are filing for a reentry permit or refugee travel document, you must be in the United States to file this application.*

I certify, under penalty of perjury under the laws of the United States of America, that this application and the evidence submitted with it are all true and correct. I authorize the release of any information from my records that the U.S. Citizenship and Immigration Services needs to determine eligibility for the benefit I am seeking.

Signature

Date *(mm/dd/yyyy)*

Daytime Telephone Number *(with area code)*

Please Note: If you do not completely fill out this form or fail to submit required documents listed in the instructions, you may not be found eligible for the requested document and this application may be denied.

Part 9. Signature of person preparing form, if other than the applicant. *(Sign below.)*

I declare that I prepared this application at the request of the applicant and it is based on all information of which I have knowledge.

Signature

Print or Type Your Name

Firm Name and Address

Daytime Telephone Number *(with area code)*

Fax Number *(if any.)*

Date *(mm/dd/yyyy)*

This page intentionally left blank.

OMB No. 1615-0015; Exp. 07/31/07

Department of Homeland Security
U.S. Citizenship and Immigration Services

**I-140, Immigrant Petition
for Alien Worker**

START HERE - Please type or print in black ink.

For USCIS Use Only

Part 1. **Information about the person or organization filing this petition.** If an individual is filing, use the top name line. Organizations should use the second line.

Family Name (Last Name)   Given Name (First Name)   Full Middle Name

Company or Organization Name

Address: (Street Number and Name)   Suite #

Attn:

City   State/Province

Country   Zip/Postal Code

IRS Tax #   U.S. Social Security # *(if any)*   E-Mail Address *(if any)*

Part 2. Petition type.

This petition is being filed for: *(Check one.)*

a. ☐ An alien of extraordinary ability.

b. ☐ An outstanding professor or researcher.

c. ☐ A multinational executive or manager.

d. ☐ A member of the professions holding an advanced degree or an alien of exceptional ability (who is NOT seeking a National Interest Waiver).

e. ☐ A professional (at a minimum, possessing a bachelor's degree or a foreign degree equivalent to a U.S. bachelor's degree) or a skilled worker (requiring at least two years of specialized training or experience).

f. ☐ (Reserved.)

g. ☐ Any other worker (requiring less than two years of training or experience).

h. ☐ Soviet Scientist.

i. ☐ An alien applying for a National Interest Waiver (who **IS** a member of the professions holding an advanced degree or an alien of exceptional ability).

Part 3. Information about the person you are filing for.

Family Name (Last Name)   Given Name (First Name)   Full Middle Name

Address: (Street Number and Name)   Apt. #

C/O: (In Care Of)

City   State/Province

Country   Zip/Postal Code   E-Mail Address *(if any)*

Daytime Phone # *(with area/country codes)*   Date of Birth *(mm/dd/yyyy)*

City/Town/Village of Birth   State/Province of Birth   Country of Birth

Country of Nationality/Citizenship   A # *(if any)*   U.S. Social Security # *(if any)*

If in the U.S.

Date of Arrival *(mm/dd/yyyy)*   I-94 # *(Arrival/Departure Document)*

Current Nonimmigrant Status   Date Status Expires *(mm/dd/yyyy)*

For USCIS Use Only column:

Returned

Date

Date

Resubmitted

Date

Date

Reloc Sent

Date

Date

Reloc Rec'd

Date

Date

Receipt

Classification:
☐ 203(b)(1)(A) Alien of Extraordinary Ability
☐ 203(b)(1)(B) Outstanding Professor or Researcher
☐ 203(b)(1)(C) Multi-National Executive or Manager
☐ 203(b)(2) Member of Professions w/Adv. Degree or Exceptional Ability
☐ 203(b)(3)(A)(i) Skilled Worker
☐ 203(b)(3)(A)(ii) Professional
☐ 203(b)(3)(A)(iii) Other Worker

Certification:
☐ National Interest Waiver (NIW)
☐ Schedule A, Group I
☐ Schedule A, Group II

Priority Date	**Consulate**

Concurrent Filing:

☐ **I-485 filed concurrently.**

Remarks

Action Block

To Be Completed by
Attorney or Representative, if any.
☐ Fill in box if G-28 is attached to represent the applicant.

ATTY State License #

Form I-140 (Rev. 04/01/06)Y

Part 4. Processing Information.

1. Please complete the following for the person named in **Part 3**: *(Check one)*

☐ Alien will apply for a visa abroad at the American Embassy or Consulate at:

City   Foreign Country

☐ Alien is in the United States and will apply for adjustment of status to that of lawful permanent resident.

Alien's country of current residence or, if now in the U.S., last permanent residence abroad.

2. If you provided a U.S. address in **Part 3**, print the person's foreign address:

3. If the person's native alphabet is other than Roman letters, write the person's foreign name and address in the native alphabet:

4. Are any other petition(s) or application(s) being filed with this Form I-140?

☐ No   ☐ Yes-(check all that apply)   ☐ Form I-485   ☐ Form I-765

☐ Form I-131   ☐ Other - Attach an explanation.

5. Is the person you are filing for in removal proceedings?   ☐ No   ☐ Yes-Attach an explanation.

6. Has any immigrant visa petition ever been filed by or on behalf of this person?   ☐ No   ☐ Yes-Attach an explanation.

If you answered yes to any of these questions, please provide the case number, office location, date of decision and disposition of the decision on a separate sheet(s) of paper.

Part 5. Additional information about the petitioner.

1. Type of petitioner *(Check one.)*

☐ Employer   ☐ Self   ☐ Other (Explain, e.g., Permanent Resident, U.S. citizen or any other person filing on behalf of the alien.)

2. If a company, give the following:

Type of Business   Date Established *(mm/dd/yyyy)*   Current Number of Employees

Gross Annual Income   Net Annual Income   NAICS Code

DOL/ETA Case Number

3. If an individual, give the following:

Occupation   Annual Income

Part 6. Basic information about the proposed employment.

1. Job Title   **2.** SOC Code

3. Nontechnical Description of Job

4. Address where the person will work if different from address in **Part 1**.

5. Is this a full-time position?   **6.** If the answer to **Number 5** is "No," how many hours per week for the position?

☐ Yes   ☐ No

7. Is this a permanent position?   **8.** Is this a new position?   **9.** Wages per week

☐ Yes   ☐ No   ☐ Yes   ☐ No $

Part 7. Information on spouse and all children of the person for whom you are filing.

List husband/wife and all children related to the individual for whom the petition is being filed. Provide an attachment of additional family members, if needed.

Name (First/Middle/Last)	Relationship	Date of Birth (mm/dd/yyyy)	Country of Birth

Part 8.   Signature.

Read the information on penalties in the instructions before completing this section. If someone helped you prepare this petition, he or she must complete Part 9.

I certify, under penalty of perjury under the laws of the United States of America, that this petition and the evidence submitted with it are all true and correct. I authorize U.S. Citizenship and Immigration Services to release to other government agencies any information from my USCIS (or former INS) records, if USCIS determines that such action is necessary to determine eligibility for the benefit sought.

Petitioner's Signature   **Daytime Phone Number** (Area/Country Codes)   **E-Mail Address**

Print Name   **Date** (mm/dd/yyyy)

NOTE: *If you do not fully complete this form or fail to submit the required documents listed in the instructions, a final decision on your petition may be delayed or the petition may be denied.*

Part 9.   Signature of person preparing form, if other than above.   *(Sign below.)*

I declare that I prepared this petition at the request of the above person and it is based on all information of which I have knowledge.

Attorney or Representative: In the event of a Request for Evidence (RFE), may the USCIS contact you by Fax or E-mail? ☐ Yes ☐ No

Signature   **Print Name**   **Date** (mm/dd/yyyy)

Firm Name and Address

Daytime Phone Number (Area/Country Codes) **Fax Number** (Area/Country Codes)   **E-Mail Address**

This page intentionally left blank.

Department of Homeland Security
U.S. Citizenship and Immigration Services

OMB No. 1615-0008; Exp. 05/31/09

G-325A, Biographic Information

(Family Name)	(First Name)	(Middle Name)	☐ Male ☐ Female	Birth Date (mm/dd/yyyy)	Citizenship/Nationality	File Number A

All Other Names Used (Including names by previous marriages)	City and Country of Birth	U.S. Social Security # *(If any)*

	Family Name	First Name	Date, City and Country of Birth (If known)	City and Country of Residence
Father				
Mother (Maiden Name)				

Husband or Wife (If none, so state.) Family Name (For wife, give maiden name)	First Name	Birth Date (mm/dd/yyyy)	City and Country of Birth	Date of Marriage	Place of Marriage

Former Husbands or Wives (If none, so state) Family Name (For wife, give maiden name)	First Name	Birth Date (mm/dd/yyyy)	Date and Place of Marriage	Date and Place of Termination of Marriage

Applicant's residence last five years. List present address first.

Street and Number	City	Province or State	Country	From Month	From Year	To Month	To Year
						Present Time	

Applicant's last address outside the United States of more than one year.

Street and Number	City	Province or State	Country	From Month	From Year	To Month	To Year

Applicant's employment last five years. (If none, so state.) List present employment first.

Full Name and Address of Employer	Occupation (Specify)	From Month	From Year	To Month	To Year
				Present Time	

Show below last occupation abroad if not shown above. (Include all information requested above.)

This form is submitted in connection with an application for: ☐ Naturalization ☐ Other (Specify): _____ ☐ Status as Permanent Resident	Signature of Applicant	Date

Submit all copies of this form.	If your native alphabet is in other than Roman letters, write your name in your native alphabet below:

Penalties: Severe penalties are provided by law for knowingly and willfully falsifying or concealing a material fact.

Applicant: Be sure to put your name and Alien Registration Number in the box outlined by heavy border below.

Complete This Box (Family Name)	(Given Name)	(Middle Name)	(Alien Registration Number)

Form G-325A (Rev. 07/14/06)Y

This page intentionally left blank.

OMB No. 1615-0020; Expires 07/31/07

I-360, Petition for Amerasian, Widow(er) or Special Immigrant

Department of Homeland Security
U.S. Citizenship and Immigration Services

START HERE - Please type or print in black ink.

For USCIS Use Only

Part 1. Information about person or organization filing this petition.
(Individuals should use the top name line; organizations should use the second line.) If you are a self-petitioning spouse or child and do not want USCIS to send notices about this petition to your home, you may show an alternate mailing address here. If you are filing for yourself and do not want to use an alternate mailing address, skip to part 2.

Family Name	Given Name	Middle Name

Company or Organization
Name

Address - C/O

Street Number and Name		Apt. #
City	State or Province	
Country	Zip/Postal Code	
U.S. Social Security #	A #	IRS Tax # *(if any)*

Part 2. Classification Requested (check one):

a. ☐ Amerasian
b. ☐ Widow(er) of a U.S. citizen who died within the past two (2) years
c. ☐ Special Immigrant Juvenile
d. ☐ Special Immigrant Religious Worker
e. ☐ Special Immigrant based on employment with the Panama Canal Company, Canal Zone Government or U.S. Government in the Canal Zone
f. ☐ Special Immigrant Physician
g. ☐ Special Immigrant International Organization Employee or family member
h. ☐ Special Immigrant Armed Forces Member
i. ☐ Self-Petitioning Spouse of Abusive U.S. Citizen or Lawful Permanent Resident
j. ☐ Self-Petitioning Child of Abusive U.S. Citizen or Lawful Permanent Resident
k. ☐ Other, explain: _____

Part 3. Information about the person this petition is for.

Family Name	Given Name	Middle Name

Address - C/O

Street Number and Name		Apt. #
City	State or Province	
Country	Zip/Postal Code	
Date of Birth *(mm/dd/yyyy)*	Country of Birth	
U.S. Social Security #	A # *(if any)*	

Marital Status: ☐ Single ☐ Married ☐ Divorced ☐ Widowed

Complete the items below if this person is in the United States:

Date of Arrival *(mm/dd/yyyy)*	I-94#
Current Nonimmigrant Status	Expires on *(mm/dd/yyyy)*

For USCIS Use Only (right column):

Returned ___ | Receipt
Resubmitted ___
Reloc Sent ___
Reloc Rec'd ___
☐ Petitioner/Applicant Interviewed
☐ Beneficiary Interviewed
☐ I-485 Filed Concurrently
☐ Bene "A" File Reviewed
Classification
Consulate
Priority Date
Remarks:
Action Block

To Be Completed by
☐ *Attorney or Representative,* **if any** Fill in box if G-28 is attached to represent the applicant
VOLAG#
ATTY State License #

Part 4. Processing Information.

Below give information on U.S. Consulate you want notified if this petition is approved and if any requested adjustment of status cannot be granted.

American Consulate: City	Country

If you gave a United States address in **Part 3**, print the person's foreign address below. If his or her native alphabet does not use Roman letters, print his or her name and foreign address in the native alphabet.

Name	Address

Gender of the person this petition is for.   ☐ Male   ☐ Female

Are you filing any other petitions or applications with this one? ☐ No   ☐ Yes (How many? _____)

Is the person this petition is for in deportation or removal proceedings? ☐ No   ☐ Yes (Explain on a separate sheet of paper)

Has the person this petition is for ever worked in the U.S. without permission? ☐ No   ☐ Yes (Explain on a separate sheet of paper)

Is an application for adjustment of status attached to this petition? ☐ No   ☐ Yes

Part 5. Complete only if filing for an Amerasian.

Section A. Information about the mother of the Amerasian

Family Name	Given Name	Middle Name

Living? ☐ No (Give date of death _____) ☐ Yes (complete address line below) ☐ Unknown (attach a full explanation)

Address

Section B. Information about the father of the Amerasian: If possible, attach a notarized statement from the father regarding parentage.
Explain on separate paper any question you cannot fully answer in the space provided on this form.

Family Name	Given Name	Middle Name
Date of Birth *(mm/dd/yyyy)*	Country of Birth	

Living? ☐ No (give date of death _____) ☐ Yes (complete address line below) ☐ Unknown (attach a full explanation)

Home Address

Home Phone # ( )	Work Phone # ( )

At the time the Amerasian was conceived:

The father was in the military (indicate branch of service below - and give service number here): _____

☐ Army   ☐ Air Force   ☐ Navy   ☐ Marine Corps   ☐ Coast Guard

☐ The father was a civilian employed abroad. Attach a list of names and addresses of organizations which employed him at that time.

☐ The father was not in the military, and was not a civilian employed abroad. (Attach a full explanation of the circumstances.)

Part 6. Complete only if filing for a Special Immigrant Juvenile Court Dependent.

Section A. Information about the Juvenile

List any other names used.

Answer the following questions regarding the person this petition is for. If you answer "No," explain on a separate sheet of paper.

Is he or she still dependent upon the juvenile court or still legally committed to or under the custody of an agency or department of a state? ☐ No   ☐ Yes

Does he or she continue to be eligible for long term foster care? ☐ No   ☐ Yes

Part 7. Complete only if filing as a Widow/Widower, a Self-petitioning Spouse of an Abuser, or as a Self-petitioning Child of an Abuser.

Section A. Information about the U.S. citizen husband or wife who died or about the U.S. citizen or lawful permanent resident abuser.

Family Name	Given Name	Middle Name

Date of Birth *(mm/dd/yyyy)*	Country of Birth	Date of Death *(mm/dd/yyyy)*

He or she is now, or was at time of death a (check one):

☐ U.S. citizen born in the United States.

☐ U.S. citizen born abroad to U.S. citizen parents.

☐ U.S. citizen through Naturalization *(Show A #)* _____

☐ U.S. lawful permanent resident (Show A #) _____

☐ Other, explain _____

Section B. Additional Information about you.

How many times have you been married?	How many times was the person in Section A married?	Give the date and place where you and the person in Section A were married. *(If you are a self-petitioning child, write: "N/A")*

When did you live with the person named in **Section A**? From *(Month/Year)* _____ until *(Month/Year)* _____

If you are filing as a widow/widower, were you legally separated at the time of the U.S citizens's death? ☐ No ☐ Yes, *(attach explanation)*.

Give the last address at which you lived together with the person named in **Section A**, and show the last date that you lived together with that person at that address:

If you are filing as a self-petitioning spouse, have any of your children filed separate self-petitions? ☐ No ☐ Yes *(show child(ren)'s full names)*:

Part 8. Information about the spouse and children of the person this petition is for.

A widow/widower or a self-petitioning spouse of an abusive citizen or lawful permanent resident should also list the children of the deceased spouse or of the abuser.

A. Family Name	Given Name	Middle Name	Date of Birth *(mm/dd/yyyy)*
Country of Birth	Relationship ☐ Spouse ☐ Child		A #
B. Family Name	Given Name	Middle Name	Date of Birth *(mm/dd/yyyy)*
Country of Birth	Relationship ☐ Child		A #
C. Family Name	Given Name	Middle Name	Date of Birth *(mm/dd/yyyy)*
Country of Birth	Relationship ☐ Child		A #
D. Family Name	Given Name	Middle Name	Date of Birth *(mm/dd/yyyy)*
Country of Birth	Relationship ☐ Child		A #
E. Family Name	Given Name	Middle Name	Date of Birth *(mm/dd/yyyy)*
Country of Birth	Relationship ☐ Child		A #
F. Family Name	Given Name	Middle Name	Date of Birth *(mm/dd/yyyy)*
Country of Birth	Relationship ☐ Child		A #

Part 8. Information about the spouse and children of the person this petition is for. (Continued.)

G. Family Name	Given Name	Middle Name	Date of Birth *(mm/dd/yyyy)*
Country of Birth	Relationship ☐ Child		A #
H. Family Name	Given Name	Middle Name	Date of Birth *(mm/dd/yyyy)*
Country of Birth	Relationship ☐ Child		A #

Part 9. Signature.

Read the information on penalties in the instructions before completing this part. If you are going to file this petition at a USCIS office in the United States, sign below. If you are going to file it at a U.S. consulate or USCIS office overseas, sign in front of a USCIS or consular official.

I certify, or, if outside the United States, I swear or affirm, under penalty of perjury under the laws of the United States of America, that this petition and the evidence submitted with it is all true and correct. If filing this on behalf at an organization, I certify that I am empowered to do so by that organization. I authorize the release of any information from my records, or from the petitioning organization's records, that the U.S. Citizenship and Immigration Services needs to determine eligibility for the benefit being sought.

Signature	Date

Signature of USCIS or Consular Official	Print Name	Date

NOTE: If you do not completely fill out this petition or fail to submit required documents listed in the instructions, the person(s) filed for may not be found eligible for a requested benefit and the petition may be denied.

Part 10. Signature of person preparing form, if other than above. (Sign below.)

I declare that I prepared this application at the request of the above person and it is based on all information of which I have knowledge.

Signature	Print Your Name	Date

Firm Name
and Address

OMB No. 1615-0023; Expires 09/30/08

Department of Homeland Security
U.S. Citizenship and Immigration Services

I-485, Application to Register
Permanent Residence or Adjust Status

START HERE - Please type or print in black ink.

Part 1.   Information about you.

Family Name	Given Name	Middle Name

Address- C/O

Street Number and Name	Apt. #

City

State	Zip Code

Date of Birth *(mm/dd/yyyy)*	Country of Birth:
	Country of Citizenship/Nationality:

U.S. Social Security #	A # *(if any)*

Date of Last Arrival *(mm/dd/yyyy)*	I-94 #

Current USCIS Status	Expires on *(mm/dd/yyyy)*

Part 2.   Application type. *(Check one.)*

I am applying for an adjustment to permanent resident status because:

a. ☐ an immigrant petition giving me an immediately available immigrant visa number has been approved. (Attach a copy of the approval notice, or a relative, special immigrant juvenile or special immigrant military visa petition filed with this application that will give you an immediately available visa number, if approved.)

b. ☐ my spouse or parent applied for adjustment of status or was granted lawful permanent residence in an immigrant visa category that allows derivative status for spouses and children.

c. ☐ I entered as a K-1 fiancé(e) of a United States citizen whom I married within 90 days of entry, or I am the K-2 child of such a fiancé(e). (Attach a copy of the fiancé(e) petition approval notice and the marriage certificate).

d. ☐ I was granted asylum or derivative asylum status as the spouse or child of a person granted asylum and am eligible for adjustment.

e. ☐ I am a native or citizen of Cuba admitted or paroled into the United States after January 1, 1959, and thereafter have been physically present in the United States for at least one year.

f. ☐ I am the husband, wife or minor unmarried child of a Cuban described above in (e) and I am residing with that person, and was admitted or paroled into the United States after January 1, 1959, and thereafter have been physically present in the United States for at least one year.

g. ☐ I have continuously resided in the United States since before January 1, 1972.

h. ☐ Other basis of eligibility. Explain. If additional space is needed, use a separate piece of paper.

I am already a permanent resident and am applying to have the date I was granted permanent residence adjusted to the date I originally arrived in the United States as a nonimmigrant or parolee, or as of May 2, 1964, whichever date is later, and: *(Check one.)*

i. ☐ I am a native or citizen of Cuba and meet the description in (e) above.

j. ☐ I am the husband, wife or minor unmarried child of a Cuban, and meet the description in (f) above.

For USCIS Use Only

Returned	Receipt
Resubmitted	
Reloc Sent	
Reloc Rec'd	
Applicant Interviewed	

Section of Law
☐ Sec. 209(b), INA
☐ Sec. 13, Act of 9/11/57
☐ Sec. 245, INA
☐ Sec. 249, INA
☐ Sec. 1 Act of 11/2/66
☐ Sec. 2 Act of 11/2/66
☐ Other
_____

Country Chargeable

Eligibility Under Sec. 245
☐ Approved Visa Petition
☐ Dependent of Principal Alien
☐ Special Immigrant
☐ Other

Preference

Action Block

To be Completed by
Attorney or Representative, **if any**
☐ Fill in box if G-28 is attached to represent the applicant.
VOLAG #
ATTY State License #

Form I-485 (Rev. 04/01/06)Y

Part 3. Processing information.

A. City/Town/Village of Birth	Current Occupation
Your Mother's First Name	Your Father's First Name

Give your name exactly as it appears on your Arrival/Departure Record (Form I-94)

Place of Last Entry Into the United States *(City/State)*	In what status did you last enter? *(Visitor, student, exchange alien, crewman, temporary worker, without inspection, etc.)*
Were you inspected by a U.S. Immigration Officer? ☐ Yes ☐ No	
Nonimmigrant Visa Number	Consulate Where Visa Was Issued
Date Visa Was Issued (mm/dd/yyyy) Gender: ☐ Male ☐ Female	Marital Status: ☐ Married ☐ Single ☐ Divorced ☐ Widowed

Have you ever before applied for permanent resident status in the U.S.?   ☐ No   ☐ Yes. If you checked "Yes," give date and place of filing and final disposition.

B. List your present husband/wife, all of your sons and daughters (If you have none, write "none." If additional space is needed, use separate paper).

Family Name	Given Name	Middle Initial	Date of Birth *(mm/dd/yyyy)*
Country of Birth	Relationship	A #	Applying with you? ☐ Yes ☐ No
Family Name	Given Name	Middle Initial	Date of Birth *(mm/dd/yyyy)*
Country of Birth	Relationship	A #	Applying with you? ☐ Yes ☐ No
Family Name	Given Name	Middle Initial	Date of Birth *(mm/dd/yyyy)*
Country of Birth	Relationship	A #	Applying with you? ☐ Yes ☐ No
Family Name	Given Name	Middle Initial	Date of Birth *(mm/dd/yyyy)*
Country of Birth	Relationship	A #	Applying with you? ☐ Yes ☐ No
Family Name	Given Name	Middle Initial	Date of Birth *(mm/dd/yyyy)*
Country of Birth	Relationship	A #	Applying with you? ☐ Yes ☐ No

C. List your present and past membership in or affiliation with every organization, association, fund, foundation, party, club, society or similar group in the United States or in other places since your 16th birthday. Include any foreign military service in this part. If none, write "none." Include the name(s) of organization(s), location(s), dates of membership, from and to, and the nature of the organization(s). If additional space is needed, use a separate piece of paper.

Part 3. Processing information. *(Continued)*

Please answer the following questions. (If your answer is **"Yes"** on any one of these questions, explain on a separate piece of paper. Answering **"Yes"** does not necessarily mean that you are not entitled to adjust status or register for permanent residence.)

1. Have you ever, in or outside the United States:

   a. knowingly committed any crime of moral turpitude or a drug-related offense for which you have not been arrested? ☐ Yes ☐ No

   b. been arrested, cited, charged, indicted, fined or imprisoned for breaking or violating any law or ordinance, excluding traffic violations? ☐ Yes ☐ No

   c. been the beneficiary of a pardon, amnesty, rehabilitation decree, other act of clemency or similar action? ☐ Yes ☐ No

   d. exercised diplomatic immunity to avoid prosecution for a criminal offense in the United States? ☐ Yes ☐ No

2. Have you received public assistance in the United States from any source, including the United States government or any state, county, city or municipality (other than emergency medical treatment), or are you likely to receive public assistance in the future? ☐ Yes ☐ No

3. Have you ever:

   a. within the past ten years been a prostitute or procured anyone for prostitution, or intend to engage in such activities in the future? ☐ Yes ☐ No

   b. engaged in any unlawful commercialized vice, including, but not limited to, illegal gambling? ☐ Yes ☐ No

   c. knowingly encouraged, induced, assisted, abetted or aided any alien to try to enter the United States illegally? ☐ Yes ☐ No

   d. illicitly trafficked in any controlled substance, or knowingly assisted, abetted or colluded in the illicit trafficking of any controlled substance? ☐ Yes ☐ No

4. Have you ever engaged in, conspired to engage in, or do you intend to engage in, or have you ever solicited membership or funds for, or have you through any means ever assisted or provided any type of material support to any person or organization that has ever engaged or conspired to engage in sabotage, kidnapping, political assassination, hijacking or any other form of terrorist activity? ☐ Yes ☐ No

5. Do you intend to engage in the United States in:

   a. espionage? ☐ Yes ☐ No

   b. any activity a purpose of which is opposition to, or the control or overthrow of, the government of the United States, by force, violence or other unlawful means? ☐ Yes ☐ No

   c. any activity to violate or evade any law prohibiting the export from the United States of goods, technology or sensitive information? ☐ Yes ☐ No

6. Have you ever been a member of, or in any way affiliated with, the Communist Party or any other totalitarian party? ☐ Yes ☐ No

7. Did you, during the period from March 23, 1933 to May 8, 1945, in association with either the Nazi Government of Germany or any organization or government associated or allied with the Nazi Government of Germany, ever order, incite, assist or otherwise participate in the persecution of any person because of race, religion, national orgin or political opinion? ☐ Yes ☐ No

8. Have you ever engaged in genocide, or otherwise ordered, incited, assisted or otherwise participated in the killing of any person because of race, religion, nationality, ethnic origin or political opinion? ☐ Yes ☐ No

9. Have you ever been deported from the United States, or removed from the United States at government expense, excluded within the past year, or are you now in exclusion, deportation, removal or recission proceedings? ☐ Yes ☐ No

10. Are you under a final order of civil penalty for violating section 274C of the Immigration and Nationality Act for use of fraudulent documents or have you, by fraud or willful misrepresentation of a material fact, ever sought to procure, or procured, a visa, other documentation, entry into the United States or any immigration benefit? ☐ Yes ☐ No

11. Have you ever left the United States to avoid being drafted into the U.S. Armed Forces? ☐ Yes ☐ No

12. Have you ever been a J nonimmigrant exchange visitor who was subject to the two-year foreign residence requirement and have not yet complied with that requirement or obtained a waiver? ☐ Yes ☐ No

13. Are you now withholding custody of a U.S. citizen child outside the United States from a person granted custody of the child? ☐ Yes ☐ No

14. Do you plan to practice polygamy in the United States? ☐ Yes ☐ No

Part 4. Signature. *(Read the information on penalties in the instructions before completing this section. You must file this application while in the United States.)*

Your registration with U.S. Citizenship and Immigration Services.

"I understand and acknowledge that, under section 262 of the Immigration and Nationality Act (Act), as an alien who has been or will be in the United States for more than 30 days, I am required to register with U.S. Citizenship and Immigration Services. I understand and acknowledge that, under section 265 of the Act, I am required to provide USCIS with my current address and written notice of any change of address within **ten** days of the change. I understand and acknowledge that USCIS will use the most recent address that I provide to USCIS, on any form containing these acknowledgements, for all purposes, including the service of a Notice to Appear should it be necessary for USCIS to initiate removal proceedings against me. I understand and acknowledge that if I change my address without providing written notice to USCIS, I will be held responsible for any communications sent to me at the most recent address that I provided to USCIS. I further understand and acknowledge that, if removal proceedings are initiated against me and I fail to attend any hearing, including an initial hearing based on service of the Notice to Appear at the most recent address that I provided to USCIS or as otherwise provided by law, I may be ordered removed in my absence, arrested and removed from the United States."

Selective Service Registration.

The following applies to you if you are a male at least 18 years old, but not yet 26 years old, who is required to register with the Selective Service System: "I understand that my filing this adjustment of status application with U.S. Citizenship and Immigration Services authorizes USCIS to provide certain registration information to the Selective Service System in accordance with the Military Selective Service Act. Upon USCIS acceptance of my application, I authorize USCIS to transmit to the Selective Service System my name, current address, Social Security Number, date of birth and the date I filed the application for the purpose of recording my Selective Service registration as of the filing date. If, however, USCIS does not accept my application, I further understand that, if so required, I am responsible for registering with the Selective Service by other means, provided I have not yet reached age 26."

Applicant's Certification.

I certify, under penalty of perjury under the laws of the United States of America, that this application and the evidence submitted with it is all true and correct. I authorize the release of any information from my records that U.S. Citizenship and Immigration Services (USCIS) needs to determine eligibility for the benefit I am seeking.

Signature	*Print Your Name*	*Date*	*Daytime Phone Number*
			( )

NOTE: *If you do not completely fill out this form or fail to submit required documents listed in the instructions, you may not be found eligible for the requested document and this application may be denied.*

Part 5. Signature of person preparing form, if other than above. (sign below)

I declare that I prepared this application at the request of the above person and it is based on all information of which I have knowledge.

Signature	*Print Your Full Name*	*Date*	**Phone Number** *(Include Area Code)*
			( )

Firm Name and Address		*E-Mail Address (if any)*

OMB No. 1615-0023; Expires 09/30/08

Department of Homeland Security
U.S. Citizenship Immigration and Service

Supplement A to Form I-485
Adjustment of Status Under Section 245(i)

NOTE: Use this form only if you are applying to adjust status to that of a lawful permanent resident under section 245(i) of the Immigration and Nationality Act.

Part A. Information about you.	For USCIS Use Only

Action Block

Last Name   First Name   Middle Name

Address: In Care Of

Street Number and Name   Apt. #

City   State   Zip Code

Alien Registration Number (A #) if any   Date of Birth *(mm/dd/yyyy)*

Country of Birth   Country of Citizenship/Nationality

Telephone Number   E-Mail Address, if any

( )

Part B. Eligibility. *(Check the correct response.)*

1. I am filing Supplement A to Form I-485 because:

 a. ☐ I am the beneficiary of a visa petition filed on or before January 14, 1998.

 b. ☐ I am the beneficiary of a visa petition filed on or after January 15, 1998, and on or before April 30, 2001.

 c. ☐ I am the beneficiary of an application for a labor certification filed on or before January 14, 1998.

 d. ☐ I am the beneficiary of an application for a labor certification filed on or after January 15, 1998, and on or before April 30, 2001.

 If you checked box b or d in Question 1, you must submit evidence demonstrating that you were physically present in the United States on December 21, 2000.

2. And I fall into one or more of these categories: *(Check all that apply to you.)*

 a. ☐ I entered the United States as an alien crewman;

 b. ☐ I have accepted employment without authorization;

 c. ☐ I am in unlawful immigration status because I entered the United States without inspection or I remained in the United States past the expiration of the period of my lawful admission;

 d. ☐ I have failed (except through no fault of my own or for technical reasons) to maintain, continuously, lawful status;

 e. ☐ I was admitted to the United States in transit without a visa;

 f. ☐ I was admitted as a nonimmigrant visitor without a visa;

 g. ☐ I was admitted to the United States as a nonimmigrant in the S classification; or

 h. ☐ I am seeking employment-based adjustment of status and am not in lawful nonimmigrant status.

Part C. Additional eligibility information.

1. Are you applying to adjust status based on any of the below reasons?

 a. You were granted asylum in the United States;

 b. You have continuously resided in the United States since January 1, 1972;

 c. You entered as a K-1 fiancé(e) of a U.S. citizen;

 d. You have an approved Form I-360, Petition for Amerasian, Widow(er), Battered or Abused Spouse or Child, or Special Immigrant, and are applying for adjustment as a special immigrant juvenile court dependent or a special immigrant who has served in the U.S. armed forces, or a battered or abused spouse or child;

 e. You are a native or citizen of Cuba, or the spouse or child of such alien, who was not lawfully inspected or admitted to the United States;

 f. You are a special immigrant retired international organization employee or family member;

 g. You are a special immigrant physician;

          Form I-485 Supplement A (Rev. 10/26/05) Y

Part C. Additional eligibility information. *(Continued.)*

h. You are a public interest parolee, who was denied refugee status, and are from the former Soviet Union, Vietnam, Laos or Cambodia (a "Lautenberg Parolee" under Public Law 101-167); or

i. You are eligible under the Immigration Nursing Relief Act.

☐ **No.** I am not applying for adjustment of status for any of these reasons. *(Go to next question.)*

☐ **Yes.** I am applying for adjustment of status for any one of these reasons. **(If you answered "Yes," do not file this form.)**

2. Do any of the following conditions describe you?

    a. You are already a lawful permanent resident of the United States.

    b. You have continuously maintained lawful immigration status in the United States since November 5, 1986.

    c. You are applying to adjust status as the spouse or unmarried minor child of a U.S. citizen or the parent of a U.S. citizen child at least 21 years of age, and you were inspected and lawfully admitted to the United States.

    ☐ **No.** None of these conditions describe me. *(Go to next question.)*

    ☐ **Yes. If you answered "Yes," do not file this form.**

Part D. Signature. *Read the information on penalties in the instructions before completing this section.*

I certify, under penalty of perjury under the laws of the United States of America, that this application and the evidence submitted with it is all true and correct. I authorize the release of any information from my records that the U.S. Citizenship and Immigration Services needs to determine eligibility for the benefit being sought.

Signature	Print Name	Date

Part E. Signature of person preparing form, if other than above. *Read the information on penalties in the instructions before completing this section.*

I certify, under penalty of perjury under the laws of the United States of America, that I prepared this form at the request of the above person and that to the best of my knowledge the contents of this application are all true and correct.

Signature	Print Name	Date

Firm Name and Address

Daytime Phone Number *(Area Code and Number)*

( )

E-Mail Address, if any

U.S. Department of Homeland Security
Bureau of Citizenship and Immigration Services

U.S. Department of Justice
Executive Office for Immigration Review

OMB No. 1615-0067; Expires 11/30/06

Application for Asylum and for Withholding of Removal

Start Here - Please Type or Print. **USE BLACK INK. SEE THE SEPARATE INSTRUCTION PAMPHLET FOR INFORMATION ABOUT ELIGIBILITY AND HOW TO COMPLETE AND FILE THIS APPLICATION.** (Note: There is NO filing fee for this application.)

Please check the box if you also want to apply for withholding of removal under the Convention Against Torture. ☐

PART A. I.   INFORMATION ABOUT YOU

1. Alien Registration Number(s)(A#'s)*(If any)*	2. Social Security No. *(If any)*

3. Complete Last Name	4. First Name	5. Middle Name

6. What other names have you used? *(Include maiden name and aliases.)*

7. Residence in the U.S. C/O	Telephone Number
Street Number and Name	Apt. No.
City / State	ZIP Code

8. Mailing Address in the U.S., if other than above	Telephone Number
Street Number and Name	Apt. No.
City / State	ZIP Code

9. Sex ☐ Male ☐ Female   10. Marital Status: ☐ Single ☐ Married ☐ Divorced ☐ Widowed

11. Date of Birth *(Mo/Day/Yr)*	12. City and Country of Birth

13. Present Nationality *(Citizenship)*	14. Nationality at Birth	15. Race, Ethnic or Tribal Group	16. Religion

17.   *Check the box, a through c that applies:*   a. ☐ I have never been in immigration court proceedings.
b. ☐ I am now in immigration court proceedings.   c. ☐ I am **not** now in immigration court proceedings, but I have been in the past.

18. *Complete 18 a through c.*
a. When did you last leave your country? *(Mo/Day/Yr)* _____   b. What is your current I-94 Number, if any? _____

c. Please list each entry to the U.S. beginning with your most recent entry.
   List date (Mo/Day/Yr), place, and your status for each entry. (Attach additional sheets as needed.)

Date _____	Place _____	Status _____	Date Status Expires _____
Date _____	Place _____	Status _____	
Date _____	Place _____	Status _____	
Date _____	Place _____	Status _____	

19. What country issued your last passport or travel document?	20. Passport # Travel Document #	21. Expiration Date *(Mo/Day/Yr)*
22. What is your native language?	23. Are you fluent in English? ☐ Yes ☐ No	24. What other languages do you speak fluently?

FOR EOIR USE ONLY	**FOR BCIS USE**
	Action: Interview Date: _____
	Decision: ___ Approval Date: _____
	— Denial Date: _____
	— Referral Date: _____
	Asylum Officer ID# _____

Form I-589 (Rev. 07/03/03)Y

PART A. II.   INFORMATION ABOUT YOUR SPOUSE AND CHILDREN

Your Spouse. ☐ I am not married. *(Skip to Your Children, below.)*

1. Alien Registration Number (A#) *(If any)*	2. Passport/ID Card No. *(If any)*	3. Date of Birth *(Mo/Day/Yr)*	4. Social Security No. *(If any)*
5. Complete Last Name	6. First Name	7. Middle Name	8. Maiden Name
9. Date of Marriage *(Mo/Day/Yr)*	10. Place of Marriage	11. City and Country of Birth	
12. Nationality *(Citizenship)*	13. Race, Ethnic or Tribal Group	14. Sex ☐ Male ☐ Female	

15. Is this person in the U.S.?   ☐ Yes *(Complete blocks 16 to 24.)*   ☐ No *(Specify location)*

16. Place of last entry in the U.S. ?	17. Date of last entry in the U.S. *(Mo/Day/Yr)*	18. I-94 No. *(If any)*	19. Status when last admitted *(Visa type, if any)*
20. What is your spouse's current status?	21. What is the expiration date of his/her authorized stay, if any? *(Mo/Day/Yr)*	22. Is your spouse in immigration court proceedings? ☐ Yes ☐ No	23. If previously in the U.S., date of previous arrival *(Mo/Day/Yr)*

24. If in the U.S., is your spouse to be included in this application? *(Check the appropriate box.)*

☐ Yes *(Attach one (1) photograph of your spouse in the upper right hand corner of page 9 on the extra copy of the application submitted for this person.)*
☐ No

Your Children. Please list **ALL** of your children, regardless of age, location, or marital status.

☐ I do not have any children. *(Skip to Part A. III., Information about Your Background.)*
☐ I do have children. Total number of children _____

(Use Supplement A Form I-589 or attach additional pages and documentation if you have more than four (4) children.)

1. Alien Registration Number (A#) *(If any)*	2. Passport/ID Card No. *(If any)*	3. Marital Status *(Married, Single, Divorced, Widowed)*	4. Social Security No. *(If any)*
5. Complete Last Name	6. First Name	7. Middle Name	8. Date of Birth *(Mo/Day/Yr)*
9. City and Country of Birth	10. Nationality *(Citizenship)*	11. Race, Ethnic or Tribal Group	12. Sex ☐ Male ☐ Female

13. Is this child in the U.S.?   ☐ Yes *(Complete blocks 14 to 21.)*   ☐ No *(Specify Location)*

14. Place of last entry in the U.S.?	15. Date of last entry in the U.S.? *(Mo/Day/Yr)*	16. I-94 No. *(If any)*	17. Status when last admitted *(Visa type, if any)*
18. What is your child's current status?	19. What is the expiration date of his/her authorized stay, if any? *(Mo/Day/Yr)*	20. Is your child in immigration court proceedings? ☐ Yes ☐ No	

21. If in the U.S., is this child to be included in this application? *(Check the appropriate box.)*

☐ Yes *(Attach one (1) photograph of your child in the upper right hand corner of page 9 on the extra copy of the application submitted for this person.)*
☐ No

PART A. II. INFORMATION ABOUT YOUR SPOUSE AND CHILDREN Continued

1. Alien Registration Number (A#) *(If any)*	2. Passport/IDCard No. *(If any)*	3. Marital Status *(Married, Single, Divorced, Widowed)*	4. Social Security No. *(If any)*
5. Complete Last Name	6. First Name	7. Middle Name	8. Date of Birth *(Mo/Day/Yr)*
9. City and Country of Birth	10. Nationality *(Citizenship)*	11. Race, Ethnic or Tribal Group	12. Sex ☐ Male ☐ Female

13. Is this child in the U.S.? ☐ Yes *(Complete blocks 14 to 21.)* ☐ No *(Specify Location)*

14. Place of last entry in the U.S.?	15. Date of last entry in the U.S. ? *(Mo/Day/Yr)*	16. I-94 No. *(If any)*	17. Status when last admitted *(Visa type, if any)*
18. What is your child's current status?	19. What is the expiration date of his/her authorized stay, *(if any)? (Mo/Day/Yr)*	20. Is your child in immigration court proceedings? ☐ Yes ☐ No	

21. If in the U.S., is this child to be included in this application? *(Check the appropriate box.)*

 ☐ Yes *(Attach one (1) photograph of your child in the upper right hand corner of page 9 on the extra copy of the application submitted for this person.)*

 ☐ No

1. Alien Registration Number (A#) *(If any)*	2. Passport/ID Card No. *(If any)*	3. Marital Status *(Married, Single, Divorced, Widowed)*	4. Social Security No. *(If any)*
5. Complete Last Name	6. First Name	7. Middle Name	8. Date of Birth *(Mo/Day/Yr)*
9. City and Country of Birth	10. Nationality *(Citizenship)*	11. Race, Ethnic or Tribal Group	12. Sex ☐ Male ☐ Female

13. Is this child in the U.S. ? ☐ Yes *(Complete blocks 14 to 21.)* ☐ No *(Specify Location)*

14. Place of last entry in the U.S.?	15. Date of last entry in the U.S.? *(Mo/Day/Yr)*	16. I-94 No. *(If any)*	17. Status when last admitted *(Visa type, if any)*
18. What is your child's current status?	19. What is the expiration date of his/her authorized stay, if any? *(Mo/Day/Yr)*	20. Is your child in immigration court proceedings? ☐ Yes ☐ No	

21. If in the U.S., is this child to be included in this application? *(Check the appropriate box.)*

 ☐ Yes *(Attach one (1) photograph of your child in the upper right hand corner of page 9 on the extra copy of the application submitted for this person.)*

 ☐ No

1. Alien Registration Number (A#) *(If any)*	2. Passport/ID Card No. *(If any)*	3. Marital Status *(Married, Single, Divorced, Widowed)*	4. Social Security No. *(If any)*
5. Complete Last Name	6. First Name	7. Middle Name	8. Date of Birth *(Mo/Day/Yr)*
9. City and Country of Birth	10. Nationality *(Citizenship)*	11. Race, Ethnic or Tribal Group	12. Sex ☐ Male ☐ Female

13. Is this child in the U.S.? ☐ Yes *(Complete blocks 14 to 21.)* ☐ No *(Specify Location)*

14. Place of last entry in the U.S.?	15. Date of last entry in the U.S.? *(Mo/Day/Yr)*	16. I-94 No. *(If any)*	17. Status when last admitted *(Visa type, if any)*
18. What is your child's current status?	19. What is the expiration date of his/her authorized stay, if any? *(Mo/Day/Yr)*	20. Is your child in immigration court proceedings? ☐ Yes ☐ No	

21. If in the U.S., is this child to be included in this application? *(Check the appropriate box.)*

 ☐ Yes *(Attach one (1) photograph of your child in the upper right hand corner of page 9 on the extra copy of the application submitted for this person.)*

 ☐ No

PART A. III.   INFORMATION ABOUT YOUR BACKGROUND

1. Please list your last address where you lived before coming to the U.S.   If this is not the country where you fear persecution, also list the last address in the country where you fear persecution. *(List Address, City/Town, Department, Province, or State, and Country.) (Use Supplement B Form I-589 or additional sheets of paper if necessary.)*

Number and Street *(Provide if available)*	City/Town	Department, Province or State	Country	Dates From *(Mo/Yr)* To *(Mo/Yr)*	

2. Provide the following information about your residences during the last five years. List your present address first. *(Use Supplement Form B or additional sheets of paper if necessary.)*

Number and Street	City/Town	Department, Province or State	Country	Dates From *(Mo/Yr)* To *(Mo/Yr)*	

3. Provide the following information about your education, beginning with the most recent. *(Use Supplement B Form I-589 or additional sheets of paper if necessary.)*

Name of School	Type of School	Location (Address)	Attended From *(Mo/Yr)* To *(Mo/Yr)*	

4. Provide the following information about your employment during the last five years. List your present employment first. *(Use Supplement Form B or additional sheets of paper if necessary.)*

Name and Address of Employer	Your Occupation	Dates From *(Mo/Yr)* To *(Mo/Yr)*	

5. Provide the following information about your parents and siblings (brother and sisters). Check box if the person is deceased. *(Use Supplement B Form I-589 or additional sheets of paper if necessary.)*

Name	City/Town and Country of Birth	Current Location
Mother		☐ Deceased
Father		☐ Deceased
Siblings		☐ Deceased
		☐ Deceased

PART B.   INFORMATION ABOUT YOUR APPLICATION

(Use Supplement B Form I-589 or attach additional sheets of paper as needed to complete your responses to the questions contained in PART B.)

When answering the following questions about your asylum or other protection claim (withholding of removal under 241(b)(3) of the Act or withholding of removal under the Convention Against Torture) you should provide a detailed and specific account of the basis of your claim to asylum or other protection. To the best of your ability, provide specific dates, places, and descriptions about each event or action described. You should attach documents evidencing the general conditions in the country from which you are seeking asylum or other protection and the specific facts on which you are relying to support your claim. If this documentation is unavailable or you are not providing this documentation with your application, please explain why in your responses to the following questions. Refer to Instructions, Part 1: Filing Instructions, Section II, "Basis of Eligibility," Parts A - D, Section V, "Completing the Form," Part B, and Section VII, "Additional Documents that You Should Submit" for more information on completing this section of the form.

1.   Why are you applying for asylum or withholding of removal under section 241(b)(3) of the Act, or for withholding of removal under the Convention Against Torture? Check the appropriate box (es) below and then provide detailed answers to questions A and B below:

I am seeking asylum or withholding of removal based on

- ☐ Race
- ☐ Religion
- ☐ Nationality
- ☐ Political opinion
- ☐ Membership in a particular social group
- ☐ Torture Convention

A.   Have you, your family, or close friends or colleagues ever experienced harm or mistreatment or threats in the past by anyone?

☐ No ☐ Yes If your answer is "Yes," explain in detail:

1) What happened;
2) When the harm or mistreatment or threats occurred;
3) Who caused the harm or mistreatment or threats; and
4) Why you believe the harm or mistreatment or threats occurred.

B.   Do you fear harm or mistreatment if you return to your home country?

☐ No   ☐ Yes If your answer is "Yes," explain in detail:

1) What harm or mistreatment you fear;
2) Who you believe would harm or mistreat you; and
3) Why you believe you would or could be harmed or mistreated.

PART B.   INFORMATION ABOUT YOUR APPLICATION Continued

2. Have you or your family members ever been accused, charged, arrested, detained, interrogated, convicted and sentenced, or imprisoned in any country other than the United States?

☐ No   ☐ Yes If "Yes," explain the circumstances and reasons for the action.

3. A. Have you or your family members ever belonged to or been associated with any organizations or groups in your home country, such as, but not limited to, a political party, student group, labor union, religious organization, military or paramilitary group, civil patrol, guerrilla organization, ethnic group, human rights group, or the press or media?

☐ No   ☐ Yes If "Yes," describe for each person the level of participation, any leadership or other positions held, and the length of time you or your family members were involved in each organization or activity.

B. Do you or your family members continue to participate in any way in these organizations or groups?

☐ No   ☐ Yes If "Yes," describe for each person, your or your family members' current level of participation, any leadership or other positions currently held, and the length of time you or your family members have been involved in each organization or group.

4. Are you afraid of being subjected to torture in your home country or any other country to which you may be returned?

☐ No   ☐ Yes If "Yes," explain why you are afraid and describe the nature of the torture you fear, by whom, and why it would be inflicted.

PART C.   ADDITIONAL INFORMATION ABOUT YOUR APPLICATION

(Use Supplement B Form I-589 or attach additional sheets of paper as needed to complete your responses to the questions contained in Part C.)

1.   Have you, your spouse, your child(ren), your parents, or your siblings ever applied to the United States Government for refugee status, asylum, or withholding of removal?   ☐ No ☐ Yes

If "Yes" explain the decision and what happened to any status you, your spouse, your child(ren), your parents, or your siblings received as a result of that decision. Please indicate whether or not you were included in a parent or spouse's application. If so, please include your parent or spouse's A- number in your response.   If you have been denied asylum by an Immigration Judge or the Board of Immigration Appeals, please describe any change(s) in conditions in your country or your own personal circumstances since the date of the denial that may affect your eligibility for asylum.

2.   A.   After leaving the country from which you are claiming asylum, did you or your spouse or child(ren), who are now in the United States, travel through or reside in any other country before entering the United States?   ☐ No   ☐ Yes

B.   Have you, your spouse, your child(ren), or other family members such as your parents or siblings ever applied for or received any lawful status in any country other than the one from which you are now claiming asylum?   ☐ No   ☐ Yes

If "Yes" to either or both questions (2A and/or 2B), provide for each person the following: the name of each country and the length of stay; the person's status while there; the reasons for leaving; whether the person is entitled to return for lawful residence purposes; and whether the person applied for refugee status or for asylum while there, and, if not, why he or she did not do so.

3.   Have you, your spouse, or child(ren) ever ordered, incited, assisted, or otherwise participated in causing harm or suffering to any person because of his or her race, religion, nationality, membership in a particular social group or belief in a particular political opinion?

☐ No   ☐ Yes If "Yes," describe in detail each such incident and your own or your spouse's or child(ren)'s involvement.

PART C.   ADDITIONAL INFORMATION ABOUT YOUR APPLICATION Continued

4.   After you left the country where you were harmed or fear harm, did you return to that country?

☐ No   ☐ Yes   If "Yes," describe in detail the circumstances of your visit (for example, the date(s) of the trip(s), the purpose(s) of the trip(s), and the length of time you remained in that country for the visit(s)).

5.   Are you filing the application more than one year after your last arrival in the United States?

☐ No   ☐ Yes   If "Yes," explain why you did not file within the first year after you arrived.   You should be prepared to explain at your interview or hearing why you did not file your asylum application within the first year after you arrived. For guidance in answering this question, see Instructions, Part 1: Filing Instructions, Section V. "Completing the Form," Part C.

6.   Have you or any member of your family included in the application ever committed any crime and/or been arrested, charged, convicted and sentenced for any crimes in the United States?

☐ No   ☐ Yes   If "Yes," for each instance, specify in your response what occurred and the circumstances; dates; length of sentence received; location; the duration of the detention or imprisonment; the reason(s) for the detention or conviction; any formal charges that were lodged against you or your relatives included in your application; the reason(s) for release. Attach documents referring to these incidents, if they are available, or an explanation of why documents are not available.

PART D. YOUR SIGNATURE

After reading the information regarding penalties in the instructions, complete and sign below. If someone helped you prepare this application, he or she must complete Part E.

I certify, under penalty of perjury under the laws of the United States of America, that this application and the evidence submitted with it are all true and correct. Title 18, United States Code, Section 1546, provides in part: "Whoever knowingly makes under oath, or as permitted under penalty of perjury under Section 1746 of Title 28, United States Code, knowingly subscribes as true, any false statement with respect to a material fact in any application, affidavit, or knowingly presents any such application, affidavit, or other document required by the immigration laws or regulations prescribed thereunder, or knowingly presents any such application, affidavit, or other document containing any such false statement or which fails to contain any reasonable basis in law or fact - shall be fined in accordance with this title or imprisoned not more than five years, or both." I authorize the release of any information from my record which the Bureau of Citizenship and Immigration Services needs to determine eligibility for the benefit I am seeking.	Staple your photograph here or the photograph of the family member to be included on the extra copy of the application submitted for that person.

WARNING: **Applicants who are in the United States illegally are subject to removal if their asylum or withholding claims are not granted by an Asylum Officer or an Immigration Judge. Any information provided in completing this application may be used as a basis for the institution of, or as evidence in, removal proceedings even if the application is later withdrawn. Applicants determined to have knowingly made a frivolous application for asylum will be permanently ineligible for any benefits under the Immigration and Nationality Act. See 208(d)(6) of the Act and 8 CFR 208.20.**

Print Complete Name	Write your name in your native alphabet

Did your spouse, parent, or child(ren) assist you in completing this application? ☐ No ☐ Yes *(If "Yes," list the name and relationship.)*

_____ _____   _____ _____
    (Name)   *(Relationship)*   *(Name)*   *(Relationship)*

Did someone other than your spouse, parent, or child(ren) prepare this application? ☐ No ☐ Yes *(If "Yes," complete Part E)*

Asylum applicants may be represented by counsel. Have you been provided with a list of persons who may be available to assist you, at little or no cost, with your asylum claim? ☐ No ☐ Yes
Signature of Applicant *(The person in Part A. I.)*

[_____]   _____
    Sign your name so it all appears within the brackets   Date *(Mo/Day/Yr)*

PART E. DECLARATION OF PERSON PREPARING FORM IF OTHER THAN APPLICANT, SPOUSE, PARENT OR CHILD

I declare that I have prepared this application at the request of the person named in Part D, that the responses provided are based on all information of which I have knowledge, or which was provided to me by the applicant and that the completed application was read to the applicant in his or her native language or a language he or she understands for verification before he or she signed the application in my presence. I am aware that the knowing placement of false information on the Form I-589 may also subject me to civil penalties under 8 U.S.C. 1324(c).

Signature of Preparer		Print Complete Name		
Daytime Telephone Number ( )		Address of Preparer: Street Number and Name		
Apt. No.	City		State	ZIP Code

PART F. TO BE COMPLETED AT INTERVIEW OR HEARING

You will be asked to complete this Part when you appear before an Asylum Officer of theU.S. Department of Homeland Security, Bureau of Citizenship and Immigration Services (BCIS), or an Immigration Judge of the U.S. Department of Justice, Executive Office for Immigration Review (EOIR) for examination.

I swear (affirm) that I know the contents of this application that I am signing, including the attached documents and supplements, that they are all true to the best of my knowledge taking into account correction(s) numbered _____ to _____ that were made by me or at my request.

Signed and sworn to before me by the above named applicant on:

_____   _____
    Signature of Applicant   Date *(Mo/Day/Yr)*

_____   _____
    Write Your Name in Your Native Alphabet   Signature of Asylum Officer or Immigration Judge

This page intentionally left blank.

OMB No. 1615-0040; Expires 08/31/08

Department of Homeland Security
U.S. Citizenship and Immigration Services

I-765, Application for Employment Authorization

Instructions

U.S. Citizenship and Immigration Services (USCIS) recommends that you retain a copy of your completed application for your records.
NOTE: USCIS is comprised of offices of the former Immigration and Naturalization Service (INS).

Index

Part 1. General.

Purpose of the Application. Certain aliens who are temporarily in the United States may file a Form I-765, Application for Employment Authorization, to request an Employment Authorization Document (EAD). Other aliens who are authorized to work in the United States without restrictions should also use this form to apply to USCIS for a document evidencing such authorization. Please review **Part 2: Eligibility Categories** to determine whether you should use this form.

If you are a Lawful Permanent Resident, a Conditional Resident, or a nonimmigrant authorized to be employed with a specific employer under 8 CFR 274a.12(b), please do **not** use this form.

Definitions

Employment Authorization Document (EAD): Form I-688, Form I-688A, Form I-688B, Form I-766, or any successor document issued by USCIS as evidence that the holder is authorized to work in the United States.

Renewal EAD: an EAD issued to an eligible applicant at or after the expiration of a previous EAD issued under the same category.

Replacement EAD: an EAD issued to an eligible applicant when the previously issued EAD has been lost, stolen, mutilated, or contains erroneous information, such as a misspelled name.

Interim EAD: an EAD issued to an eligible applicant when USCIS has failed to adjudicate an application within 90 days of receipt of a properly filed EAD application or within 30 days of a properly filed initial EAD application based on an asylum application filed on or after January 4, 1995. The interim EAD will be granted for a period not to exceed 240 days and is subject to the conditions noted on the document.

Part 2. Eligibility Categories.

The USCIS adjudicates a request for employment authorization by determining whether an applicant has submitted the required information and documentation, and whether the applicant is eligible. In order to determine your eligibility, you must identify the category in which you are eligible and fill in that category in **Question 16** on the Form I-765. Enter only **one** of the following category numbers on the application form. For example, if you are a refugee applying for an EAD, you should write **"(a)(3)"** at **Question 16**.

For easier reference, the categories are subdivided as follows:

Asylee/Refugee Categories.

Refugee--(a)(3). File your EAD application with either a copy of your Form I-590, Registration for Classification as Refugee, approval letter or a copy of a Form I-730, Refugee/Asylee Relative Petition, approval notice.

Paroled as a Refugee--(a)(4). File your EAD application with a copy of your Form I-94, Departure Record.

Asylee (granted asylum)--(a)(5). File your EAD application with a copy of the INS letter, or judge's decision, granting you asylum. It is not necessary to apply for an EAD as an asylee until 90 days before the expiration of your current EAD.

Asylum Applicant (with a pending asylum application) who Filed for Asylum on or after January 4, 1995--(c)(8). (For specific instructions for applicants with pending asylum claims, see page 5).

Nationality Categories.

Citizen of Micronesia, the Marshall Islands or Palau--(a)(8). File your EAD application if you were admitted to the United States as a citizen of the Federated States of Micronesia (CFA/FSM), the Marshall Islands (CFA/MIS), or Palau, pursuant to agreements between the United States and the former trust territories.

Deferred Enforced Departure (DED) / Extended Voluntary Departure--(a)(11). File your EAD application with evidence of your identity and nationality.

Temporary Protected Status (TPS)--(a)(12). File your EAD application with Form I-821, Application for Temporary Protected Status. If you are filing for an initial EAD based on your TPS status, include evidence of identity and nationality as required by the Form I-821 instructions.

Temporary treatment benefits --(c)(19). For an EAD based on 8 CFR 244.5. Include evidence of nationality and identity as required by the Form I-821 instructions.

- Extension of TPS status: Include a copy (front and back) of your last available TPS document: EAD, Form I-94 or approval notice.

- Registration for TPS only without employment authorization : File the Form I-765, Form I-821, and a letter indicating that this form is for registration purposes only. No fee is required for the Form I-765 filed as part of TPS registration. (Form I-821 has separate fee requirements.)

NACARA Section 203 Applicants who are eligible to apply for NACARA relief with INS--(c)(10). See the instructions to Form I-881, Application for Suspension of Deportation or Special Rule Cancellation of Removal, to determine if you are eligible to apply for NACARA 203 relief with USCIS.

If you are eligible, follow the instructions below and submit your Form I-765 at the same time you file your Form I-881 application with USCIS:

- If you are filing a Form I-881 with USCIS, file your EAD application at the same time and at the same filing location. Your response to **Question 16** on the Form I-765 should be **"(c)(10)."**

- If you have already filed your I-881 application at the service center specified on the Form I-881, and now wish to apply for employment authorization, your response to **Question 16** on Form I-765 should be **"(c)(10)."** You should file your EAD application at the Service Center designated in Part 5 of these instructions.

- If you are a NACARA Section 203 applicant who previously filed a Form I-881 with USCIS, and the application is still pending, you may renew your EAD. Your response to **Question 16** on Form I-765 should be **"(c)(10)."** Submit the required fee and the EAD application to the service center designated in Part 5 of these instructions.

Dependent of TECRO E-1 Nonimmigrant--(c)(2). File your EAD application with the required certification from the American Institute in Taiwan if you are the spouse, or unmarried dependent son or daughter of an E-1 employee of

Foreign Students.

F-1 Student Seeking Optional Practical Training in an Occupation Directly Related to Studies--(c)(3)(i). File your EAD application with a Certificate of Eligibility of Nonimmigrant (F-1) Student Status (Form I-20 A-B/I-20 ID) endorsed by a Designated School Official within the past 30 days.

F-1 Student Offered Off-Campus Employment under the Sponsorship of a Qualifying International Organization-- (c)(3)(ii). File your EAD application with the international organization's letter of certification that the proposed employment is within the scope of its sponsorship, and a Certificate of Eligibility of Nonimmigrant (F-1) Student Status--For Academic and Language Students (Form I-20 A-B/I-20 ID) endorsed by the Designated School Official within the past 30 days.

F-1 Student Seeking Off-Campus Employment Due to Severe Economic Hardship--(c)(3)(iii). File your EAD application with Form I-20 A-B/I-20 ID, Certificate of Eligibility of Nonimmigrant (F-1) Student Status--For Academic and Language Students, and any evidence you wish to submit, such as affidavits, that detail the unforeseen economic circumstances that cause your request, and evidence you have tried to find off-campus employment with an employer who has filed a labor and wage attestation.

J-2 Spouse or Minor Child of an Exchange Visitor--(c)(5). File your EAD application with a copy of your J-1's (principal alien's) Certificate of Eligibility for Exchange Visitor (J-1) Status (Form IAP-66). You must submit a written statement, with any supporting evidence showing, that your employment is not necessary to support the J-1 but is for other purposes.

M-1 Student Seeking Practical Training after Completing Studies--(c)(6). File your EAD application with a completed Form I-539, Application to Change/Extend Nonimmigrant Status. Form I-20 M-N, Certificate of Eligibility for Nonimmigrant (M-1) Student Status--For Vocational Students endorsed by the Designated School Official within the past 30 days.

Eligible Dependents of Employees of Diplomatic Missions, International Organizations or NATO.

Dependent of A-1 or A-2 Foreign Government Officials--(c)(1).

Submit your EAD application with Form I-566, Inter-Agency Record of Individual Requesting Change/Adjustment to, or from, A or G Status; or Requesting A, G, or NATO Dependent Employment Authorization, through your diplomatic mission to the Department of State (DOS). The DOS will forward all favorably endorsed applications directly to the Nebraska Service Center for adjudication.

Dependent of G-1, G-3 or G-4 Nonimmigrant--(c)(4).

Submit your EAD application with a Form I-566, Inter-Agency Record of Individual Requesting Change/Adjustment to or from A or G Status; or Requesting A, G, or NATO Dependent Employment Authorization, through your international organization to the Department of State (DOS). [In New York City, the United Nations (UN) and UN missions should submit such applications to the United States Mission to the UN (USUN).] The DOS or USUN will forward all favorably endorsed applications directly to the Nebraska Service Center for adjudication.

Dependent of NATO-1 through NATO-6--(c)(7).

Submit your EAD application with Form I-566, Inter-Agency Record of Individual Requesting Change/Adjustment to, or from, A or G Status; or Requesting A, G or NATO Dependent Employment Authorization, to NATO SACLANT, 7857 Blandy Road, C-027, Suite 100, Norfolk, VA 23551-2490. NATO/SACLANT will forward all favorably endorsed applications directly to the Nebraska Service Center for adjudication.

Employment-Based Nonimmigrant Categories.

B-1 Nonimmigrant who is the personal or domestic servant of a nonimmigrant employer--(c)(17)(i).

File your EAD application with:

- Evidence from your employer that he or she is a B, E, F, H, I, J, L, M, O, P, R, or TN nonimmigrant and you were employed for at least one year by the employer before the employer entered the United States or your employer regularly employs personal and domestic servants and has done so for a period of years before coming to the United States; and

- Evidence that you have either worked for this employer as a personal or domestic servant for at least one year or, evidence that you have at least one year's experience as a personal or domestic servant; and

- Evidence establishing that you have a residence abroad which you have no intention of abandoning.

B-1 Nonimmigrant Domestic Servant of a U.S. Citizen-- (c)(17)(ii).

File your EAD application with:

- Evidence from your employer that he or she is a U.S. citizen; and

- Evidence that your employer has a permanent home abroad or is stationed outside the United States and is temporarily visiting the United States or the citizen's current assignment in the United States will not be longer than four 4 years; and

- Evidence that he or she has employed you as a domestic servant abroad for at least six 6 months prior to your admission to the United States.

B-1 Nonimmigrant Employed by a Foreign Airline--(c)(17)(iii).

File your EAD application with a letter from the airline fully describing your duties and indicating that your position would entitle you to E nonimmigrant status except for the fact that you are not a national of the same country as the airline or because there is no treaty of commerce and navigation in effect between the United States and that country.

Spouse of an E-1/E-2 Treaty Trader or Investor--(a)(17).

File your EAD application with evidence of your lawful status and evidence you are a **spouse** of a principal E-1/E-2, such as your I-94. (Other relatives or dependents of E-1/E-2 aliens who are in E status are not eligible for employment authorization and may not file under this category.)

Spouse of an L-1 Intracompany Transferee--(a)(18).

File your EAD application with evidence of your lawful status and evidence you are a **spouse** of a principal L-1, such as your I-94. (Other relatives or dependents of L-1 aliens who are in L status are not eligible for employment authorization and may not file under this category.)

Family-Based Nonimmigrant Categories.

K-1 Nonimmigrant Fiance(e) of U.S. Citizen or K-2 Dependent--(a)(6).

File your EAD application if you are filing within 90 days from the date of entry. This EAD cannot be renewed. Any EAD application other than for a replacement must be based on your pending application for family-based adjustment under (c)(9).

K-3 Nonimmigrant Spouse of U.S. Citizen or K-4 Dependent--(a)(9).

File your EAD application along with evidence of your admission such as copies of your Form I-94, passport, and K visa.

Family Unity Program--(a)(13). File your EAD application with a copy of the approval notice, if you have been granted status under this program. You may choose to file your EAD application concurrently with your Form I-817, Application for Voluntary Departure under the Family Unity Program. USCIS may take up to 90 days from the date upon which you are granted status under the Family Unity Program to adjudicate your EAD application. If you were denied Family Unity status solely because your legalized spouse or parent first applied under the Legalization/SAW programs after May 5, 1988, file your EAD application with a new Form I-817 application and a copy of the original denial. However, if your EAD application is based on continuing eligibility under (c)(12), please refer to **Deportable Alien Granted Voluntary Departure.**

LIFE Family Unity--(a)(14). If you are applying for initial employment authorization pursuant to the Family Unity provisions of section 1504 of the LIFE Act Amendments, or an extension of such authorization, you should not be using this form. Please obtain and complete a Form I-817, Application for Family Unity Benefits. If you are applying for a replacement EAD that was issued pursuant to the LIFE Act Amendments Family Unity provisions, file your EAD application with the required evidence listed in **Part 3**.

V-1, V-2 or V-3 Nonimmigrant--(a)(15). If you have been inspected and admitted to the United States with a valid V visa, file this application along with evidence of your admission, such as copies of your Form I-94, passport, and K visa. If you have been granted V status while in the United States, file this application along with evidence of your V status, such as an approval notice. If you are in the United States but you have not yet filed an application for V status, you may file this application at the same time as you file your application for V status. USCIS will adjudicate this application after adjudicating your application for V status.

EAD Applicants Who Have Filed for Adjustment of Status.

Employment-Based Adjustment Applicant--(c)(9). File your EAD application with a copy of the receipt notice or other evidence that your Form I-485, application for permanent residence, is pending. If you have not yet filed your Form I-485, you may submit Form I-765 together with your Form I-485.

Family-Based Adjustment Application --(c)(9). File your EAD application with a clpy of the receipt notice other evidence that your Form I-485, application for permanent residence, is pending. You may file Form I-765 together with your Form I-485 is.

Adjustment Applicant Based on Continuous Residence Since January 1, 1972--(c)(16). File your EAD application with your Form I-485, Application for Permanent Residence; a copy of your receipt notice; or other evidence that the Form I-485 is pending.

Others.

N-8 or N-9 Nonimmigrant--(a)(7). File your EAD application with the required evidence listed in **Part 3**.

Granted Withholding of Deportation or Removal --(a)(10). File your EAD application with a copy of the Immigration Judge's order. It is not necessary to apply for a new EAD until 90 days before the expiration of your current EAD.

Applicant for Suspension of Deportation--(c)(10). File your EAD application with evidence that your Form I-881, Application for Suspension of Deportation, or EOIR-40, is pending

Paroled in the Public Interest--(c)(11). File your EAD application if you were paroled into the United States for emergent reasons or reasons strictly in the public interest.

Deferred Action--(c)(14). File your EAD application with a copy of the order, notice or document placing you in deferred action and evidence establishing economic necessity for an EAD.

Final Order of Deportation--(c)(18). File your EAD application with a copy of the order of supervision and a request for employment authorization which may be based on, but not limited to the following:

* Existence of a dependent spouse and/or children in the United States who rely on you for support; and
* Existence of economic necessity to be employed;
* Anticipated length of time before you can be removed from the United States.

LIFE Legalization applicant--(c)(24). We encourage you to file your EAD application together with your Form I-485, Application to Regsiter Permanent Residence or Adjust Status, to facilitate processing. However, you may file Form I-765 at a later date with evidence that you were a CSS, LULAC, or Zambrano class member applicant before October 1, 2000 and with a copy of the receipt notice or other evidence that your Form I-485 is pending.

T-1 Nonimmigrant--(a)(16). If you are applying for initial employment authorization as a T-1 nonimmigrant, file this form only if you did not request an employment authorization document when you applied for T nonimmigrant status. If you have been granted T status and this is a request for a renewal or replacement of an employment authorization document, file this application along with evidence of your T status, such as an approval notice.

T-2, T-3, or T-4 Nonimmigrant--(c)(25). File this form with a copy of your T-1's (principal alien's) approval notice and proof of your relationship to the T-1 principal.

Part 3. Required Documentation.

All applications must be filed with the documents required below, in addition to the particular evidence required for the category listed in **Part 2**, **Eligibility Categories**, with fee, if required.

If you are required to show economic necessity for your category (See **Part 2**), submit a list of your assets, income and expenses.

Please assemble the documents in the following order:

Your application with the filing fee. See **Part 4**, **Fee** for details.

If you are mailing your application to the USCIS, you must also
~~submit~~

* A copy of Form I-94 Departure Record (front and back), if available.

* A copy of your last EAD (front and back).

* Two passport-style color photos with a white background taken no earlier than 30 days before submission to USCIS. They should be unmounted, glossy and unretouched. The photos should show a full-frontal facial position. Your head should be bare unless you are wearing a headdress as required by a religious order to which you belong. The photo should not be larger than 2 x 2 inches, with the distance from the top of the head to just below the chin about 1 1/4 inches. Lightly print our name and your A#, if known, on the back of each photo with a pencil.

Special Filing Instructions for Those With Pending Asylum Applications (c)(8).

Asylum applicant (with a pending asylum application) who filed for asylum on or after January 4, 1995. *You must wait at leat 150 days following the filing of your asylum claim before you are eligible to apply for an EAD. If you file your EAD application early, it will be denied. File your EAD application with:*

* A copy of the USCIS acknowledgement mailer which was mailed to you; or

* Other evidence that your Form I-589 was filed with USCIS; or

* Evidence that your Form I-589 was filed with an Immigration Judge at the Executive Office for Immigration Review (EOIR); or

* Evidence that your asylum application remains under administrative or judicial review.

Asylum applicant (with a pending asylum application) who filed for asylum and for withholding of deportation prior to January 4, 1995 and is *NOT* in exclusion or deportation proceedings.
You may file your EAD application at any time; however, it will only be granted if USCIS finds that your asylum application is not frivolous. File your EAD application with:

* A complete copy of your previously filed Form I-589; AND

* A copy of your USCIS receipt notice; or

* A copy of the USCIS acknowledgement mailer; or

* Evidence that your Form I-589 was filed with EOIR; or

* Evidence that your asylum application remains under administrative or judicial review; or

* Other evidence that you filed an asylum application.

Asylum applicant (with a pending asylum application) who filed an initial request for asylum prior to January 4, 1995, and *IS IN* exclusion or deportation proceedings. If you filed your Request for Asylum and Withholding of Deportation (Form I-589) prior to January 4, 1995 and you ARE IN exclusion or deportation proceedings, file your EAD application with:

* A date-stamped copy of your previously filed Form I-589; or

* A copy of Form I-221, Order to Show Cause and Notice of Hearing, or Form I-122, Notice to Applicant for Admission Detained for Hearing Before Immigration Judge; or

* A copy of EOIR-26, Notice of Appeal, date stamped by the Office of the Immigration Judge; or

* A date-stamped copy of a petition for judicial review or for *habeas corpus* issued to the asylum applicant; or

* Other evidence that you filed an asylum application with EOIR.

Asylum Application Under the ABC Settlement Agreement--(c)(8). If you are a Salvadoran or Guatemalan national eligible for benefits under the ABC settlement agreement, American Baptist Churches v. Thornburgh , 760 F. Supp. 976 (N.D. Cal. 1991), please follow the instructions contained in this section when filing your Form I-765.

You must have asylum application (Form I-589) on file either with USCIS or with an immigration judge in order to receive work authorization. Therefore, please submit evidence that you have previously filed an asylum application when you submit your EAD application. You are not required to submit this evidence when you apply, but it will help USCIS process your request efficiently.

If you are renewing or replacing your EAD, you must pay the filing fee.

Mark your application as follows:

* Write "ABC" in the top right corner of your EAD application. You must identify yourself as an ABC class member if you are applying for an EAD under the ABC settlement agreement.

* Write "(c)(8)" in **Section 16** of the application.

You are entitled to an EAD without regard to the merits of your asylum claim. Your application for an EAD will be decided within 60 days if: (1) you pay the filing fee, (2) you have a complete, pending asylum application on file, and (3) write "ABC" in the top right corner of your EAD application. If you do not pay the filing fee for an initial EAD request, your request may be denied if USCIS finds that your asylum application is frivolous. However, if you cannot pay the filing fee for an EAD, you may qualify for a fee waiver under 8 CFR 103.7(c). See **Part 4** concerning fee waivers.

Part 4. Fee.

What Is the Fee? Applicants must pay a fee of **$180.00** unless noted below.

If a fee is required, it will not be refunded. Pay in the exact amount. Checks and money orders must be payable in U.S. currency. Make check or money order payable to the **"Department of Homeland Security,"** unless:

If you live in Guam make your check or money order payable to **"Treasurer, Guam**." If you live in the U.S. Virgin Islands make your check or money order payable to **"Commissioner of Finance of the Virgin Islands."**

A charge of $30.00 will be imposed if a check in payment of a fee is not honored by the bank on which it is drawn. Please do **not** send cash in the mail.

Initial EAD: If this is your initial application and you are applying under one of the following categories, a filing fee is **not** required:

- (a)(3) Refugee;
- (a)(4) Paroled as Refugee;
- (a)(5) Asylee;
- (a)(7) N-8 or N-9 nonimmigrant;
- (a)(8) Citizen of Micronesia, Marshall Islands or Palau;
- (a)(10) Granted Withholding of Deportation;
- (a)(11) Deferred Enforced Departure;
- (a)(16) Victim of Severe Form of Trafficking (T-1);
- (c)(1), (c)(4), or (c)(7) Dependent of certain foreign government, international organization, or NATO personnel; or
- (c)(8) Applicant for asylum [an applicant filing under the special ABC procedures must pay the fee].

Renewal EAD: If this is a renewal application and you are applying under one of the following categories, a filing fee is **not** required:

- (a)(8) Citizen of Micronesia, Marshall Islands, or Palau;
- (a)(10) Granted Withholding of Deportation;
- (a)(11) Deferred Enforced Departure; or
- (c)(1), (c)(4), or (c)(7) Dependent of certain foreign government, international organization, or NATO personnel.

Replacement EAD: If this is your replacement application and you are applying under one of the following categories, *a* filing fee is **not** required:

- (c)(1), (c)(4), or (c)(7) Dependent of certain foreign government, international organization, or NATO personnel.

You may be eligible for a fee waiver under 8 CFR 103.7(c).

USCIS will use the Poverty Guidelines published annually by the Department of Health and Human Services as the basic criteria in determining the applicant's eligibility when economic necessity is identified as a factor.

The Poverty Guidelines will be used as a guide, but not as a conclusive standard, in adjudicating fee waiver requests for employment authorization applications requiring a fee.

How to Check If the Fee Is Correct: The fee on this form is current as of the edition date appearing in the lower right corner of this page. However, because USCIS fees change periodically, you can verify if the fee is correct by following one of the steps below:

- Visit our website at **www.uscis.gov** and scroll down to "Forms and E-Filing" to check the appropriate fee, or
- Review the Fee Schedule included in your form package, if you called us to request the form, or
- Telephone our National Customer Service Center at **1-800-375-5283** and ask for the fee information.

NOTE: If your application requires a biometric services fee for USCIS to take your fingerprints, photograph or signature, you can use the same procedure above to confirm the biometrics fee.

Part 5. Where to File.

If your response to **Question 16** is: **(a)(3), (a)(4), (a)(5), (a)(7)** or **(a)(8)** mail your application to:

USCIS Service Center
P.O. Box 87765
Lincoln, NE 68501-7765

If your response to **Question 16** is **(a)(9)**, mail your application to:

USCIS
P.O. Box 7218
Chicago, IL 60680-7218

If your response to **Question 16** is **(a)(15)**, mail your application to:

USCIS
P.O. Box 7216
Chicago, IL 60680-7216

If your response to **Question 16** is **(a)(14)** or **(c)(24)**, mail your application to:

USCIS
P.O. Box 7219
Chicago, IL 60680-7219

If your response to **Question 16** is: **(a)(16)** or **(c)(25)** mail your application to:

USCIS Service Center
75 Lower Welden St.
St. Albans, VT 05479-0001

If your response to **Question 16** is: **(a)(10), (c)(11), (c)(12), (c)(14), (c)(16) or (c)(18),** apply at the local USCIS office having jurisdiction over your place of residence.

If your response to **Question 16** is: **(a)(12)** or **(c)(19)**, file your EAD application according to the instructions in the Federal Register notice for your particular country's TPS designation.

If your response to **Question 16** is **(c)(1)**, **(c)(4)** or **(c)(7)**, submit your application through your principal's sponsoring organization . Your application will be reviewed and forwarded by the DOS, USUN or NATO/SACLANT to the Nebraska Service Center following certification of your eligibility for an EAD.

If your response to **Question 16** is **(c)(8)** under the special ABC filing instructions and you are filing your asylum and EAD applications together, mail your application to the office where you are filing your asylum application.

If your response to **Question 16** is **(c)(9), employment-based adjustment**, file your application as follows:

Concurrent Forms I-765/I-140/I-485 Filings:

* If you are filing your Form I-765 together with a Forms I-140 (Petition for Alien Worker)/I-485 package, submit the entire package of the three forms to:

USCIS Service Center
P.O. Box 87485
Lincoln, NE 68501-7485

Concurrent Forms I-765/I-485 Fillings:

* If your Form I-140 petition is pending or has already been approved, file your Forms I-485/I-765 package with the service center where the Form I-140 is pending or approved. Include the Form I-140 receipt or approval notice.

Form I-765 Filed Alone:

* If your employment-based Form I-485 is pending, file your Form I-765 at the same Service Center currently processing your Form I-485. Include a copy of your receipt notice.

* In all other cases if your response to **Question 16** is **(c)(9)**, file your Form I-765 according to the instructions noted on the "Direct Mail Instructions for Persons Filing Form I-765" that are included with the Form I-765 on our website at **www.uscis.gov** under "Forms and E-Filing."

If your response to **Question 16** is: **(a)(6)**, **(a)(11)**, **(a)(13)**, **(a)(17)**, **(a)(18)**, **(c)(2)**, **(c)(3)(i)**, **(c)(3)(ii)**, **(c)(3)(iii)**, **(c)(5)**, **(c)(6)**, **(c)(8)**,**(c)(17)(i)**, **(c)(17)(ii)** or **(c)(17)(iii):** mail your application based on your address to the appropriate **Service Center**. The correct **Service Center** is based on the state or territory in which you live.

If you live in:		Mail your application to:
Connecticut D.C. Maryland New Hampshire New York Puerto Rico Vermont West Virginia	Delaware Maine Massachusetts New Jersey Pennsylvania Rhode Island Virginia U.S.V.I.	**USCIS Service Center** 75 Lower Welden Street St. Albans, VT 05479-0001
Arizona Guam Nevada	California Hawaii	**USCIS Service Center** P.O. Box 10765 Laguna Niguel, CA 92067-1076
Alabama Florida Kentucky Mississippi North Carolina South Carolina Texas	Arkansas Georgia Lousiana New Mexico Oklahoma Tennessee	**USCIS Service Center** P.O. Box 851041 Mesquite, TX 75185-1041
Alaska Idaho Indiana Kansas Minnesota Montana North Dakota Oregon Utah Wisconsin	Colorado Illinois Iowa Michigan Missouri Nebraska Ohio South Dakota Washington Wyoming	**USCIS Service Center** P.O. Box 87765 Lincoln, NE 68501-7765

* If your response to **Question 16** is **(c)(10)**, and you are a NACARA 203 applicant eligible to apply for relief with USCIS, or if your Form I-881 application is still pending with USCIS and you wish to renew your EAD, mail your EAD application with the required fee to the appropriate USCIS service center below:

If you live in Alabama, Arkansas, Colorado, Connecticut, Delaware, the District of Columbia, Florida, Georgia, Louisiana, Maine, Maryland, Massachusetts, Mississippi, New Hampshire, New Jersey, New Mexico, New York, North Carolina, Oklahoma, Pennsylvania, Puerto Rico, Rhode Island, South Carolina, Tennessee, Texas, Utah, the U.S. Virgin Islands, Vermont, Virginia, West Virginia or Wyoming, mail your application to:

USCIS Service Center
75 Lower Welden St.
St. Albans, VT 05479-0001

- If you live in Alaska, Arizona, California, the Commonwealth of Guam, Hawaii, Idaho, Illinois, Indiana, Iowa, Kansas, Kentucky, Michigan, Minnesota, Missouri, Montana, Nebraska, Nevada, North Dakota, Oregon, Ohio, South Dakota, Washington, or Wisconsin, mail your application to:

USCIS Service Center
P.O. Box 10765
Laguna Niguel, CA 92067-1076

You should submit the fee for the EAD application on a separate check or money order. Do not combine your check or money order with the fee for the Form I-881.

If your response to **Question 16** is **(c)(10) and you are not eligible to apply for NACARA 203 relief with USCIS,** but you are eligible for other deportation or removal relief, apply at the local USCIS office having jurisdiction over your place of residence.

Part 6. Processing Information.

Acceptance. If your application is complete and filed at a USCIS Service Center, you will be mailed a Form I-797 receipt notice. However, an application filed without the required fee, evidence, signature or photographs (if required) will be returned to you as incomplete. You may correct the deficiency and resubmit the application; however, an application is not considered properly filed until USCIS accepts it.

Approval. If approved, your EAD will either be mailed to you or you may be required to appear at your local USCIS office to pick it up.

Request for Evidence. If additional information or documentation is required, a written request will be sent to you specifying the information or advising you of an interview.

Denial. If your application cannot be granted, you will receive a written notice explaining the basis of your denial.

Interim EAD. If you have not received a decision within 90 days of receipt by USCIS of a properly filed EAD application or within 30 days of a properly filed initial EAD application based on an asylum application filed on or after January 4, 1995, you may obtain interim work authorization by appearing in person at your local USCIS district office. You must bring proof of identity and any notices that you have received from USCIS in connection with your application for employment authorization.

Part 7. Other Information.

Penalties for Perjury. All statements contained in response to questions in this application are declared to be true and correct under penalty of perjury. Title 18, United States Code, Section 1546, provides in part:

. . . Whoever knowingly makes under oath, or as permitted under penalty of perjury under 1746 of Title 28, United States Code, knowingly subscribes as true, any false statement with respect to a material fact in any application, affidavit, or other document required by the immigration laws or regulations prescribed thereunder, or knowingly presents any such application, affidavit, or other document containing any such false statement-shall be fined in accordance with this title or imprisoned not more than five years, or both.

The knowing placement of false information on this application may subject you and/or the preparer of this application to criminal penalties under Title 18 of the United States Code. The knowing placement of false information on this application may also subject you and/or the preparer to civil penalties under Section 274C of the Immigration and Nationality Act (INA), 8 U.S.C. 1324c. Under 8 U.S.C. 1324c, a person subject to a final order for civil document fraud is deportable from the United States and may be subject to fines.

Authority for Collecting This Information. The authority to require you to file Form I-765, Application for Employment Authorization, when applying for employment authorization is found at sections 103(a) and 274A(h)(3) of the Immigration and Nationality Act. Information you provide on your Form I-765 is used to determine whether you are eligible for employment authorization and for the preparation of your Employment Authorization Document if you are found eligible. Failure to provide all information as requested may result in the denial or rejection of this application. The information you provide may also be disclosed to other federal, state, local and foreign law enforcement and regulatory agencies during the course of the USCIS investigations.

USCIS Forms and Information. To order USCIS forms, call our toll-free number at **1-800-870-3676.** You can also get USCIS forms and information on immigration laws, regulations and procedures by telephoning our **National Customer Service Center** at **1-800-375-5283** or visiting our internet website at **www.uscis.gov.**

Use InfoPass for an Appointments. As an alternative to waiting in line for assistance at your local USCIS office, you can now schedule an appointment through our internet-based system, **InfoPass.** To access the system, visit our website at **www.uscis. gov.** Use the **InfoPass** appointment scheduler and follow the screen prompts to set up your appoinment. **InfoPass** generates an electronic appointment notice that appears on the screen. Print the notice and take it with you to your appointment. The notice gives the time and date or your appoinment, along with the address of the USCIS office.

Paperwork Reduction Act. An agency may not conduct or sponsor an information collection and a person is not required to respond to a collection of information unless it displays a currently valid OMB control number.

OMB No. 1615-0040; Expires 08/31/08

Department of Homeland Security
U.S. Citizenship and Immigration Services

I-765, Application for
Employment Authorization

Do not write in this block.

Remarks	Action Block	Fee Stamp
A#		
Applicant is filing under §274a.12 _____		

☐ Application Approved. Employment Authorized / Extended *(Circle One)* until _____ (Date).

Subject to the following conditions: _____ (Date).

☐ Application Denied.
    ☐ Failed to establish eligibility under 8 CFR 274a.12 (a) or (c).
    ☐ Failed to establish economic necessity as required in 8 CFR 274a.12(c)(14), (18) and 8 CFR 214.2(f)

I am applying for:
    ☐ Permission to accept employment.
    ☐ Replacement of lost Employment Authorization Document.
    ☐ Renewal of my permission to accept employment *(attach previous Employment Authorization Document).*

1. Name (Family Name in CAPS) (First)   (Middle)

11. Have you ever before applied for employment authorization from USCIS?
    ☐ Yes (If yes, complete below)   ☐ No

2. Other Names Used (Include Maiden Name)

Which USCIS Office?   Date(s)

3. Address in the United States (Number and Street) (Apt. Number)

Results (Granted or Denied - attach all documentation)

(Town or City) (State/Country) (ZIP Code)

12. Date of Last Entry into the U.S. (mm/dd/yyyy)

4. Country of Citizenship/Nationality

13. Place of Last Entry into the U.S.

5. Place of Birth (Town or City) (State/Province) (Country)

14. Manner of Last Entry (Visitor, Student, etc.)

6. Date of Birth (mm/dd/yyyy)   7. Gender ☐ Male ☐ Female

15. Current Immigration Status (Visitor, Student, etc.)

8. Marital Status ☐ Married ☐ Single ☐ Widowed ☐ Divorced

16. Go to **Part 2** of the Instructions, Eligibility Categories. In the space below place the letter and number of the category you selected from the instructions. (For example, (a)(8); (c)(17)(iii); etc.)

9. U.S. Social Security Number (Include all numbers you have ever used, if any)

10. Alien Registration Number (A-Number) or I-94 Number (if any)

Eligibility under 8 CFR 274a.12

(   ) (   ) (   )

Certification.

Your Certification: I certify, under penalty of perjury under the laws of the United States of America, that the foregoing is true and correct. Furthermore, I authorize the release of any information that U.S. Citizenship and Immigration Services needs to determine eligibility for the benefit I am seeking. I have read the Instructions in **Part 2** and have identified the appropriate eligibility category in **Block 16**.

Signature   Telephone Number   Date

Signature of person preparing form, if other than above:

I declare that this document was prepared by me at the request of the applicant and is based on all information of which I have any knowledge.

Print Name   Address   *Signature*   Date

Remarks	Initial Receipt	Resubmitted	Relocated		Completed			
			Rec'd	Sent	Approved	Denied	Returned	

f

This page intentionally left blank.

OMB Approval: 1205-0451
Expiration Date: 03/31/2008

Application for Permanent Employment Certification
ETA Form 9089
U.S. Department of Labor

Please read and review the filing instructions before completing this form. A copy of the instructions can be found at http://workforcesecurity.doleta.gov/foreign/.

Employing or continuing to employ an alien unauthorized to work in the United States is illegal and may subject the employer to criminal prosecution, civil money penalties, or both.

A. Refiling Instructions

1. Are you seeking to utilize the filing date from a previously submitted Application for Alien Employment Certification (ETA 750)?	☐ Yes ☐ No
1-A. If Yes, enter the previous filing date	
1-B. Indicate the previous SWA or local office case number OR if not available, specify state where case was originally filed:	

B. Schedule A or Sheepherder Information

1. Is this application in support of a Schedule A or Sheepherder Occupation?	☐ Yes ☐ No
If Yes, do NOT send this application to the Department of Labor. All applications in support of Schedule A or Sheepherder Occupations must be sent directly to the appropriate Department of Homeland Security office.	

C. Employer Information (Headquarters or Main Office)

1. Employer's name			
2. Address 1			
Address 2			
3. City	State/Province	Country	Postal code
4. Phone number		Extension	
5. Number of employees		6. Year commenced business	
7. FEIN (Federal Employer Identification Number)			8. NAICS code
9. Is the employer a closely held corporation, partnership, or sole proprietorship in which the alien has an ownership interest, or is there a familial relationship between the owners, stockholders, partners, corporate officers, incorporators, and the alien?		☐ Yes ☐ No	

D. Employer Contact Information (This section must be filled out. This information must be different from the agent or attorney information listed in Section E).

1. Contact's last name	First name	Middle initial
2. Address 1		
Address 2		
3. City	State/Province	Country	Postal code
4. Phone number	Extension	
5. E-mail address		

OMB Approval: 1205-0451
Expiration Date: 03/31/2008

Application for Permanent Employment Certification
ETA Form 9089
U.S. Department of Labor

E. Agent or Attorney Information (If applicable)

1. Agent or attorney's last name	First name	Middle initial
2. Firm name		
3. Firm EIN	4. Phone number	Extension
5. Address 1		
Address 2		
6. City	State/Province	Country	Postal code
7. E-mail address		

F. Prevailing Wage Information (as provided by the State Workforce Agency)

1. Prevailing wage tracking number (if applicable)   2. SOC/O*NET(OES) code

3. Occupation Title   4. Skill Level

5. Prevailing wage   Per: (Choose only one)
$ ❑ Hour   ❑ Week   ❑ Bi-Weekly   ❑ Month   ❑ Year

6. Prevailing wage source (Choose only one)
❑ OES   ❑ CBA   ❑ Employer Conducted Survey   ❑ DBA   ❑ SCA   ❑ Other

6-A. If Other is indicated in question 6, specify:

7. Determination date   8. Expiration date

G. Wage Offer Information

1. Offered wage
From: To: (Optional)   Per: (Choose only one)
$ $ ❑ Hour   ❑ Week   ❑ Bi-Weekly   ❑ Month   ❑ Year

H. Job Opportunity Information (Where work will be performed)

1. Primary worksite (where work is to be performed) address 1

Address 2

2. City   State   Postal code

3. Job title

4. Education: minimum level required:
❑ None   ❑ High School   ❑ Associate's   ❑ Bachelor's   ❑ Master's   ❑ Doctorate   ❑ Other

4-A. If Other is indicated in question 4, specify the education required:

4-B. Major field of study

5. Is training required in the job opportunity?   5-A. If Yes, number of months of training required:
❑ Yes   ❑ No

Application for Permanent Employment Certification
ETA Form 9089
U.S. Department of Labor

H. Job Opportunity Information Continued

5-B. Indicate the field of training:	

6. Is experience in the job offered required for the job?   **6-A.** If Yes, number of months experience required:

❑ Yes   ❑ No

7. Is there an alternate field of study that is acceptable?	❑ Yes ❑ No

7-A. If Yes, specify the major field of study:

8. Is there an alternate combination of education and experience that is acceptable?	❑ Yes ❑ No

8-A. If Yes, specify the alternate level of education required:

❑ None   ❑ High School   ❑ Associate's   ❑ Bachelor's   ❑ Master's   ❑ Doctorate   ❑ Other

8-B. If Other is indicated in question 8-A, indicate the alternate level of education required:

8-C. If applicable, indicate the number of years experience acceptable in question 8:

9. Is a foreign educational equivalent acceptable?   ❑ Yes   ❑ No

10. Is experience in an alternate occupation acceptable?   **10-A.** If Yes, number of months experience in alternate occupation required:

❑ Yes   ❑ No

10-B. Identify the job title of the acceptable alternate occupation:

11. Job duties – If submitting by mail, add attachment if necessary. Job duties description must begin in this space.

12. Are the job opportunity's requirements normal for the occupation? *If the answer to this question is No, the employer must be prepared to provide documentation demonstrating that the job requirements are supported by business necessity.*	❑ Yes ❑ No
13. Is knowledge of a foreign language required to perform the job duties? *If the answer to this question is Yes, the employer must be prepared to provide documentation demonstrating that the language requirements are supported by business necessity.*	❑ Yes ❑ No

14. Specific skills or other requirements – If submitting by mail, add attachment if necessary. Skills description must begin in this space.

OMB Approval: 1205-0451
Expiration Date: 03/31/2008

Application for Permanent Employment Certification
ETA Form 9089
U.S. Department of Labor

H. Job Opportunity Information Continued

15. Does this application involve a job opportunity that includes a combination of occupations?	❑ Yes ❑ No
16. Is the position identified in this application being offered to the alien identified in Section J?	❑ Yes ❑ No
17. Does the job require the alien to live on the employer's premises?	❑ Yes ❑ No
18. Is the application for a live-in household domestic service worker?	❑ Yes ❑ No
18-A. If Yes, have the employer and the alien executed the required employment contract and has the employer provided a copy of the contract to the alien?	❑ Yes ❑ No ❑ NA

I. Recruitment Information

a. Occupation Type – All must complete this section.

1. Is this application for a **professional occupation**, other than a college or university teacher? Professional occupations are those for which a bachelor's degree (or equivalent) is normally required.	❑ Yes ❑ No
2. Is this application for a college or university teacher? **If Yes, complete questions 2-A and 2-B below.**	❑ Yes ❑ No
2-A. Did you select the candidate using a competitive recruitment and selection process?	❑ Yes ❑ No
2-B. Did you use the basic recruitment process for professional occupations?	❑ Yes ❑ No

b. Special Recruitment and Documentation Procedures for College and University Teachers – Complete only if the answer to question I.a.2-A is Yes.

3. Date alien selected:
4. Name and date of national professional journal in which advertisement was placed:
5. Specify additional recruitment information in this space. Add an attachment if necessary.

c. Professional/Non-Professional Information – Complete this section unless your answer to question B.1 or I.a.2-A is YES.

6. Start date for the SWA job order	7. End date for the SWA job order
8. Is there a Sunday edition of the newspaper in the area of intended employment?	❑ Yes ❑ No
9. Name of newspaper (of general circulation) in which the first advertisement was placed:	
10. Date of first advertisement identified in question 9:	
11. Name of newspaper or professional journal (if applicable) in which second advertisement was placed:	
	❑ Newspaper ❑ Journal

OMB Approval: 1205-0451
Expiration Date: 03/31/2008

Application for Permanent Employment Certification
ETA Form 9089
U.S. Department of Labor

I. Recruitment Information Continued

12. Date of second newspaper advertisement or date of publication of journal identified in question 11:

d. Professional Recruitment Information – Complete if the answer to question I.a.1 is YES or if the answer to I.a.2-B is YES. Complete at least 3 of the items.

13. Dates advertised at job fair From: To:	14. Dates of on-campus recruiting From: To:
15. Dates posted on employer web site From: To:	16. Dates advertised with trade or professional organization From: To:
17. Dates listed with job search web site From: To:	18. Dates listed with private employment firm From: To:
19. Dates advertised with employee referral program From: To:	20. Dates advertised with campus placement office From: To:
21. Dates advertised with local or ethnic newspaper From: To:	22. Dates advertised with radio or TV ads From: To:

e. General Information – All must complete this section.

23. Has the employer received payment of any kind for the submission of this application?	❑ Yes ❑ No	
23-A. If Yes, describe details of the payment including the amount, date and purpose of the payment :		
24. Has the bargaining representative for workers in the occupation in which the alien will be employed been provided with notice of this filing at least 30 days but not more than 180 days before the date the application is filed?	❑ Yes ❑ No ❑ NA	
25. If there is no bargaining representative, has a notice of this filing been posted for 10 business days in a conspicuous location at the place of employment, ending at least 30 days before but not more than 180 days before the date the application is filed?	❑ Yes ❑ No ❑ NA	
26. Has the employer had a layoff in the area of intended employment in the occupation involved in this application or in a related occupation within the six months immediately preceding the filing of this application?	❑ Yes ❑ No	
26-A. If Yes, were the laid off U.S. workers notified and considered for the job opportunity for which certification is sought?	❑ Yes ❑ No ❑ NA	

J. Alien Information (This section must be filled out. This information must be different from the agent or attorney information listed in Section E).

1. Alien's last name	First name	Full middle name

2. Current address 1
Address 2

3. City State/Province	Country Postal code

4. Phone number of current residence

5. Country of citizenship	6. Country of birth

7. Alien's date of birth	8. Class of admission

9. Alien registration number (A#)	10. Alien admission number (I-94)

11. Education: highest level achieved relevant to the requested occupation: ❑ None   ❑ High School   ❑ Associate's   ❑ Bachelor's   ❑ Master's   ❑ Doctorate   ❑ Other

OMB Approval: 1205-0451
Expiration Date: 03/31/2008

Application for Permanent Employment Certification
ETA Form 9089
U.S. Department of Labor

J. Alien Information Continued

11-A. If Other indicated in question 11, specify
12. Specify major field(s) of study
13. Year relevant education completed
14. Institution where relevant education specified in question 11 was received
15. Address 1 of conferring institution

Address 2			

16. City	State/Province	Country	Postal code

17. Did the alien complete the training required for the requested job opportunity, as indicated in question H.5?	❑ Yes ❑ No ❑ NA
18. Does the alien have the experience as required for the requested job opportunity indicated in question H.6?	❑ Yes ❑ No ❑ NA
19. Does the alien possess the alternate combination of education and experience as indicated in question H.8?	❑ Yes ❑ No ❑ NA
20. Does the alien have the experience in an alternate occupation specified in question H.10?	❑ Yes ❑ No ❑ NA
21. Did the alien gain any of the qualifying experience with the employer in a position substantially comparable to the job opportunity requested?	❑ Yes ❑ No ❑ NA
22. Did the employer pay for any of the alien's education or training necessary to satisfy any of the employer's job requirements for this position?	❑ Yes ❑ No
23. Is the alien currently employed by the petitioning employer?	❑ Yes ❑ No

K. Alien Work Experience

List all jobs the alien has held during the past 3 years. Also list any other experience that qualifies the alien for the job opportunity for which the employer is seeking certification.

a. Job 1

1. Employer name
2. Address 1

Address 2			

3. City	State/Province	Country	Postal code

4. Type of business	5. Job title

6. Start date	7. End date	8. Number of hours worked per week

OMB Approval: 1205-0451
Expiration Date: 03/31/2008

Application for Permanent Employment Certification
ETA Form 9089
U.S. Department of Labor

K. Alien Work Experience Continued

9. Job details (duties performed, use of tools, machines, equipment, skills, qualifications, certifications, licenses, etc. Include the phone number of the employer and the name of the alien's supervisor.)

b. Job 2

1. Employer name			
2. Address 1			
Address 2			
3. City	State/Province	Country	Postal code
4. Type of business		5. Job title	
6. Start date	7. End date	8. Number of hours worked per week	

9. Job details (duties performed, use of tools, machines, equipment, skills, qualifications, certifications, licenses, etc. Include the phone number of the employer and the name of the alien's supervisor.)

c. Job 3

1. Employer name			
2. Address 1			
Address 2			
3. City	State/Province	Country	Postal code
4. Type of business		5. Job title	
6. Start date	7. End date	8. Number of hours worked per week	

OMB Approval: 1205-0451
Expiration Date: 03/31/2008

Application for Permanent Employment Certification
ETA Form 9089
U.S. Department of Labor

K. Alien Work Experience Continued

9. Job details (duties performed, use of tools, machines, equipment, skills, qualifications, certifications, licenses, etc. Include the phone number of the employer and the name of the alien's supervisor.)

L. Alien Declaration

I declare under penalty of perjury that Sections J and K are true and correct. I understand that to knowingly furnish false information in the preparation of this form and any supplement thereto or to aid, abet, or counsel another to do so is a federal offense punishable by a fine or imprisonment up to five years or both under 18 U.S.C. §§ 2 and 1001. Other penalties apply as well to fraud or misuse of ETA immigration documents and to perjury with respect to such documents under 18 U.S.C. §§ 1546 and 1621.

*In addition, I **further declare** under penalty of perjury that I intend to accept the position offered in Section H of this application if a labor certification is approved and I am granted a visa or an adjustment of status based on this application.*

1. Alien's last name	First name	Full middle name
2. Signature	Date signed	

Note – The signature and date signed do not have to be filled out when electronically submitting to the Department of Labor for processing, but must be complete when submitting by mail. If the application is submitted electronically, any resulting certification MUST be signed *immediately upon receipt* from DOL before it can be submitted to USCIS for final processing.

M. Declaration of Preparer

1. **Was the application completed by the employer?** If No, you must complete this section.	❑ Yes	❑ No

I hereby certify that I have prepared this application at the direct request of the employer listed in Section C and that to the best of my knowledge the information contained herein is true and correct. I understand that to knowingly furnish false information in the preparation of this form and any supplement thereto or to aid, abet, or counsel another to do so is a federal offense punishable by a fine, imprisonment up to five years or both under 18 U.S.C. §§ 2 and 1001. Other penalties apply as well to fraud or misuse of ETA immigration documents and to perjury with respect to such documents under 18 U.S.C. §§ 1546 and 1621.

2. Preparer's last name	First name	Middle initial
3. Title		
4. E-mail address		
5. Signature	Date signed	

Note – The signature and date signed do not have to be filled out when electronically submitting to the Department of Labor for processing, but must be complete when submitting by mail. If the application is submitted electronically, any resulting certification MUST be signed *immediately upon receipt* from DOL before it can be submitted to USCIS for final processing.

OMB#ll25-0001

U.S. Department of Justice
Executive Office for Immigration Review

Application for Cancellation of Removal and Adjustment of Status for Certain Nonpermanent Residents

---

PLEASE READ ADVICE AND INSTRUCTIONS BEFORE FILLING IN FORM

PLEASE TYPE OR PRINT

Fee Stamp (Official Use Only)

PART 1 - INFORMATION ABOUT YOURSELF

1) My present true name is: *(Last, First, Middle)*	2) Alien Registration (or "A") Number(s):
3) My name given at birth was: *(Last, First, Middle)*	4) Birth Place: *(City and Country)*

5) Date of Birth: *(Month, Day, Year)*	6) Gender: ❏ Male ❏ Female	7) Height:	8) Hair Color:	9) Eye Color:

10) Current Nationality and Citizenship:	11) Social Security Number:	12) Home Phone Number: ( )	13) Work Phone Number: ( )

14) I currently reside at:

_____
Apt. number and/or in care of

_____
Number and Street

_____
City or Town   *State*   *Zip Code*

15) I have been known by these additional name(s):

_____

_____

_____

16) I have resided in the following locations in the United States: (List PRESENT ADDRESS FIRST, and work back in time for at least 10 years.)

Street and Number - Apt. or Room # - City or Town - State - Zip Code	Resided From: *(Month, Day, Year)*	Resided To: *(Month, Day, Year)*
		PRESENT

PART 2 - INFORMATION ABOUT THIS APPLICATION

17) I, the undersigned, hereby request that my removal be cancelled under the provisions of section 240A(b) of the Immigration and Nationality Act (INA). I believe that I am eligible for cancellation of removal because: (Check all that apply.)

❏ My removal would result in exceptional and extremely unusual hardship to my:

	UNITED STATES CITIZEN	LEGAL PERMANENT RESIDENT	TEMPORARY STATUS	NO STATUS
____ spouse, who is a	____	____	____	____
____ father, who is a	____	____	____	____
____ mother, who is a	____	____	____	____
____ child/children, who is/are a	____	____	____	____

With the exception of absences described in question #23, I have resided in the United States since:

(Month, Day, Year) _____ .

❏ I, or my child, have been battered or subjected to extreme cruelty by a United States citizen or lawful permanent resident spouse or parent.

With the exception of absences described in question #23, I have resided in the United States since:

(Month, Day, Year) _____ .

Please continue answers on a separate sheet as needed.

Form EOIR-42B
Revised January 2006

(1)

PART 3 - INFORMATION ABOUT YOUR PRESENCE IN THE UNITED STATES

18) I first arrived in the United States under the name of: *(Last, First, Middle)*

19) I first arrived in the United States on: *(Month, Day, Year)*

20) Place or port of first arrival: *(Place or Port, City, and State)*

21) I: ❏ was inspected and admitted.

    ❏ I entered using my Lawful Permanent Resident card which is valid until _____ .
                                                            (Month, Day, Year)

    ❏ I entered using a _____ visa which is valid until _____ .
                             (Specify Type of Visa)   *(Month, Day, Year)*

    ❏ was not inspected and admitted.

        ❏ I entered without documents. Explain: _____ .

        ❏ I entered without inspection. Explain: _____ .

    ❏ Other. Explain: _____ .

22) I applied on _____ for additional time to stay and it was ❏ granted on _____
            (Month, Day, Year)   *(Month, Day, Year)*

    and valid until_____ , or ❏ denied on _____ .
                 (Month, Day, Year)   *(Month, Day, Year)*

23) Since the date of my first entry, I departed from and returned to the United States at the following places and on the following dates:

    (Please list all departures regardless of how briefly you were absent from the United States.)

    If you have never departed from the United States since your original date of entry, please mark an X in this box: ❏

	Port of Departure *(Place or Port, City and State)*	Departure Date *(Month, Day, Year)*	Purpose of Travel	Destination
1	Port of Return *(Place or Port, City and State)*	Return Date *(Month, Day, Year)*	Manner of Return	Inspected and Admitted? ❏ Yes ❏ No
2	Port of Departure *(Place or Port, City and State)*	Departure Date *(Month, Day, Year)*	Purpose of Travel	Destination
	Port of Return *(Place or Port, City and State)*	Return Date *(Month, Day, Year)*	Manner of Return	Inspected and Admitted?

24) Have you ever departed the United States: a) under an order of deportation, exclusion, or removal?.........................❏ Yes ❏ No

                                    b) pursuant to a grant of voluntary departure?.......................................❏ Yes ❏ No

PART 4 - INFORMATION ABOUT YOUR MARITAL STATUS AND SPOUSE *(Continued on page 3)*

25) I am not married: ❏
    I am married: ❏

26) If married, the name of my spouse is: *(Last, First, Middle)*

27) My spouse's name before marriage was:

28) The marriage took place in: *(City and Country)*

29) Date of marriage: *(Month, Day, Year)*

30) My spouse currently resides at:

    _____

    Apt. number and/or in care of

    _____

    Number and Street

    _____

    City or Town   *State/Country*   *Zip Code*

31) Place and date of birth of my spouse: *(City & Country; Month, Day, Year)*

32) My spouse is a citizen of: *(Country)*

33) If your spouse is other than a native born United States citizen, answer the following:

    He/she arrived in the United States at: *(Place or Port, City and State)* _____ .

    He/she arrived in the United States on: *(Month, Day, Year)* _____

    His/her alien registration number(s) is: A# _____ .

    He/she was naturalized on: *(Month, Day, Year)* _____ at _____ .
                                                                                    (City and State)

34) My spouse ❏ - is ❏ - is not employed. If employed, please give salary and the name and address of the place(s) of employment.

Full Name and Address of Employer	Earnings Per Week *(Approximate)*
	$
	$
	$

Please continue answers on a separate sheet as needed.

Form EOIR-42B
Revised January 2006

PART 4 - INFORMATION ABOUT YOUR MARITAL STATUS AND SPOUSE (Continued)

35) I ❑ - have ❑ - have not been previously married: (If previously married, list the name of each prior spouse, the dates on which each marriage began and ended, the place where the marriage terminated, and describe how each marriage ended.)

Name of prior spouse: (Last, First, Middle)	Date marriage began: Date marriage ended:	Place marriage ended: (City and Country)	Description or manner of how marriage was terminated or ended:

36) My present spouse ❑ - has ❑ - has not been previously married: (If previously married, list the names of each prior spouse, the dates on which each marriage began and ended, the place where the marriage terminated, and describe how each marriage ended.)

Name of prior spouse: (Last, First, Middle)	Date marriage began: Date marriage ended:	Place marriage ended: (City and Country)	Description or manner of how marriage was terminated or ended:

37) Have you been ordered by any court, or are otherwise under any legal obligation, to provide child support and/or spousal maintenance as a result of a separation and/or divorce?   ❑ Yes ❑ No

PART 5 - INFORMATION ABOUT YOUR EMPLOYMENT AND FINANCIAL STATUS

38) Since my arrival into the United States, I have been employed by the following named persons or firms: (Please begin with present employment and work back in time. Any periods of unemployment or school attendance should be specified. Attach a separate sheet for additional entries if necessary.)

Full Name and Address of Employer	Earnings Per Week (Approximate)	Type of Work Performed	Employed From: (Month, Day, Year)	Employed To: (Month, Day, Year)
	$			PRESENT
	$			
	$			

39) If self-employed, describe the nature of the business, the name of the business, its address, and net income derived therefrom:

_____
_____
_____
_____

40) My assets (and if married, my spouse's assets) in the United States and other countries, not including clothing and household necessities, are:

Self

Cash, Stocks, and Bonds............................. $_____

Real Estate.. $_____

Auto (dollar value minus amount owed)....... $_____

Other (describe on line below)...................... $_____

_____ TOTAL $_____

Jointly Owned With Spouse

Cash, Stocks, and Bonds............................. $_____

Real Estate.. $_____

Auto (dollar value minus amount owed)....... $_____

Other (describe on line below)...................... $_____

_____ TOTAL $_____

41) I ❑ - have ❑ - have not received public or private relief or assistance (e.g. Welfare, Unemployment Benefits, Medicaid, TANF, AFDC, etc.). If you have, please give full details including the type of relief or assistance received, date for which relief or assistance was received, place, and total amount received during this time: _____

_____

42) Please list each of the years in which you have filed an income tax return with the Internal Revenue Service:_____

_____

PART 6 - INFORMATION ABOUT YOUR FAMILY *(Continued on page 5)*

43) I have_____*(Number of)* children. Please list information for each child below, include assets and earnings information for children over the age of 16 who have separate incomes:

Name of Child: *(Last, First, Middle)* Child's Alien Registration Number:	Citizen of What Country: Birth Date: *(Month, Day, Year)*	Now Residing At: *(City and Country)* Birth Date: *(City and Country)*	Immigration Status of Child
A#: _____ Estimated Total of Assets: $_____		Estimated Average Weekly Earnings: $_____	
A#: _____ Estimated Total of Assets: $_____		Estimated Average Weekly Earnings: $_____	
A#: _____ Estimated Total of Assets: $_____		Estimated Average Weekly Earnings: $_____	

44) If your application is denied, would your spouse and all of your children accompany you to your:

If you answered "No" to any of the responses, please explain:_____

Country of Birth - ❑ Yes ❑ No

Country of Nationality - ❑ Yes ❑ No

Country of Last Residence - ❑ Yes ❑ No

45) Members of my family, including my spouse and/or child(ren) ❑ - have ❑ - have not received public or private relief or assistance (e.g., Welfare, Unemployment Benefits, Medicaid, TANF, AFDC, etc.). If any member of your immediate family has received such relief or assistance, please give full details including identity of person(s) receiving relief or assistance, dates for which relief or assistance was received, place, and total amount received during this time: _____

46) Please give the requested information about your parents, brothers, sisters, aunts, uncles, and grandparents, living or deceased. As to residence, show street address, city, and state, if in the United States; otherwise show only country:

Name: *(Last, First, Middle)* Alien Registration Number:	Citizen of What Country: Birth Date: *(Month, Day, Year)*	Relationship to Me: Birth Date: *(City and Country)*	Immigration Status of Listed Relative
A#: _____ Complete Address of Current Residence, if Living: _____			
A#: _____ Complete Address of Current Residence, if Living: _____			

Please continue answers on a separate sheet as needed.

Form EOIR-42B
Revised January 2006

PART 6 - INFORMATION ABOUT YOUR FAMILY *(Continued)*

IF THIS APPLICATION IS BASED ON HARDSHIP TO A PARENT OR PARENTS, QUESTIONS 47-50 MUST BE ANSWERED.

47) If your parent is not a citizen of the United States, give the date and place of arrival in the United States including full details as to the date, manner, and terms of admission into the United States:_____

_____

_____

48) My father ☐ - is ☐ - is not employed. If employed, please give salary and the name and address of the place(s) of employment.

Full Name and Address of Employer	Earnings Per Week *(Approximate)*
	$

49) My mother ☐ - is ☐ - is not employed. If employed, please give salary and the name and address of place(s) of employment.

Full Name and Address of Employer	Earnings Per Week *(Approximate)*
	$

50) My parent's assets in the United States and other countries not including clothing and household necessities are:

Assets of father consist of the following:

Cash, Stocks, and Bonds.............................. $_____

Real Estate.. $_____

Auto (dollar value minus amount owed)....... $_____

Other (describe on line below)..................... $_____

_____**TOTAL** $_____

Assets of mother consist of the following:

Cash, Stocks, and Bonds.............................. $_____

Real Estate.. $_____

Auto (dollar value minus amount owed)....... $_____

Other (describe on line below)..................... $_____

_____**TOTAL** $_____

PART 7 - MISCELLANEOUS INFORMATION *(Continued on page 6)*

(Continued on page 6)

51) I ☐ - have ☐ - have not entered the United States as a crewman after June 30, 1964.

52) I ☐ - have ☐ - have not been admitted as, or after arrival in the United States acquired the status of, an exchange alien.

53) I ☐ - have ☐ - have not submitted address reports as required by section 265 of the Immigration and Nationality Act.

54) I ☐ - have ☐ - have never (either in the United States or in any foreign country) been arrested, summoned into court as a defendant, convicted, fined, imprisoned, placed on probation, or forfeited collateral for an act involving a felony, misdemeanor, or breach of any public law or ordinance (including, but not limited to, traffic violations or driving incidents involving alcohol). *(If answer is in the affirmative, please give a brief description of each offense including the name and location of the offense, date of conviction, any penalty imposed, any sentence imposed, and the time actually served.)*

_____

_____

_____

_____

55) Have you ever served in the Armed Forces of the United States? ☐ Yes ☐ No. If "Yes" please state branch *(Army, Navy, etc.)* and service number: _____

Place of entry on duty: *(City and State)* _____

Date of entry on duty: *(Month, Day, Year)*_____ Date of discharge: *(Month, Day, Year)* _____

Type of discharge: *(Honorable, Dishonorable, etc.)* _____

I served in active duty status from: *(Month, Day, Year)* _____ to *(Month, Day, Year)* _____

56) Have you ever left the United States or the jurisdiction of the district where you registered for the draft to avoid being drafted into the military or naval forces of the United States?

☐ Yes ☐ No

Form EOIR-42B
Revised January 2006

PART 7 - MISCELLANEOUS INFORMATION *(Continued)*

| 57) Have you ever deserted from the military or naval forces of the United States while the United States was at war? | ❏ Yes ❏ No |

58) If male, did you register under the Military Selective Service Act or any applicable previous Selective Service (Draft) Laws?   ❏ Yes ❏ No

If "Yes," please give date, Selective Service number, local draft board number, and your last draft classification: _____

_____

| 59) Were you ever exempted from service because of conscientious objection, alienage, or any other reason? | ❏ Yes ❏ No |

60) Please list your present or past membership in or affiliation with every political organization, association, fund, foundation, party, club, society, or similar group in the United States or any other place since your 16th birthday. Include any foreign military service in this part. If none, write "None." Include the name of the organization, location, nature of the organization, and the dates of membership.

Name of Organization	Location of Organization	Nature of Organization	Member From: *(Month, Day, Year)*	Member To: *(Month, Day, Year)*

61) Have you ever:

❏ Yes ❏ No   been ordered deported, excluded, or removed?

❏ Yes ❏ No   overstayed a grant of voluntary departure from an Immigration Judge or the Department of Homeland Security (DHS), formerly the Immigration and Naturalization Service (INS)?

❏ Yes ❏ No   failed to appear for removal or deportation?

62) Have you ever been:

❏ Yes ❏ No   a habitual drunkard?

❏ Yes ❏ No   one whose income is derived principally from illegal gambling?

❏ Yes ❏ No   one who has given false testimony for the purpose of obtaining immigration benefits?

❏ Yes ❏ No   one who has engaged in prostitution or unlawful commercialized vice?

❏ Yes ❏ No   involved in a serious criminal offense and asserted immunity from prosecution?

❏ Yes ❏ No   a polygamist?

❏ Yes ❏ No   one who aided and/or abetted another to enter the United States illegally

❏ Yes ❏ No   a trafficker of a controlled substance, or a knowing assister, abettor, conspirator, or colluder with others in any such controlled substance offense (not including a single offense of simple possession of 30 grams or less of marijuana)?

❏ Yes ❏ No   inadmissible or deportable on security-related grounds under section 212(a)(3) or 237(a)(4) of the INA?

❏ Yes ❏ No   one who has ordered, incited, assisted, or otherwise participated in the persecution of an individual on account of his or her race, religion, nationality, membership in a particular social group, or political opinion?

❏ Yes ❏ No   a person previously granted relief under sections 212(c) or 244(a) of the INA or whose removal has previously been cancelled under section 240A of the INA?

If you answered "Yes" to any of the above questions, explain: _____

_____

_____

PART 7 - MISCELLANEOUS INFORMATION *(Continued)*

63) Are you the beneficiary of an approved visa petition? ☐ Yes ☐ No

    If yes, can you arrange a trip outside the United States to obtain an immigrant visa? ☐ Yes ☐ No If no, please explain:

_____

_____

_____

_____

64) The following certificates or other supporting documents are attached hereto as a part of this application: *(Refer to the Instructions for documents which **should be attached**.)*

_____   _____

_____   _____

_____   _____

_____   _____

_____   _____

_____   _____

_____   _____

_____   _____

_____   _____

_____   _____

_____   _____

_____   _____

_____   _____

PART 8 - SIGNATURE OF PERSON PREPARING FORM, IF OTHER THAN APPLICANT

(Read the following information and sign below)

I declare that I have prepared this application at the request of the person named in Part 1, that the responses provided are based on all information of which I have knowledge, or which was provided to me by the applicant, and that the completed application was read to the applicant in a language the applicant speaks fluently for verification before he or she signed the application in my presence. I am aware that the knowing placement of false information on the Form EOIR-42B may subject me to civil penalties under 8 U.S.C. 1324c.

Signature of Preparer:	Print Name:	Date:
Daytime Telephone #: ( )	Address of Preparer: *(Number and Street, City, State, Zip Code)*	

PART 9 - SIGNATURE

APPLICATION NOT TO BE SIGNED BELOW UNTIL APPLICANT APPEARS BEFORE AN IMMIGRATION JUDGE

I swear or affirm that I know the contents of this application that I am signing, including the attached documents and supplements, and that they are all true to the best of my knowledge, taking into account the correction(s) numbered _____ to _____ , if any, that were made by me or at my request.

_____

(Signature of Applicant or Parent or Guardian)

Subscribed and sworn to before me by the above-named applicant at _____

_____

Immigration Judge

_____

Date (Month, Day, Year)

PART 10 - PROOF OF SERVICE

I hereby certify that a copy of the foregoing Form EOIR-42B was: ❏ - delivered in person ❏ - mailed first class, postage prepaid

on _____ to the Assistant Chief Counsel for the DHS (U.S. Immigration and Customs Enforcement - ICE)
(Month, Day, Year)

at _____
(Number and Street, City, State, Zip Code)

_____

Signature of Applicant (or Attorney or Representative)

APELLIDO (en mayúsculas)	(Nombre)	(Segundo nombre)	ESTOY EN LOS ESTADOS UNIDOS COMO

ESTOY EN LOS ESTADOS UNIDOS COMO

☐ Visitante   ☐ Residente Permanente

☐ Estudiante   ☐ Otro (Especifique)

PAÍS DE CIUDADANÍA	FECHA DE NACIMIENTO	NÚMERO DE SU TARJETA DE EXTRANJERO

A

DIRECCIÓN ACTUAL   (Calle o ruta rural)   (Ciudad u Oficina de Correos)   (Estado)   (Código Postal)

(SI LA DIRECCIÓN ANTERIOR ES PROVISIONAL) Pienso permanecer allí _____ años _____ meses

DIRECCIÓN ANTERIOR   (Calle o ruta rural)   (Ciudad u Oficina de Correos)   (Estado)   (Código Postal)

LUGAR DE TRABAJO O ESTUDIO (Nombre del Empleador o de la Escuela)

(Dirección de calle o ruta rural)   (Ciudad u Oficina de Correos)   (Estado)   (Código Postal)

PUERTO DE ENTRADA A LOS EE.UU.   FECHA EN QUE INGRESÓ A LOS EE.UU.   SI NO ES RESIDENTE PERMANENTE, SU ESTADÍA EN LOS EE.UU. VENCE EL:

FIRMA   FECHA   (Fecha)

OMB No. 1115-0003   AR-11 Spanish (06/22/01)

TARJETA DEL EXTRANJERO PARA CAMBIOS DE DIRECCIÓN

TODO EXTRANJERO DEBERÁ USAR ESTA TARJETA PARA HACER CONSTAR LOS CAMBIOS DE DIRECCIÓN EN LOS SIGUIENTES 10 DÍAS DESPUÉS DE DICHO CAMBIO.

SEGÚN LA SECCIÓN 265 DE LA LEY DE I & N (8 USC 1305), EL INS USARÁ LOS DATOS RECOPILADOS PARA FINES DE ESTADÍSTICAS Y ARCHIVOS Y PODRÁ COMPARTIRLOS CON LAS AUTORIDADES A NIVEL FEDERAL, ESTATAL Y MUNICIPAL.
EL NO PROPORCIONAR LA INFORMACIÓN SIN MOTIVO JUSTIFICADO SERÁ PUNIBLE CON MULTAS, ENCARCELAMIENTO Y/O DEPORTACIÓN.

Esta tarjeta no es comprobante de identidad, edad ni condición inmigratoria otorgada.

Responsabilidad del público de proporcionar información. Según la Ley de Reducción de Tramitación de Documentos, un organismo no podrá realizar ni patrocinar la recopilación de datos y las personas no se verán obligadas a responder a la misma a menos que el documento usado para este fin lleve impreso un número de control OMB que sea válido y esté en vigor. Procuramos crear formularios e instrucciones que son exactos, fáciles de entender y requieren un mínimo de trabajo para completar. A menudo esto resulta difícil ya que las leyes de inmigración pueden ser muy complejas. Se calcula que cada respuesta en este formulario le tomará un promedio de 5 minutos, incluyendo el tiempo que tarda en revisar las instrucciones, buscar, recopilar y mantener la información necesaria y completar y revisar la información recopilada. Envíe sus comentarios con respecto al tiempo necesario para completar el formulario y recopilar la información necesaria, incluyendo sus sugerencias para reducir esa tarea, a la siguiente dirección: Immigration and Naturalization Service, HQPDI, 425 I Street, N.W., Room 4034, Washington, D.C. 20536; OMB No. 1115-0003. **NO ENVÍE SU FORMULARIO COMPLETADO A ESTA DIRECCIÓN.**

ENVÍE SU FORMULARIO A LA SIGUIENTE DIRECCIÓN:

U.S. DEPARTMENT OF HOMELAND SECURITY
Bureau Of Citizenship and Immigration Services
Change of Address
P.O. Box 7134
London, KY 40742-7134

This page intentionally left blank.

CERTIFICATION BY TRANSLATOR

I, _____, certify that I am fluent in
the English and _____ languages, that I
am competent to perform this translation and that the attached document is an accu-
rate translation of the document entitled _____ _____.

_____   _____ _____
Signature   Date

_____
Name

_____
Address

_____

CERTIFICACION DEL TRADUCTOR

Mediante la presente, el suscrito, _____,
certifico que tengo pleno dominio del idioma inglés así como de los siguientes lenguajes:
_____, que soy plenamente capaz y
competente para llevar a cabo esta traducción y que los documentos adjuntos constituyen una traducción real, fidedigna y confiable del documento que lleva por
título:_____.

_____   _____
Firma   Fecha

_____
Nombre

_____
Dirección

_____

Índice